A. Hendrich

Open Source ERP Systeme für KMU

Leistungsfähigkeit und Einsatz –
38 Anbieter im Vergleich

disserta
Verlag

**Hendrich, A.: Open Source ERP Systeme für KMU. Leistungsfähigkeit und Einsatz –
38 Anbieter im Vergleich, Hamburg, disserta Verlag, 2016**

Buch-ISBN: 978-3-95935-330-4
PDF-eBook-ISBN: 978-3-95935-331-1
Druck/Herstellung: disserta Verlag, Hamburg, 2016
Covergestaltung: © Annelie Lamers

Bibliografische Information der Deutschen Nationalbibliothek:
Die Deutsche Nationalbibliothek verzeichnet diese Publikation in der Deutschen
Nationalbibliografie; detaillierte bibliografische Daten sind im Internet über
http://dnb.d-nb.de abrufbar.

© disserta Verlag, Imprint der Diplomica Verlag GmbH
Hermannstal 119k, 22119 Hamburg
http://www.disserta-verlag.de, Hamburg 2016
Printed in Germany

KURZFASSUNG

In Unternehmen aller Art und Größe spielen betriebswirtschaftliche Anwendungssysteme oder Warenwirtschaftssysteme für die Bewältigung der aufkommenden Arbeiten eine zentrale Rolle. Für solche sogenannten ERP- Systeme, Akronym für Enterprise Resource Planning Systeme gibt es international und national eine Vielzahl an Anbietern. Eine ganz besondere Gruppe in dieser unüberschaubaren Anzahl stellen die Open Source Systeme also Systeme bei denen der Quelltext offen lesbar ist. Diese besonderen Anwendungssysteme tauchen immer wieder aufgrund fehlender Lizenzkosten und absoluter Herstellerunabhängigkeit im zentralen Bewusstsein der IT-Entscheider auf.

Um diesen Bereich objektiv zu durchleuchten wird in dieser Studie ein wissenschaftliches Konzept vorgestellt das als Evaluationsschema die Anzahl der Systeme reduziert. Hierzu wird eine Methodik verwendet die die Auswahl methodisch auf einige wenige Anbieter beschränkt. Insgesamt werden 85 Open Source ERP-Anbieter untersucht. Als Grundlage für die Evaluationen dienen dabei funktionale-technische und nichtfunktionale Anforderungen. Die funktional-technischen Anforderungen orientieren sich dabei an aktuellen Trends und Tendenzen moderner ERP-System Anbieter auf Basis anderer wissenschaftlicher Ausarbeitungen und Studien. Nichtfunktionale Anforderungen dagegen werden in dieser Studie nach der gängigen ISO Norm zur Softwarequalität bestimmt.

Zentraler Bestandteil bei der durchgeführten Evaluation ist dabei ein Anbieterverzeichnis das im Zuge dieser Studie erstellt wurde. Dieses Verzeichnis enthält zusammenfassende lösungsneutrale Darstellungen und Informationen zu 38 aktuell relevanten Systemanbietern aus dem Bereich der Open Source ERP-Systeme. So auch allgemeine, technische und funktionale Anforderungen und Trends. Die gewonnenen Informationen werden gegenübergestellt und unter dem Aspekt der Leistungsfähigkeit und des Einsatzgebietes mit anderen wissenschaftlichen Arbeiten gegenübergestellt und verglichen. Auf diese Weise konnte so in dieser Studie ein praktischer Nutzen dieser Systeme nachgewiesen werden und eine Empfehlung auf Basis entscheidender Gewichtungsfaktoren ermittelt werden.

Schlagwörter: Enterprise Resource Planning, ERP, betriebswirtschaftliche Anwendungssoftware, Open Source, Evaluation Einsatz, Leistungsfähigkeit, Nutzwertanalyse

ABSTRACT

Business application or inventory management systems play a crucial role for the accomplishment of the emerging work in companies no matter which size or type. For those so-called ERP-systems (enterprise resource planning systems) a wide range of national and international providers is available. Among this vast number the open source systems, systems where the source code is discetionary, are a very special group. Due to the lack of license costs and total independence from manufacturers this particular application systems appear again and again in the central consciousness of IT- decision makers.

This work presents a scientific concept which illuminates this area objectively and reduces the quantity of systems using a specific evaluation pattern. For this purpose a methodology was used which minimizes the range of providers. A total of 85 open source ERP- providers were examined. Functional-technical and non-functional requirements served as basis for evaluations. The functional-technical requirements were guided by current trends and tendencies of modern ERP-system providers based on other scientific studies whereas non-functional requirements were determined after the current ISO standard for software quality.

In the course of this study a provider directory was created which contains summarizing depictions and information about 38 current system providers from the field of Open Source ERP-systems. Additionally it also contains general, technical and functional requirements and trends. In terms of performance and the area of operation the obtained information was compared to other scientific work. Therefor this work is able to demonstrate a practical usage of these systems. Additionally a recommendation based on decisive weighting factors is determined.

INHALT

ABBILDUNGSVERZEICHNIS

FORMEL- UND TABELLENVERZEICHNIS

ABKÜRZUNGSVERZEICHNIS

Abkürzung	Erklärung
BI	Business Intelligence
Contr	Controlling
CRM	Kundenbeziehungsmanagement
DMS	Document-Management-System
EDM	Electronic Document Management
ERP	Enterprise Resource Planing
FiBu	Finanz Buchhaltung
GuV	Gewinn und Verlustrechnung
HRM	Human Resource Management
OS	Open Source
POS	Point of Sale
QS	Qualitätssicherung
RMA	Return Merchandise Authorization kurz Rücksendenummer
SCM	Supply Chain Managment
WflM	Workflow Management

DANKSAGUNG

Hiermit möchte ich mich bei all denjenigen bedanken, die in unterschiedlicher Art und Weise zum Gelingen dieser Studie beigetragen haben. Dabei möchte ich mich in erste Linie bei meinen Eltern bedanken, die mich über die Jahre in meinem Studium unterstützt und gefördert haben. Weiterhin möchte ich mich bei Herrn Dr. Dipl.-Inf. Steffen Kern und besonders bei Herrn Prof. Dr. Volker Herwig für die Unterstützung und die Beratung bedanken.

Zuletzt möchte ich noch der Firma Kakteen-Haage meinen Dank aussprechen, speziell bei Herrn Haage, welcher mir die praktischen Anwendungen in seinem Unternehmen durchzuführen ermöglichte.

1. EINLEITUNG

„In wirtschaftlich anspruchsvollen Zeiten ist eine gründliche Vorbereitung einer Investitions-entscheidung unabdingbar." (Chancen und Risiken von Open Source - Geld ist nicht alles, 07/2015 S. 95) Mit diesem Satz beginnt Stefan Schaffner Geschäftsführer der ASS it-systemhaus GmbH seinen Artikel zum Thema Chancen und Risiken von Open Source Software, nachzulesen in der IT-Administrator 07/2015. Schwerpunktmäßig geht er darin auf die Vor- und Nachteile ein die sich beim Einsatz von quelloffenen Programmen ergeben. Mit diesem diese Studie einleitender Zitat, soll aufgezeigt werden, inwiefern Überlegungen sinnvoll erscheinen Open Source als Alternativen zu anderen Softwareprodukten einzusetzen. Hierbei soll auf eine ganz bestimmte Softwarekategorie eingegangen werden, den ERP-Systemen.

Angefangen von einfachen computergestützten Systemen bis hin zu den komplexen Modullösungen die heute fast den gesamten Unternehmensprozess abbilden, sind Enterprise Resource Planing kurz ERP-Systeme nicht mehr aus dem Bewusstsein vieler Unternehmen wegzudenken. In Großkonzernen gehört eine solche Anwendungssoftware zum Alltag. Sie unterstützen im Idealfall sämtliche in einem Unternehmen ablaufende Geschäftsprozesse, wie die Bereiche Beschaffung, Fertigung, Vertrieb, Finanzen, Personal, Logistik u.v.m, die von diesen Systemen abgedeckt werden mit dem Ziel die Produktion und Fertigung durch genaue Ressourcenplanung zu erhöhen. Der Anteil großer Unternehmen in Deutschland die eine ERP-Software nutzen, beträgt daher nach Statista 2014 84%. (Statista, 2015)Insgesamt genommen beläuft sich der weltweite Umsatz von ERP-Systeme im Jahr 2010 gemessen am weltweiten Umsatz im Markt für Software und IT-Services, auf circa 4 %. Dies entspricht einem Wert von 21,31 Milliarden US-Dollar. (Eigene Berechnung nach (Statista, 2015))

Zu den bekanntesten Vertreter dieser Klasse gehört zweifelsohne SAP, Oracle und Microsoft. Alle samt Anbieter kommerzieller, mitunter auch proprietärer oder closed Software genannter Softwarelösungen. Der Quellcode dieser Anwendungen ist in der Regel nicht offen und durch starke Lizenzbedingung auch vor Änderungen geschützt. Für Anpassungen der Software an individuelle Prozesse müssen zumeist Software Provider oder spezielle Dienstleister in Anspruch genommen werden. Als Alternative hierzu haben sich im Laufe der Zeit nicht proprietäre Anbieter hervorgetan, bei denen der Quellcode zur jeweiligen Software offen einsehbar ist. Diese Software wird dann im Regelfall als Open Source bezeichnet und ist eine Erscheinungsform freier Software. Prinzipiell gilt hierzu, dass eine freie Software kostenfrei erhältlich ist und unter bestimmten Voraussetzungen auch frei weiterverbreitet werden kann. Populäre Vertreter dieser Software Klasse sind beispiesweise Open Office, Linux-Betriebssysteme und Mozilla Firefox.

Aufgrund dieser fehlenden Beschränkung im Quellcode ergeben sich für Unternehmen spezielle Vorteile so beispielsweise der Wegfall von Lizenzkosten und eine gewisse Herstellerunabhängigkeit. Daher werden solche Softwarelösungen auch für Unternehmen mit geringem Kapitalumsatzes oder auch für eine private, nichtkommerzielle Nutzung interessant. Auf diese Weise entstanden auch im Bereich der Open Source Software erste Anbieter für ERP- Systeme. Zu den wohl bekanntesten Vertretern dieser Sparte zählen Odoo, Compire, Openbravo und Trython.

In Hinblick auf die Forschungslage und -literatur finden sich hierzu sehr wenig vergleichende und statistische Belege speziell im Bereich der Open Source ERP-Systeme. Über Open Source im Allgemeinen finden sich dagegen relativ viele Untersuchungen. Schließlich lässt sich konstatieren, dass ein Großteil der Literatur sich auf den privatwirtschaftlichen Sektor bezieht und meist nicht aktuell ist bzw. ein Erscheinungsjahr von älter als fünf Jahren aufweist. Deshalb sind diese Angaben, aufgrund der hohen Innovationsdynamik und IT-Halbwertszeit mit besonderer Vorsicht zu genießen.

Darüber hinaus scheint allgemeinhin das Interesse an Open Source Software aber im Zeitraum von 2005 bis August 2015 abgenommen zu haben. (Google, 2015)Gronau schreibt hierzu das derzeit Open Source ERP-Systeme nur einen relativ geringen Verbreitungsgrad haben und sich deshalb im Vergleich zu anderen Softwarearten in dem Sektor Warenwirtschaft schwer tun. Er begründet dies mit der Annahme, einer fehlenden funktionellen Ausgereiftheit der Systeme und deren beschränkteren Branchenfokus. Zusätzlich weist er auf die zumeist fehlenden Supportleistungen als Grund für diese Entwicklung hin. (Gronau N, 2010 S. 24)

Inwieweit diese Behauptungen Richtigkeit besitzen, ist Aufgabe dieser Studie, die diese Thesen mitsamt Begründungen zu analysieren bestrebt ist. Hierzu werden verschiedene Open Source ERP-Anbieter im Hinblick auf deren Einsatzbereiche und Leistungsfähigkeit untersucht.

So werden in Kapitel drei, die wesentlichen Grundlagen zu den Themenkomplexen ERP-Systeme, Open Source Software und KMU erläutert. Anschließend wird ein Evaluationsverfahren geschildert, dass als theoretisches Gerüst bei der Auswahl und Integration eines ERP-Systems in den operativen Geschäftsbereich genutzt werden kann. Hierbei wurde ein Anbieterverzeichnis erstellt, das den Großteil der Studiee darstellt. Es untersucht die einzelnen Softwarelösungen auf wesentliche Merkmalausprägungen. Hierauf folgt eine Auswertung der Ergebnisse des Evaluationsverfahrens indem die Leistungsfähigkeit und Einsatzgebiete der Softwareanbieter untersucht und mit anderen Studien verglichen werden. In Kapitel fünf werden die Ergebnisse des Evaluationsverfahrens dann hinsichtlich ihrem praktischem Nutzen auf ein reales Anwendungsbeispiel angewendet. Im letzten Kapitel erfolgt eine abschließende Zusammenfassung der Ergebnisse.

2. AUFGABENSTELLUNG

Ziel dieses Buches ist es, den Bereich der Open Source ERP-System in Hinblick auf deren Einsatz und Leistungsfähigkeit zu untersuchen. Es soll ein Überblick der aktuellen Open Source ERP-Systeme dargelegt werden. Dabei werden unter dem Aspekt der Einsatzgebiete in diesem Zusammenhang die Branchenverteilung, Standorte und Geschäftsmodelle verstanden. Die Leistungsfähigkeit bestimmt sich im Gegensatz dazu aus der Funktionsvielfalt sowie Trends und Tendenzen. Unter diesen zwei Begriffen soll untersucht werden ob Open Source ERP-Systeme verglichen mit modernen Software-anforderungen mögliche Alternative im operativen Geschäft darstellen.

Dabei soll aufgezeigt werden inwieweit eine praktische Anwendung eines solchen Anwendersystems sinnvoll sein kann. Hierzu wird die Untersuchung auf ein konkretes Fallbeispiel angewendet, deren Ergebnisse eine Empfehlung für eins dieser Warenwirtschaftssysteme darstellt.

Dabei ist zu bedenken, dass aufgrund der Schnelllebigkeit in diesem Sektor diese Ausarbeitung nur eine aktuelle Momentaufnahme darstellen kann. Zudem gilt zu beachten, dass aufgrund der Vielzahl von Anbieter in diesem Bereich, die Studie nicht den Anspruch auf Allgemeingültigkeit leisten kann. Darüber hinaus werden in diesem Buch nur potentielle Open Source Anbieter durchleuchtet. Inwieweit kommerzielle Anbieter für die Firma Kakteen Haage als zukünftige Warenwirtschafts-systeme in Betracht kommen, ist somit nicht Teil dieser Ausarbeitung.

Zur Klärung dieser Aufgabe werden 39 Abbildungen, 22 Tabellen und eine Formel verwendet. Komplexere Auswertungen zu einzelnen Evaluationsschritten sowie Zusatzinformationen und das Anbieterverzeichnis befinden sich im Anhang.

3. THEORETISCHE GRUNDLAGEN

3.1 Open Source Software

Im folgenden Kapitel soll das Phänomen Open Source und die zugrundeliegende Software genauer untersucht werden. In aktuellen Diskussionen wird der Begriff oft falsch verwendet oder mit anderen Softwarearten vermischt. Immer wieder wird der Begriffe mit kostenloser Software gleichgesetzt was im engeren Sinne aber keine Allgemeingültigkeit besitzt. Open Source impliziert nicht zwingend kostenlose Software. (Hüttenegger, 2006) Das eigentliche Konzept hinter der OS Idee ist ein Lizenzierungsmodell bei der der Quelltext offen lesbar ist. Das Software-Dokument, dass das Programm exakt und vollständig beschreibt muss somit frei zugänglich und von allen nutzbar sein. Prinzipiell gibt es hierbei natürlich je nach Lizenz verschiedene Auslegungen. So kann beispielsweise der Quelltext eines Programmes zugänglich sein darf aber nicht modifiziert werden. Abbildung 1 fasst den gesamten Bereich der Software zusammen. Wie zusehen ist, ist die Klasse der Softwarearten unterteilt in Open Source, Proprietär und Public Domain. Der Bereich Open Source wird dann nochmals unterteilt in CopyLeft und Non-Copyleft. Das Gebiet der kostenlosen Software umfasst Teile aus beiden Bereichen. Zur besseren Erläuterung der Abgrenzung zwischen proprietärerer Software, Public Domain Software und Open Source Software sollen die genannten Klassen kurz vorgestellt werden. (heise.de, 2015)

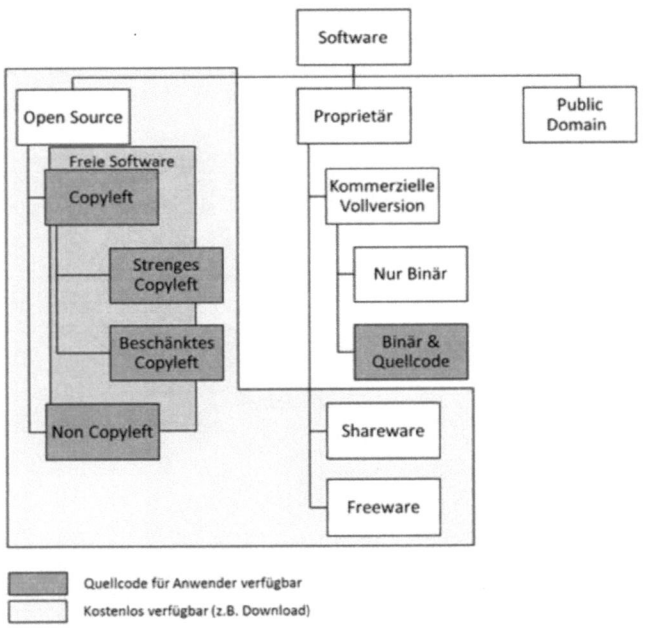

Abbildung 1: Ausprägung unterschiedlicher Softwarelizenzen (Bundesverwaltungsamt, 2015)

Proprietäre Software

Proprietäre Software nennt man auch "unfreie Software" oder „Closed Source". Eine Software die in diesen Bereich fällt, ist durch Patente urheberrechtlich geschützt. Einsichtnahme, Modifizierungen oder Verbreitung des Quellcodes sind nicht gestattet. Vertreter dieser Gruppe sind Freeware, Shareware und die eigentliche kommerzielle Software. Freeware ist eine Software die kostenlos genutzt werden darf. Der Programmierer ist gleichzeitig der Urheber. Veränderungen an der Software sind nicht erlaubt, die Weiterverbreitung hingegen schon. Ein typisches Vertragsmodell der

Freeware ist eine kostenlose Nutzung für Privatpersonen. Der gewerbliche Gebrauch dagegen ist kostenpflichtig. Der Quelltext bleibt für beide Nutzergruppen verschlossen. Auch bei der Shareware ist der Quellcode in der Regel nicht offen einsehbar. Ähnlich wie bei der Freeware kann Shareware in unveränderter Form kopiert oder verteilt werden. Hauptsächlich wird dieses Modell für Demoversionen genutzt. So ist eine kostenlose Nutzung nur auf Zeit oder mit eingeschränktem Funktionsumfang möglich. Beide Typen Shareware und Freeware sind zumeist kostenlos, haben aber mit Open Source im eigentlichen Sinne nichts gemein, da der Quelltext nicht einsehbar ist. Gleiches gilt für die kommerzielle Software. Dies ist Software, die von einem Unternehmen im Rahmen seiner Geschäftätigkeit selbst verkauft wird. Der Nutzer erhält die Rechte an der Software nur durch ein entsprechendes Entgelt. Der Quelltext ist nur als Binärdatei[1] oder in anderen kompilierter Formaten verfügbar. Modifizierung und Einsichtnahme ist verboten. (Bundesverwaltungsamt, 2015) (Kohne, 2015)

Public Domain Software

Eine unter Public Domain lizensierte Software ist urheberrechtlich vollkommen ungeschützt. Das Produkt unterliegt keinerlei Urheberrechten und darf frei benutzt werden. Diese Form der Lizensierung ist in Deutschland verboten. Aus juristischer Perspektive wird eine Public Domain Software daher wie Freeware behandelt. (Kohne, 2015) (ITWissen.info, 2015)

Open Source

Wie zu Beginn kurz dargelegt ist eine Definition von Open Source Software nicht ganz einfach vorzunehmen. Denn gemäß der vorangestellten Begriffserklärungen ist sie nicht eins zu eins gleichzusetzen mit kostenloser Software und daher nicht zwangsläufig mit OSS und umgedreht. Im nächsten Abschnitt soll die Grundidee und die Entstehung von OSS beleuchtet werden. Anschließend folgen wichtige Lizenzmodelle die im Zusammenhang von Open Source ERP eine Rolle spielen. Zum Abschluss werden Chancen und Risiken kurz erörtert.

3.1.1 ENTWICKLUNG DER OPEN SOURCE IDEE

Um den Begriff der OSS besser einordnen zu können ist ein Blick in die frühen Jahre der Informationstechnologie erforderlich. Anfänglich wurde Software nicht kommerziell vertrieben. Sie verstand sich als interne Eigenentwicklung von Firmen. Softwareprodukte wurden untereinander getauscht und weiterentwickelt. Sie unterlagen noch keinen Copyrights[2] oder Lizenz Bedingungen, was Tausch- und Transferprozesse erheblich begünstigte. (Saleck, 2005 S. 11-12)

Erst 1960 wurde eine Software durch Urheberschutzgesetzte rechtlich gegen unbefugte Veränderungen und Verbreitung geschützt. Ausgangspunkt hierfür war eine steigende Nachfrage im Bereich der Software. Dieser Aufschwung wurde durch die Massentauglichkeit des Personal Computers begünstig. Es entstand ein kommerzieller Vertrieb von geschützten Softwareprodukten. Neu geschaffene Softwareprojekte unterlagen nun gewissen Schutzrechten.

Durch die Lizensierungen war es verboten Programmierfehler am gekauften Programm eigenhändig zu verbessern. Anpassungen und Veränderungen konnten ebenso wenig durchgeführt werden. Man war

---

[1] Eine Binärdatei ist eine Computerdatei die beliebige Bitmuster enthalten kann. Binärdateien können je nach Format auch Datenteile enthalten, die als Texte oder Zeicher interpretierbar sind.
[2] Amerikanische Bezeichnung für Urheberrecht an Werken der Literatur, Tonkunst, bildenden Kunst und Fotographie zur Erlangung des Urheberrechtsschutzes in den USA.

gezwungen den Hersteller um Nachbesserung zu bitten. Ergebnis dieser Entwicklungsphase waren höhere Softwarekosten und eine zunehmende Hersteller Abhängigkeit. Aus diesen negativen Trends entstanden erste Bewegungen die diesem Prozess entgegenwirken wollten. (Zalewski, 2009 S. 3)

Den eigentlichen Grundstein des Open Source Konzeptes legte dann Richard Stellman. Er prägte maßgeblich den Begriff der Freien Software. 1985 gründete er die Free Software Foundation (FSF). Dies ist eine gemeinnützige Organisation, die bezweckt freie Software zu fördern. Dem vorausgegangen war ein Software Projekt mit Namen GNU, stellvertretend für „**GNU**'s **n**ot **U**nix"[3]. Ziel dieser Bewegung war ein freies Betriebssystem. Für dieses Projekt sollten keine herkömmlichen Lizenzbedingungen gelten. Jeder sollte frei mitentwickeln können. Die vom GNU-Projekt veröffentlichte Software wurde dann jeweils unter eine eigens geschaffene Lizenz gestellt – die sogenannten GPL- General Public License. In dieser wurden die vier Grundsatzideen der freien Software Entwicklung vorausgesetzt: (Kohne, 2015)

- Der Zugang zum Quellcode muss frei sein: Der Quelltext muss verfügbar sein und darf verändert werden.
- Die Software kann kopiert und weitergegeben werden: Jeder darf die Software weitergeben ohne das Lizenzgebühren erhoben werden.
- Die Software muss uneingeschränkt nutzbar sein: Es dürfen keine Nutzergruppen wie Militär, Krankenhäuser, Schulen oder kommerzielle Anbieter ausgeschlossen werden.
- Das Programm kann unter denselben Bedingungen wieder verbreitet werden: Abgeleitete Projekte dürfen erstellt und weitergegeben werden.

Gestützt durch diese Entwicklung gewann die freie Software weiter an Bedeutung. 1991 entstand mit Hilfe des von Linus Torvalds programmierten Kernels[4] das erste komplexe Betriebssystem das komplett unter der GPL Lizenz veröffentlicht wurde. In den weiteren Jahren wurde von Bruce Perens und Eric Raymond parallel zur FSF eine zweite Organisation mit Namen Open Source Initiative gegründete. Schwerpunkt dieser Organisation ist die Förderung von Open-Source-Software-Projekten. Die OSI verfolgt dabei, anders als die FSF den Grundsatz freie Software auch in die Wirtschaft zu integrieren. Beabsichtigt wird die Erstellung von Konzeptideen für gewinnorientierte Geschäftsmodelle. Erst in diesem Zusammenhang entstand der eigentliche Begriff von Open Source Software. So versteht sich die Idee nichtmehr nur als freie "kostenlose" Software. Sondern beschränkte sich auf die Freilegung des Quelltextes. Mit Einführung dieser neuen Definition und den entwickelten Geschäftsmodellen kam es zu einem steigenden wirtschaftlichen Interesse an Open Source Produkten. Dieses Interesse besteht bis heute. (Robert A. Gehring, 2004 S. 19-24)

3.1.2 ABGRENZUNG UND LIZENZIERUNG VON OPEN SOURCE SOFTWARE

Heutzutage ist der Bereich der Open Source Software nochmals komplexer geworden. Hinzugekommen sind weitere Merkmale speziell in Hinblick auf die Verbreitung der Software. In Folge dessen werden von der OSI Kriterien verlangt, um Software als Open Source klassifizieren zu können. Dazu zählen: (Initiative, 2015)

---

[3] Unix ist ein Mehrbenutzer-Betriebssystem für Computer.
[4] Der Kernel ist der zentrale Bestandteil eines Betriebssystems.

- Freie Weitergabe
- Verfügbarer Quellcode
- Abgeleitete Arbeiten
- Integrität des Autoren-Quellcodes
- Keine Diskriminierungen von Personen oder Gruppen
- Keine Nutzungseinschränkung
- Lizenzerteilung
- Produktneutralität
- Die Lizenz darf andere Software nicht einschränken
- Die Lizenz muss technologie-neutral sein

Erläuterungen zu den einzelnen Punkten können im Anhang oder auf www.opensource.org/docs/osd nachgeschlagen werden (Vgl. Anhang I). Zusätzlich existieren zu den genannten Kriterien weitere rechtliche Rahmenbedingungen die einer Differenzierung von freier Software und Open Source Software vorausgehen. Die wesentlichen relevanten Regelungen entstammen den Bereichen des Urheberrechts, Patentrechts, Haftungsrechts, Markenrechts und des Wettbewerbsrechts. (Thomas Renner, 2005 S. 20)

Aufgrund der genannten Aspekte ist es ein weit verbreiteter Irrtum zu behaupten, dass sich Open Source Software in einem rechtsfreien Raum bewegt. Im Falle von OSS erklärt sich der Urheber zwar bereit, auf gewisse Urheberrechtsansprüche zu verzichten. (BITKOM, 2006 S. 5)Dieser Verzicht wird durch Lizenzen eingeschränkt und bestimmt. Die Open Source Initiative (OSI) und FSF stellen auf ihrer Webseite eine Liste der mit der Open Source Definition vereinbarten Lizenzen bereit. Einige sind davon in Abbildung 2 links im Kreisdiagramm zu sehen. Festzustellen ist, dass im Jahr 2014 von mehr als einer Millionen untersuchter Open Source-Projekte etwas mehr als ein Viertel auf die Lizenz der GPLv2 entfällt. Gefolgt von der MIT und der Apache-Linzenz 2.0. (Nehmen und geben -Open-Source-Lizenzen und ihre Implikationen, 2014)

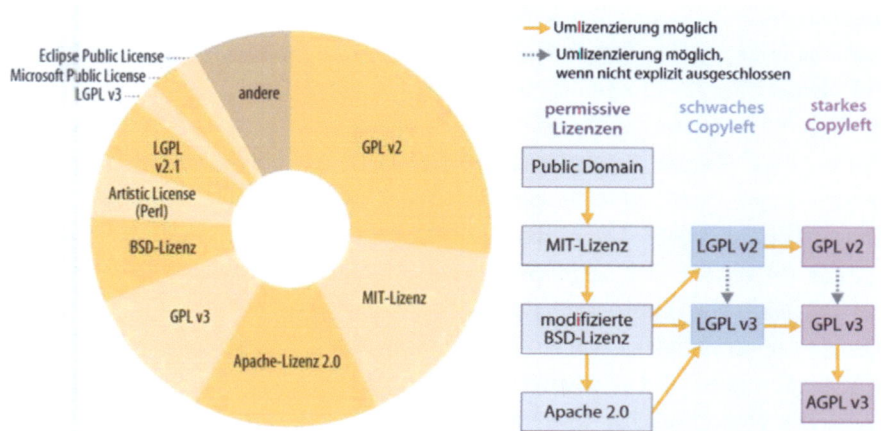

Abbildung 2 Links: Die populärsten Open Source Lizenzen (Nehmen und geben -Open-Source-Lizenzen und ihre Implikationen, 2014 S. 145)
Abbildung 3: Rechts: Kompatibilität wichtiger Open-Source-Lizenzen (Nehmen und geben -Open-Source-Lizenzen und ihre Implikationen, 2014 S. 146)

Für die Gesamtheit der Open Source Projekte ist die Anzahl an verfügbaren Lizenzen sehr unübersichtlich. Insgesamt zählt die OSI 70 und die FSF rund 90 verschiedene Open-Source-Lizenzen. Im nachfolgenden sollen daher nur die wichtigsten Lizenzen in dem Bereich ERP etwas genauer betrachtet werden. Um diese Vielzahl an Lizenzen besser einordnen zu können ist es ratsam, diese vorab in die bereits benannten Gruppen des Copyleftes einzuteilen. Wobei der eigentliche Begriff des Copyleft bedeutet, dass der Programmcode nur genutzt und verbreitet werden darf, wenn alle Änderungen unter gleichen oder ähnlichen Lizenzbedingungen wieder veröffentlicht werden. (Initiative, 2008)

Damit soll gesichert werden, dass Weiterentwicklungen eines ursprünglich freien Programms, frei bleiben. Man unterscheidet in starkes, schwaches und fehlendes Copyleft.

Beim starken Copyleft sind sämtliche Änderungen und Weiterentwicklungen einer Software unter die gleiche ursprünglich verwendete Lizenz zustellen. Das bedeutet, dass OSS die unter einer starken Copyleft Lizenz veröffentlicht wurde und durch ein anderes Unternehmen weiterentwickelt wird nur unter der gleichen Lizenz wieder veröffentlicht werden kann. Ziel hinter diesem Modell ist die Gewährleistung dass freigegebener Quellcode auch frei bleibt und in kein proprietäres Projekt miteinfließt. Ein Vertreter dieser Gruppe ist die bereits genannte General Public License kurz GPL.

Die von Richard Stallman 1989 verfasste und 1991 unter dem Namen GPL v2 weiterentwickelte Lizenz ist wie in Abbildung 2 verdeutlicht, die am häufigsten verwendete. Die GPLv2 erlaubt Nutzung, Anpassung und Distribution einer Software. Die zwei erst genannten Punkte sind ohne weitere Einschränkungen möglich. Für eine Ableitung müssen aber die Bedingungen des starken Copylefts erfüllt bleiben. Ein einmal unter einer GPLv2 Lizenz veröffentlichte Software muss somit bei Veränderung wieder unter dieser Lizenz veröffentlicht werden. Deshalb ist es nicht möglich Teile von GPL Produkten in proprietärer Software zu verwenden. Dies gilt natürlich nur dann, wenn die abgeleitete Software auch weiterverbreitet wird. Unternehmen die GPLv2-lizensierte ERP Systeme einsetzen, können diese auch mit proprietärer Software zusammenbringen, sofern sie das ent-standene Werk nicht wieder veröffentlichen. Denn die GPLv2 Lizenz kennt keine Veröffentlichungs-pflicht. Im Zuge der Globalisierung und dem steigendem Interesses an der Lizenz wurde diese auch ständig weiterentwickelt. Die aktuelle Version der GPL ist die Version v3, veröffentlicht 2007. Im Unterschied zur Vorgängerversion wurden spezielle Formulierungen so verallgemeinert, dass sie international mehr Anklang finden sollen. Diese weiterentwickelte Lizenz spielt im Vergleich aber nur eine geringe Rolle und wird von der OS Community weniger verwendet.

Für den Bereich ERP-Systeme entstand in diesem Zusammenhang aber eine noch interessantere Lizenz - die AGPL v3 für Affero General Public License. Sie besagt, dass bereits die Nutzung einer Software über das Internet eine Distribution darstellt und somit alle Forderungen der GPL erfüllt werden müssen. Hersteller von OSS ERP System die einen SaaS Service anbieten wollen, der AGPL lizensierte Programmteile verwendet sind verpflichtet, den Quelltext offenzulegen wenn Kunden über das Netz darauf zugreifen. Für Unternehmen die Software Produkte unter eine Open Source Lizenz mit starken Copyleft veröffentlichen wollen, ist die Sache somit sehr kompliziert. Vor allem beim Aufrufen externer Bibliotheken wird es schwierig. Um die in der GPL enthalten Forderungen ein wenig zu entschärfen wurde eine abgeschwächte Variante entwickelt. Es entstand die Lesser GNU General Public License. Diese Lizenz folgt in der aktuellen Version 2.1 den Forderungen des schwachen Copyleftes. Diese besagen, dass Änderungen oder Erweiterungen durchaus unter einer anderen Lizenz veröffentlicht werden können. Auf diese Weise können freie unter der LGPL lizenzierte Bibliotheken in proprietären Entwicklungen integriert werden, ohne deren Offenlegung zu erzwingen. Bei Veränderung der eigentlichen Programmdateien muss diese aber wieder unter der

LGPL erfolgen. Ein weiterer Vertreter diese Gruppe ist die Mozilla Public License kurz MPL[5] genannt. In ihrer entscheidenden Forderung, dass die Quelldateien einzeln wieder unter der MPL stehen müssen, bildet sie die Vorstufe zu den Non-Copyleft Lizenzen. Bei Non-Copyleft oder permissiven Lizenzen ist die Verwendung des Quellcodes beliebig. Das Ursprungswerk kann abgeändert und mit einer komplett neuen Lizenz wieder versehen werden. Hierfür reichen meist ein einfacher Copyright-Hinweis und der Haftungsausschluss. Vertreter für diese Gruppe sind die Berkeley Software Distribution License kurz BSD, Massachusetts Institute of Technology (MIT) licence und die Apache 2.0 Licence. Die BSB enthält in ihrer ursprünglichen Form nur vier grundsätzliche Forderungen. Diese setzen sich zusammen aus der Forderung zum Copyright Hinweis, der Forderung dass die Lizenz im Quelltext als auch in der Binärdatei erhalten bleiben muss und der Forderung dass die Software-Autoren nicht zu Werbezwecken genutzt werden dürfen, zusammen. Die vierte Forderung enthielt einen Hinweis auf den Ersteller der Lizenz, die Berkeley Universität und wurde 1999 in einer überarbeiteten Version gestrichen. Diese Lizenz erlaubt die Kombination mit Programmteilen, die unter einer anderen Lizenzen stehen. Weiterhin stellt sie keinerlei Anforderungen an abgeleitete Werke. Dies ermöglicht eine Verwendung von BSD lizensierten Programmteilen in kommerziellen Produkten. Die MIT Licence enthält ähnliche Forderungen wie die BSD. Auch mit dieser können Teile in proprietäre Software überführt werden. Eine Veröffentlichung des Quelltextes ist dabei nicht erforderlich. Einzige Bedingung ist, dass der CopyRight – Vermerk des ursprünglichen Werkes nicht entfernt werden darf. Auch die 2004 veröffentlichte Apache-Lizenz entspricht inhaltlich der BSD. Sie verlangt daher, dass bei der Distribution mit beteiligten Produkten die Copyright-Hinweise der Originalautoren erhalten bleiben. (Nehmen und geben -Open-Source-Lizenzen und ihre Implikationen, 2014) (Schmidt, 2012) (BITKOM, 2006)

Der Zusammenhang zwischen den einzelnen Lizenzen ist in Abbildung 3 rechts dargestellt. Ersichtlich wird darin auch inwieweit die einzelnen Lizenzen untereinander kompatibel sind. Da für die Nutzung von OS ERP-Systemen keine Open-Source-Lizenz die Nutzung und Anpassung für eigene Zwecke beschränkt, können fast alle OS Produkte für interne Unternehmenszwecke weiterentwickelt werden. Ausgenommen davon ist die Veröffentlichung der Systeme, wofür dann jeweils die Auflagen des starken, schwachen oder fehlenden Copylefts gelten. In Tabelle 1 sind die im Text beschriebenen Lizenzen nochmals in geordneter Form aufgelistet. Wobei sich in der zweiten Spalte ein Link befindet der zum jeweiligen Lizenztext weiterleitet.

Tabelle 1: Übersicht der am häufigsten verwendeten Lizenzen (Eigene Darstellung)

Lizenz	Lizenztext nachlesbar unter
AGPL v3	http://www.gnu.org/licenses/agpl-3.0.html
Apache 2.0	http://www.apache.org/licenses/LICENSE-2.0
BSD	http://www.freebsd.org/copyright/freebsd-license.html
GPL v2	http://www.gnu.org/licenses/gpl-2.0.html
GPL v3	http://www.gnu.org/licenses/gpl
LGPL v2	http://www.gnu.org/licenses/lgpl-2.1.html
LGPL v3	http://www.gnu.org/licenses/lgpl-3.0.html
MIT	http://opensource.org/licenses/MIT
MPL	https://www.mozilla.org/MPL/2.0/

---

[5] MPL ist eine Open-Source-Lizenz die 1998 von dem Unternehmen Netscape für die Codefreigabe des damals geplanten Netscape Communicator 5 entwickelt. Heute ist ihr Einsatzbereich die Lizenzierung des Mozilla-Webbrowsers

3.1.3 CHANCEN UND RISIKEN

Die letzten Jahre haben gezeigt, dass sich Open Source als Methode zur Softwareentwicklung zweifelsfrei etabliert hat. Regelmäßige Studien der Fraunhofer Forschungsinstitutionen und der europäischen Union bestätigen diese Aussage. Vor allem in Hinblick auf Erlösmodelle, Lizenztypen und Anzahl an partizipierender Firmen sowie freiwilliger Entwickler ist hier ein deutliches Wachstum zu verzeichnen.

OS ist zu einer konkurrenzfähigen und kostengünstigen Alternative herangewachsen. Neuere Studien gehen von Einsparmöglichkeiten von bis zu 30% gegenüber proprietärer Software aus. Für die OSS sprechen dabei vor allem der Wegfall von Lizenzgebühren und die Herstellerunabhängigkeit. Dem entgegenstehen aber ein erhöhter Schulungsbedarf und die fehlenden Supportleistungen. (Thomas Renner, 2005 S. 15-17)

Im folgenden Abschnitt sollen kurz wesentliche Chancen und Risiken speziell unter dem Gesichtspunkt ERP-Systeme beleuchtet werden. Zudem wird versucht Kommerzialisierungsaspekte hervorzuheben. In Tabelle 2 sind vorab eine der vorgestellten Chancen und Risiken abgebildet.

Tabelle 2:Vor- und Nachteile von Open Source Software (Thomas Renner, 2005 S. 19)

Vorteile	Nachteile
Anpassbarkeit	Keine Gewährleistungsrechte
Wiederverwendbarkeit von Code	(Oft) kein Support durch Entwickler
Höhere Produktqualität	Höhere Schulungsaufwand
Anbieterunabhängigkeit	Ungewisse Weiterentwicklung
Höhere Sicherheit	Applikationen teilweise nicht erhältlich
Offene Standards	Teilweise mangelnde Interoperabilität mit kommerzieller Software
Keine Lizenzkosten	

Chancen von Open Source Software

Fehlende Lizenzgebühren und Herstellerunabhängigkeit sind nur einige Punkte die OS Software gegenüber proprietären Anwendungen attraktiver macht. Hinzukommt beispielsweise die hohe Anpassungsfähigkeit. Offene Programme können von jedem individuell erweitert oder angepasst werden. Gerade im Hinblick auf ERP-Systeme die traditionell als Standardsoftware daherkommen ist dies von Vorteil. Eigenentwicklungen können so in die Systeme integriert werden, wodurch umfangreiche Synergieeffekte entstehen. Auf diese Weise kann durch die Verwendung von Komponenten eines Open Source Produkts in eigenen Produkten Entwicklungszeit eingespart werden. Durch den Vergleich fremder Programmteile mit eigenen Lösungen, entstehen darüber hinaus neue Denkansätze die eine Verbesserung des Gesamtproduktes und somit eine höhere Produktqualität zur Folge haben. Dies wird weiterhin durch den grundlegend anderen Entwicklungsprozess begünstigt. Im Unterschied zu kommerzieller Software unterliegt OSS keinerlei Marktzwängen oder festen Veröffentlichungsterminen. Der Fokus der Entwicklung liegt somit stärker auf dem eigentlichen Produkt.

Oftmals wird Open Source Software auch ein höheres Maß an Sicherheit zugesprochen. Durch die Offenlegung des Quelltextes kann jeder Einsicht nehmen. Sicherheitslücken können so schnell entdeckt und behoben werden. Zusätzlich gibt es bei OSS prinzipiell keine Möglichkeit zum Einbau von Hintertüren da der entsprechende Code im Quelltext schnell auffallen würde. Durch offene Standards wird dieser Aspekt zusätzlich noch begünstigt. Open Source Produkte verwenden Dateiformate und Datenaustauschstandards die per Definition ebenfalls offen gelegt sind. Entsprechende Schnittstellen können so mit geringeren Aufwand erstellt oder angepasst werden. (Diedrich, 2009) Allgemein wird der Wegfall der Lizenzkosten oftmals als der zentrale Vorteil von Open Source Software betrachtet. Hierbei muss aber einschränkend daraufhin gewiesen werden, dass diese Kostenarten oft nur einen relativ geringen Anteil der Total Cost of Ownership darstellen. Hierunter versteht man ein Verfahren das alle anfallenden Investitionskosten abschätzt und bewertet. Hinzukommen Ausgaben für Schulungs- und Mitarbeitertrainingsleistungen. Zusätzlich existieren je nach Hersteller verschiedene zahlungspflichtige Support- und Businessmodelle wie beispielsweise SaaS. Trotz allem spielt der Aspekt der fehlenden oder geringeren Lizenzkosten eine entscheidende Rolle bei der Wirtschaftlichkeit von OS Produkten. (Thomas Renner, 2005 S. 16)

Risiken

Zu einer detaillierten Betrachtungsweise ist es unerlässlich, Open Source in Unternehmen, auch aus Perspektive der Wirtschaftlichkeit und Marktbedeutung hin zu betrachten, um Risiken besser wahrzunehmen. In Anbetracht dessen existieren auch im Bereich OSS ERP Nachteile für Unternehmen bei der Nutzung von OS Produkten. Beispielsweise ist die Nutzung von Open Source Software im Regelfall weder durch Gewährleistungs- noch Haftungsansprüche gegen die Entwickler geregelt. Die vorgestellten Open Source Lizenzen übernehmen keinerlei Garantie für die Funktionstüchtigkeit der Software. Der Anwender trägt somit das volle Risiko beim Einsatz. Weiterhin ist der Support bei OSS Produkten kein Bestandteil des Angeboten Umfangs. Entwicklungsleistungen sofern nicht selber durch den Nutzer durchführbar, müssen je nach Hersteller separat eingekauft oder im Bedarfsfall von Drittanbietern erledigt werden. (Diedrich, 2009)

Weitere Nachteile die sich aus der Nutzung von Open Source Software ergeben sind höherer Schulungsaufwänden, eine ungewisse Weiterentwicklung und eine mangelhafte Interoperabilität mit kommerziellen Produkten. Kommerzielle Software ist vor allem im Bereich Betriebssysteme und Office Produkte vorherrschend. Bei freien Alternativen hingegen, müssen Mitarbeiter oftmals zunächst geschult bzw. neu eingestellt werden. Inwieweit sich dies negativ bei ERP-Systemen auswirkt, ist nicht eindeutig feststellbar. Die Einführung einer komplexen Software, bedingt gleichzeitig eine längere Einarbeitungszeit der Mitarbeiter. Problematisch wird es auch dann, wenn Open Source Projekte von ihren Entwicklern aufgegeben werden. Für solche Projekte bestehen keinerlei Verpflichtungen bezüglich Wartung und Pflege. Die Entwicklungsgeschwindigkeit bei der Behebung von Fehlern oder Verbesserungen in Form von Updates hängt maßgeblich von der Qualität, Größe und Aktivität der Community ab. Eine länger fristigen Planbarkeit des Softwareeinsatzes ist daher nicht oder nur im geringen Maße möglich. (Thomas Renner, 2005 S. 17)

3.1.4 RESÜMEE

In der Praxis werden beide Begriffe Open Source und Freie Software, synonym gebraucht, wobei die Freie Software nicht gleichzusetzen ist mit frei im Sinne von gratis. Die Definition vor OS lautet allgemein *"Open source promotes software reliability and quality by supporting independent peer review and rapid evaluation of source code"* verwendet werden. (Hüttenegger, 2006 S. 5) Bei der für die Free Software Foundation steht mit dem Begriff „Freie Software" die Freiheit für den Anwender im Vordergrund. Die OSI will im Gegensatz dazu vor allem kommerziellem Anwenden den Zugang zu Open Source erleichtern. Sie verwendet den Begriff Open Source und betont die Offenheit des Quelltextes. Beide Organisationen haben verschiedene Lizenzen veröffentlicht die einen gemeinschaftlichen Entwicklungsprozess und letztlich eine bessere Produktqualität garantieren sollen. Die Frauenhofer Stiftung geht davon aus das, Open Source Software ihren Marktanteil weiter ausbauen kann. Vor allem in öffentlichen Einrichtungen sieht sie hier eine zunehmende Akzeptanz. Resümierend lässt sich konstatieren, dass hierin sowohl Vorteile, wie auch Nachteile bestehen. (Thomas Renner, 2005 S. 19 ff.)

3.2 Enterprise Resource Planning

Unter dem Begriff Enterprise Resource Planning abgekürzt ERP versteht man eine unternehmerische Herausforderung. Kernfunktion ist es Ressourcen wie beispielsweise Personal, Materialien, Kapital sowie Technik im Bereich der Information, Kommunikation und IT-Systeme bedarfsgerecht zu planen und zu steuern, wie Abbildung 4 in vereinfachter Weise verdeutlicht. Ziel ist es, einen effizienten operativen Wertschöpfungsprozess zu gestalten und eine kontinuierliche Kontrolle der wirtschaftlichen und betrieblichen Vorgänge zu gewährleisten. Diese Aufgabe ist heutzutage nur noch mit Hilfe von IT-Systemen auf Basis einer modernen Informations- und Kommunikationstechnik zu erreichen.

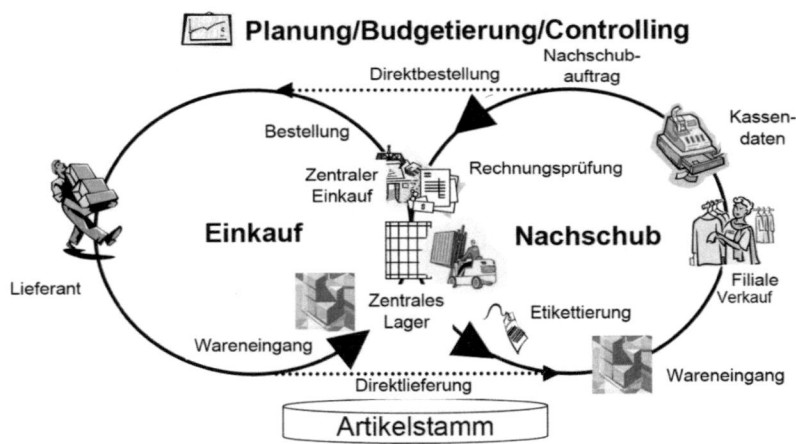

Abbildung 4: Vereinfachte Darstellung eines Warenwirtschaftskreislaufes (i2s-consulting, 2015)

3.2.1 ERP-SYSTEME

Enterprise Resource Planning -Systeme sind komplexe IT-Systeme, die zur Unterstützung der Ressourcenplanung des gesamten Unternehmens eingesetzt werden. Im eigentlichen Sinn bedeutet ERPS – Betriebliche Anwendungssoftware oder Warenwirtschaftssystem. Im Gabler Wirtschaftslexikon findet sich folgende Definition *„ERP-Systeme sind integrierte Standardsoftwarepakete zur Abbildung von betriebswirtschaftlichen Prozessen in Organisationen."* (Prof. Dr. Richard Vahrenkamp, 2015) Heutzutage weisen diese Systeme weitaus mehr Komponenten und Komplexität auf. Aufgrund dessen ermöglichen diese meist modular aufgebauten Software-Lösungen eine ganzheitliche prozessorientierte Sicht auf das Unternehmen und seine Geschäftspartner. Es umfasst dabei Module für die Bereiche Beschaffung, Fertigung, Vertrieb, Finanzen und Personal. Ziel einer solchen Software ist es, die Produktion durch effiziente Ressourcenplanung und Optimierung der Prozesse zu erhöhen. Dabei muss das System sicherstellen, dass alle erforderlichen Materialien, für die Herstellung bestimmter Erzeugnisse an der richtigen Stelle, zur richtigen Zeit und in der richtigen Menge zur Verfügung gestellt werden. Nach Hessler wird ein ERP-System als „integrierte Software verstanden, die auf Basis standardisierte Module alle oder wesentliche Teile der Geschäftsprozesse eines Unternehmens aus betriebswirtschaftlicher Sicht informationstechnisch unterstützt." (Hesseler. 2007 S. 5) Ein wesentlicher Vorteil von ERP-Systemen besteht dabei in der Automatisierung von Abläufen und in der damit einhergehenden Standardisierung der Geschäftsprozesse. Diese umfassende Komplexität besaßen die ERP-Systeme nicht von Anfang an. Historisch betrachtet gingen sie aus Programmen für die Produktionsplanung hervor. Die eigentliche Entstehung und Weiterentwicklung fand in unterschiedlichen Phasen statt. Ursprünge von heutigen ERP-Systemen liegen in den 1960er-Jahren. Die dort entwickelten Lösungen unterstützten dabei aber nur die Materialbedarfsplanung. Die langfristige Mengenplanung der Fertigungs- und Zulieferteile stand im Vordergrund. Diese Konzepte für der Stücklistenauflösung Material Requirements Planning genannt, kurz als MRP-Systeme bezeichnet, standen einerseits für schnelle Verfahren zur Auflösung von Stücklisten-strukturen und andererseits für Methoden zur Primärbedarfs-ermittlung zur Verfügung. Nach 1960 prägte der Begriff der Prozessoptimierung die Unternehmenskultur. Dies führte in den jeweiligen Unternehmen dazu, Effizienz und Effektivität der bestehenden Geschäfts-, Produktions- und Entwicklungsprozesse zu hinterfragen. Ziel dessen war, die benötigten Ressourcen kontinuierich zu verbessern. So standen auf Unternehmersicht Bestrebungen zur Kostenreduktion und Intentionen die Durchlaufzeiten zu verkürzen im Fokus. Die MRP-Systeme wurden im Zuge dieser Entwicklungen um Funktionalitäten für die übrigen Teilbereiche der Produktionsplanung und -steuerung erweitert. Hinzu kamen: (Andreas Luszczak, 2009 S. 59)

- Beschaffung und Lagerhaltung
- Erweiterung der mengenorientierten Materialwirtschaft durch zeitliche Komponenten
- Planung und Steuerung der Fertigstellung
- Werkstattorientierung

Die Anforderungen in der Zeit von 1980 bis 1990 bestanden in einer ganzheitlichen Steuerung der Produktion. Im Zuge dieser Entwicklungen kam es zu einem Übergang von der Materialbedarfs-planung zur Termin- und Kapazitätsplanung. Die ursprünglichen Konzepte wurden durch Finanz- und Kapitalplanungsmodule ergänzt. In diesem Kontext änderte sich die Bedeutung von MRP in Manufacturing Resource Planning. Zusammengefasst wurden diese Systeme dann unter dem Begriff MRP II-Systeme (Rechnergestütztes Produktionsmanagement. PPS-Systeme sind keine Managementinformationssysteme., 1992 S. 160-163)Durch die aufkommende kommerzielle Nutzung von Datenverarbeitung-Systemen für die Produktionsplanung entwickelten sich anschließend erste ERP-Systeme. In diesem System wurde Module zur Optimierung der Wertschöpfungskette und solche zur Abbildung aller internen Prozesse der übrigen Unternehmensbereiche zusammengeführt. Im Gegensatz zu ihren Vorgängern sind sie nicht mehr nur auf den industriellen Bereich begrenzt, sondern wirtschaftszweigunabhängig einsetzbar. Heutzutage geht die Entwicklung hin zu einer verstärkten Vernetzung mit externen Partnern. Dabei orientieren sich moderne ERP Systeme an Konzepten der Lieferkettenoptimierung (SCM) und des Kundenbeziehungsmanagements (CRM). SCM abgekürzt für Supply Chain Management bezeichnet den Aufbau und die Verwaltung integrierter Material- und Informationsflüsse über den gesamten Wertschöpfungsprozess, ausgehend von der

Rohstoffgewinnung über die Veredelungsstufen bis hin zum Endverbraucher. Ziel ist die Optimierung der Leistungen und des Services der Supply Chain in Bezug zu den eingesetzten Kosten. CRM dagegen ist zu verstehen als strategischer Ansatz, der zur vollständigen Planung, Steuerung und Durchführung aller interaktiven Prozesse mit den Kunden genutzt wird.

Der Fokus neuster Anwendungen liegt in der Ausweitung und Synchronisation der eigenen Prozesse über die Unternehmensgrenzen hinaus. Neue Kernfunktionen sind die ganzheitliche Prozessunterstützung und der zwischenbetrieblichen Informationsaustausch. Im Zuge dessen führte die Gartner Group im Jahr 2000 den Begriff "ERP II", um die ihrer Ansicht nach anstehende Ablösung der vorhandenen ERP-Systeme kenntlich zu machen. Von Ausnahmen abgesehen hat sich am Markt die neue Bezeichnung nicht durchgesetzt. (Gronau N, 2010 S. 4-5)

3.2.2 MERKMALE UND FUNKTIONEN

ERP-Systeme können in zwei verschiedenen Varianten auftreten. Dies kann zum einem die Individualsoftware sein. Hierbei handelt es sich um eine ganz spezielle Softwarelösung für ein Unternehmen. Die zweite Variante ist die bereits genannte Standardsoftware. Hierbei existieren Module als Komplettlösung, dass fertige Produkt wird dann an eigene Bedürfnisse angepasst. Über die Vor- und Nachteile beider Varianten, hinsichtlich ihrer Chancen und Risiken beim Einsatz der Standardsoftware, gibt Abbildung 5 Aufschluss.

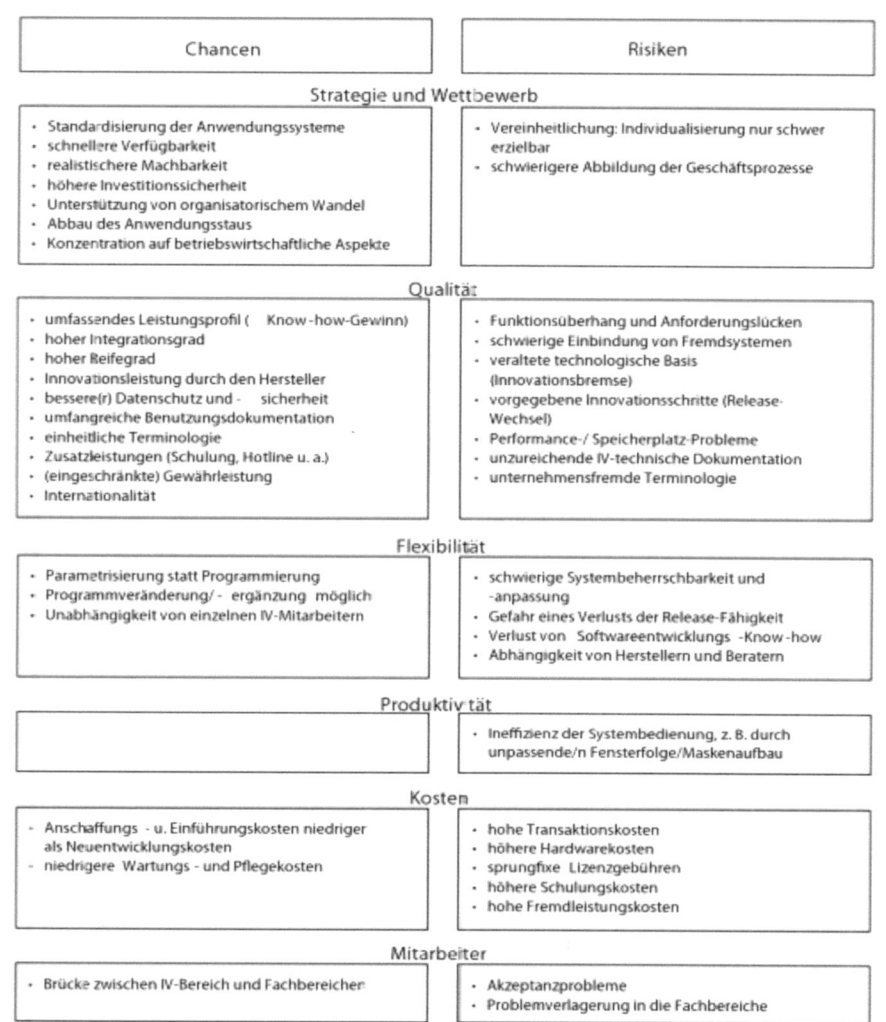

	Chancen		Risiken

Strategie und Wettbewerb

Chancen	Risiken
· Standardisierung der Anwendungssysteme · schnellere Verfügbarkeit · realistischere Machbarkeit · höhere Investitionssicherheit · Unterstützung von organisatorischem Wandel · Abbau des Anwendungsstaus · Konzentration auf betriebswirtschaftliche Aspekte	· Vereinheitlichung: Individualisierung nur schwer erzielbar · schwierigere Abbildung der Geschäftsprozesse

Qualität

Chancen	Risiken
· umfassendes Leistungsprofil (Know-how-Gewinn) · hoher Integrationsgrad · hoher Reifegrad · Innovationsleistung durch den Hersteller · bessere(r) Datenschutz und - sicherheit · umfangreiche Benutzungsdokumentation · einheitliche Terminologie · Zusatzleistungen (Schulung, Hotline u. a.) · (eingeschränkte) Gewährleistung · Internationalität	· Funktionsüberhang und Anforderungslücken · schwierige Einbindung von Fremdsystemen · veraltete technologische Basis (Innovationsbremse) · vorgegebene Innovationsschritte (Release-Wechsel) · Performance-/ Speicherplatz-Probleme · unzureichende IV-technische Dokumentation · unternehmensfremde Terminologie

Flexibilität

Chancen	Risiken
· Parametrisierung statt Programmierung · Programmveränderung/- ergänzung möglich · Unabhängigkeit von einzelnen IV-Mitarbeitern	· schwierige Systembeherrschbarkeit und -anpassung · Gefahr eines Verlusts der Release-Fähigkeit · Verlust von Softwareentwicklungs -Know-how · Abhängigkeit von Herstellern und Beratern

Produktivität

Chancen	Risiken
	· Ineffizienz der Systembedienung, z. B. durch unpassende/n Fensterfolge/Maskenaufbau

Kosten

Chancen	Risiken
· Anschaffungs - u. Einführungskosten niedriger als Neuentwicklungskosten · niedrigere Wartungs - und Pflegekosten	· hohe Transaktionskosten · höhere Hardwarekosten · sprungfixe Lizenzgebühren · höhere Schulungskosten · hohe Fremdleistungskosten

Mitarbeiter

Chancen	Risiken
· Brücke zwischen IV-Bereich und Fachbereichen	· Akzeptanzprobleme · Problemverlagerung in die Fachbereiche

Abbildung 5:Übersicht Chancen und Risiken von ERP-Systemen (Potthof, 1998 S. 55)

Für beide Varianten lassen sich die Funktionen wie in Abbildung 6 auf vier Anwendungsbereiche reduzieren. Dazu gehören Finanzen, Logistik Produktion und Personal. Die Softwarefunktionen sollen dabei sämtliche Prozesse informationstechnisch unterstützen und zu einer Abkehr von Insellösungen führen. Als Insellösung werden technische Systeme verstanden, die nur innerhalb ihrer eigenen Grenzen wirksam sind und nicht mit ähnlichen oder verwandten Systemen zusammenwirken können. Deshalb ergibt sich die Zielsetzung eines ganzheitlichen ERP-Systems. Der Zweck eines ERP-Systems ist somit die Gestaltung einer möglichst effizienten Ressourcenabwicklung im Unternehmen in den vier genannten Bereichen.

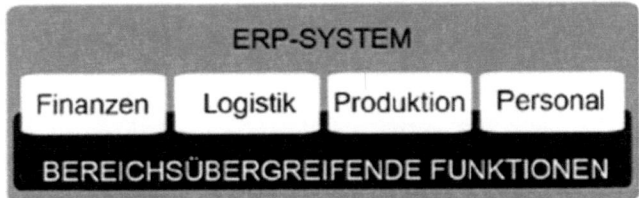

Abbildung 6:Anwendungsbereich eines ERP-Systems nach (Hesseler, 2007 S. 19)

Dieses setzt voraus, dass für die sehr stark abweichenden Anforderungen der unterschiedlichen Wirtschaftszweige vielfältige Lösungsmöglichkeiten zur Verfügung stehen. So existierten beispielsweise sehr vielfältige Produktionsverfahren in der Industrie und Technik. Ein ERP -System muss deshalb Bausteine mit spezifischen Methoden und Verfahren zur Verfügung stellen, die das besondere Verfahren zur Erstellung des Produktionsprogramms und des Produktdatenmanagement in der Bedarfsermittlung abbilden können. Modularität spielt dabei eine große Rolle. Die meisten Anbieter bieten daher Branchenlösungen mit bereichsübergreifende Funktionen an. Unternehmen können somit selbst entscheiden inwieweit bestimmte Module genutzt werden oder nicht. Zu diesen zählen beispielsweise Controlling, Forschung und Entwicklung sowie Marketing und E-Commerce. (Hesseler, 2007 S. 24)

Weitere Merkmale von ERP-Systemen sind: (Gronau N, 2010 S. 12-15)

- ERP-Systeme verfügen über eine einheitliche Datenbank.
- Durch eine einheitliche Anwendungsumgebung ist eine einfache Bedienung möglich.
- Schnittstellen im Unternehmen werden vereinheitlicht.
- Daten werden konsequent und einheitlich gespeichert.
- Integration aller miteinander verbundenen Prozesse und Funktionen quer durch das Unternehmen.
- Just-in-time Informationsverarbeitung.
- Trennung von Datenbank, Anwendungsebene und Präsentationssicht

3.2.3 ERP-MARKT UND BEDEUTUNG FÜR KLEINE UND MITTLERE UNTERNEHMEN

Durch die immer stärker werdende Wettbewerbssituation müssen die Geschäftsprozesse kontinuierlich neu organisiert und optimiert werden, so dass die Unternehmen sich auf die vorherrschende Wettbewerbssituation richtig einzustellen haben. Für die Neuorganisation und Optimierung der Prozesse dienen daher ERP-Systeme. Dabei ist die Bedeutung von ERP-Systemen bei kleinen und mittleren Unternehmen stetig gewachsen. Nach Prof. Dr. Gronau kommen sie *„mittlerweile in Unternehmen nahezu jeder Größenordnung und in allen Branchen zum Einsatz."* (Gronau, 2013) Im Vordergrund stehen hierbei Flexibilität, Quelloffenheit, Herstellerunabhängigkeit und vor allem Modularität. Systeme sollen schnell an eigene Bedürfnisse angepasst werden können. Im kommerziellen Bereich sind SAP, Microsoft, Infor, Oracle und Sage die Marktführer der Branche. Abbildung 7 zeigt den Marktanteil der führenden Anbieter am Umsatz mit Enterprise-Resource-Planning-Software in Deutschland von 2011 bis 2013. Unter den genannten kommerziellen Anbietern hat hier trotz Rückgang SAP den höchsten Stellenwert inne. Insgesamt betrachtet existieren allein im deutschsprachigen Raum über 600 aktive Systemanbieter, die ERP-Systeme für kleine und mittelständische Unternehmen bestimmter Branchen anbieten (Hessler M., 2008 S. 55-56) (Gronau N, 2010 S. 16)

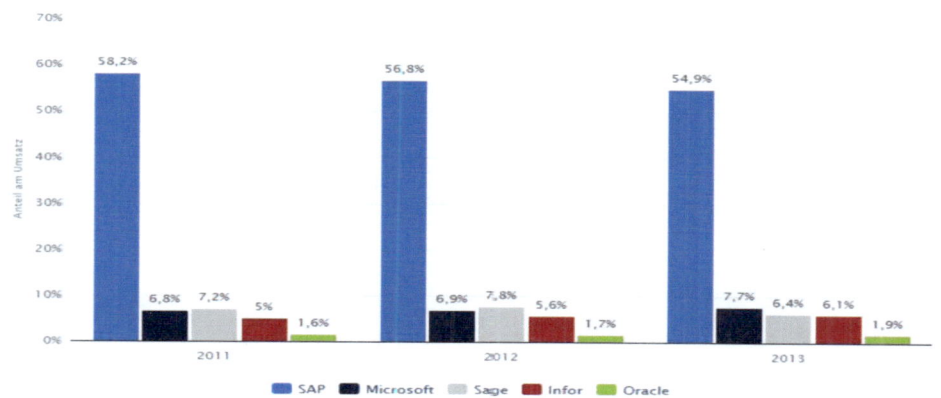

Abbildung 7:Vergleich Markanteile kommerzieller ERP-Anbieter im zeitlichen Verlauf (Statista, 2015)

Je nach Branche, Unternehmensgröße und regionaler Verbreitung lassen sich unterschiedliche Klassifizierungen vornehmen. Auch sind in den Betrieben oft mehrere Lösungen in unterschied-lichsten Kombinationen vorhanden. Verschiedene Betriebseinheiten werden über unterschiedliche Systeme gesteuert und verknüpft. Zudem gibt es bei den ERP-Herstellern immer wieder Übernahmen und Neustrukturierungen, teilweise mit Namensänderungen bei Unternehmen und Systemen. Neben den genannten klassischen lizenzkostenbasierten ERP-Systemen existieren auch Open-Source-ERP-Systeme. Dies verspricht zunächst bei der Budgetplanung ein Kostenvorteil von etwa 15 - 20 % gegenüber herkömmlichen lizenzmodellbasierten Systemen. Allerdings ist zu berücksichtigen, dass nicht alle angebotene Systeme über branchen- und prozessspezifische Funktionen verfügen und daher nur für allgemeine ERP-Einsatzsituationen geeignet sind (Gronau N, 2010 S. 24-25)Ebenso wie die Open-Source ERP Systeme bieten gehostet[6] Varianten kleineren Unternehmen die Möglichkeit komplexe IT-Systeme kostengünstig zu erwerben. Anders als beim klassischen Erwerbsmodell wird hier die Software und die entsprechende IT-Infrastruktur bei einem externen IT-Dienstleister betrieben und vom Kunden als Service genutzt werden. Der Zugriff auf die Software wird über einen Webbrowser realisiert. Für die Nutzung und den Betrieb zahlt der Servicenehmer eine nutzungs-abhängige Gebühr. Diese Form wird auch als SaaS kurz Software as a Service bezeichnet und ist ein Teilbereich des Cloud Computing[7]. (ITWissen, 2015)

3.2.4 AUFBAU EINES ERP SYSTEMS

Nach wie vor sind Aufbau und Architektur wichtige Auswahlkriterien bei der Suche nach einem ERP-System wobei anzumerken ist, dass bei gleichwertiger Funktionalität die Entscheidung zugunsten der zukunftsfähigeren Architektur fällt(Gronau, 2013) Deshalb soll hier der Aufbau und die Architektur von ERP-Systemen etwas genauer betrachtet werden.

---

[6] hosten - Hosting betreiben. Unter Hosting versteht man eine Dienstleistung, die darin besteht einem Nutzer bestimmte das Internet betreffende Leistungen anzubieten.
[7] Hierunter versteht man das Speichern von Daten in einem entfernten Rechenzentrum, aber auch die Ausführung von Programmen, die nicht auf dem lokalen Arbeitsplatzcomputer oder Server installiert sind.

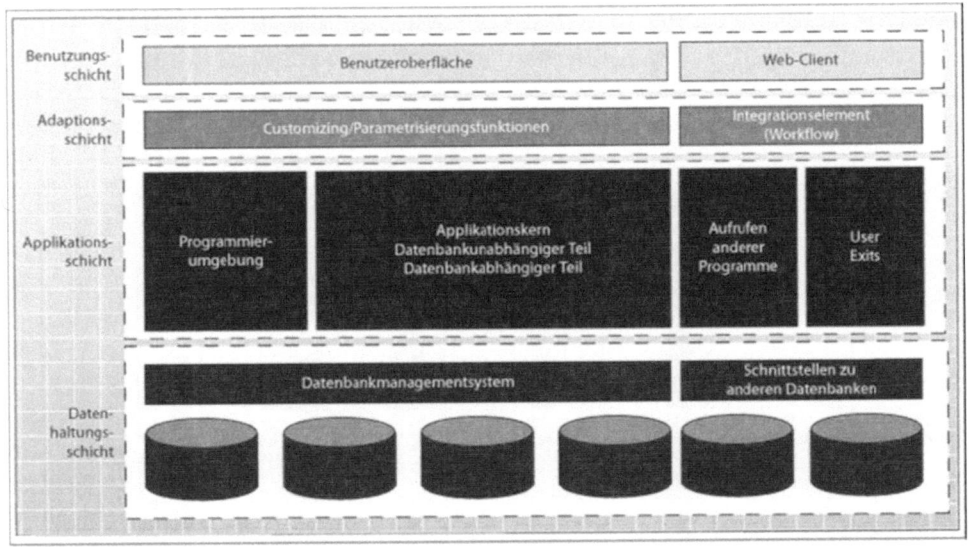

Abbildung 8:Mehrstufiger Aufbau eines typischen ERP-Systems (Gronau N, 2010 S. 9)

Der Aufbau von ERP-Systemen ist, unabhängig von ihrem Funktionsumfang oder Branchenfokus, mehrstufig, wie in Abbildung 8 dargestellt. Diese zeigt, dass eine oder mehrere zumeist relationale Datenbanken[8] in einem zentralen Datenbank-Management-System bilden die unterste Schicht. In dieser untersten Schicht sind alle wichtigen Informationen aus den verschiedenen Geschäfts-bereichen wie beispielsweise Produktion, Vertrieb und Finanzbuchhaltung enthalten. Zusätzlich sind die Datenbanken in der Regel mit Schnittstellen für den Zugriff aus anderen Applikationen aus-gestattet, sodass auch Informationen aus anderen Systemen abgerufen werden können. Prinzipielle aber dient diese Schicht hauptsächlich der Datenhaltung. Darauf aufgesetzt ist die Applikations-schicht. In dieser ist die Logik des ERP-Systems enthalten. Aufgrund dessen sind hier die Funktionen der jeweiligen Module implementiert. Die Applikationsschicht ihrerseits ist dann nochmals in mehrere Komponenten aufgeteilt. Zum einen existieren datenbankabhängige und datenbank-unabhängige Komponenten. Der datenbankabhängige Teil sorgt für einen optimierten Zugriff auf das Datenbankmanagementsystem. Der Datenbankunabhängige Teil reicht die Daten an die Applikation weiter. Diese Trennung im Applikationskerns wird vorgenommen um speziell angepasste Funktionen verschiedener Managementsysteme nutzen zu können. Weiterhin gehört zur Applikationsschicht meist auch eine Programmierumgebung, mit deren Hilfe Anwendungen und Zusatzfunktionalitäten erstellt werden können. In der Applikationsschicht zusätzliche enthalten sind Middleware-Kom-ponenten, wie in Abbildung 8 vorhanden, worin sie als „Aufrufen anderer Programme" und „User Exists" bezeichnet werden. Mit diesen Komponenten sind Aufrufe anderer Programme möglich. Über die „User Exists" kann dann auch noch die Integration von Programmbausteinen die in anderen Programmiersprachen geschrieben sind vollzogen werden. Über der Applikationsschicht befindet sich zumeist auch eine Adaptionsschicht. Diese ermöglicht dem Anwender, Konfigurationen und Funktionen in Form von Customizing[9] durchzuführen. Darüber hinaus sind in dieser Schicht Teile

---

[8] Eine relationale Datenbank dient zur elektronischen Datenverwaltung in Computersystemen und beruht auf einem tabellenbasierten relationalen Datenbankmodell.

[9] Customizing ist der Vorgang zur Anpassung eines ERP-Systems auf die speziellen Bedürfnisse im jeweiligen Anwendungsgebiet. Diese Anpassung erfolgt durch die Auswahl von Programmmodulen und durch die Eingabe von unternehmensspezifischen Daten und Parametern.

rudimentärer Funktionen von Workflow-Management-Systemen [10] enthalten, so zum Beispiel Weiterleitungs- und Benachrichtigungsfunktionen. Diese sind ebenfalls frei konfigurierbar. Allgemein bildet diese Schicht eine Verfeinerung der obersten Schicht dar. Im oberen Teil befindet sich dann die Benutzeroberfläche, kurz GUI (Graphical User Interface). Diese Schicht kann traditionell als reine Desktop-Variante aufgebaut sein. Moderne ERP-Systeme werden aber zunehmend mit einfachen Benutzeroberflächen wie z.B. Webbrowsern ausgeliefert. Anwender können so via Web-Browser von verschiedenen Endgeräten aus auf die ERP-Anwendungen zugreifen. Eine spezielle Client-Installation mit Anpassungen an das jeweilige Endgerät entfällt mit Browser-basierenden GUIs. (Bayer, 2013) (Gronau N, 2010 S. 9-10)

Architektur

Die klassische ERP –System Architektur folgt nach Gronau dem des Client –Server Modelles. Das Modell beschreibt eine Möglichkeit, Funktionen innerhalb eines Netzwerkes zu verteilen. Diese Funktionen werden von Programmen durchgeführt und in die zwei Gruppen Client beziehungsweise Server unterteilt. Der Rechner der Anforderungen stellt wird als Client bezeichnet. Das System was die Anforderungen entgegennimmt und verarbeitet wird dann als Server deklariert. Arbeitsplatzsysteme wie zum Beispiel Workstations werden typischerweise als Client eingesetzt. Diese Clients können dann in einem Netzwerk untereinander und mit Servern verbunden sein. Die Kommunikation erfolgt mittels Transaktionen, wobei zu beachten ist, dass je nach Architektur bei der Durchführung einer Geschäftstransaktion die Aufgabenverteilung zwischen Client und Server unterschiedlich sein kann. Die hierfür verwendeten Programme können in drei Schichten differenziert werden. So unterteilen sie sich in eine Präsentationslogik, Verarbeitungslogik und Datenbanklogik. Die Präsentationslogik entspricht im weitesten der Adaptions- und Benutzungsschicht. Sie stellt die Schnittstelle zwischen Benutzer und Anwendung dar. In der Verarbeitungslogik wird anhand komplexer Algorithmen die Datenverarbeitung durchgeführt. Sie entspricht im Aufbau der Applikationsschicht. Die Datenbanklogik hat zur Aufgabe, Manipulationen an, in der Datenbank gespeicherten Daten vorzunehmen. In einer traditionellen Anwendung sind alle drei Teile innerhalb eines Programmes fest codiert. Im Client Server Modell erfolgt jedoch eine Aufteilung der drei genannten Logiken. Dadurch entstehen unterschiedliche Formen der Aufgabenverteilung, welche sich wie in Abbildung 9 dargestellt, zusammensetzen können. (Brugger, 2005 S. 432)

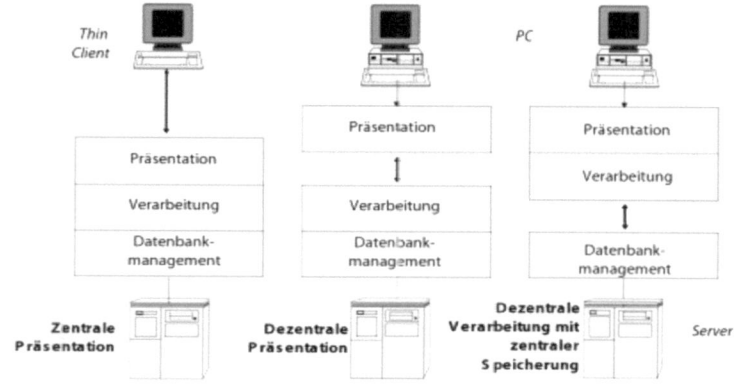

Abbildung 9:Mögliche Verteilung bei einer Client-Server Architektur (Gronau N, 2010 S. 28)

---

[10] Ein Workflow (Arbeitsablauf) ist eine definierte Abfolge von Aktivitäten in einem Arbeitssystem einer Organisation.

Wie in der Abbildung erkennbar, existiert eine zentrale, eine dezentrale Präsentation sowie eine dezentrale Verarbeitung mit zentraler Speicherung. Bei der zentralen Präsentation befinden sich alle drei vorgestellten Teile auf dem Server. Der Zugriff wird mittels Grafikterminal vollzogen. Hier können Daten angezeigt und ausgegeben werden. Das Terminal kommuniziert mit der Präsentationslogik des Servers. Bei der dezentralen Präsentation hingegen, erfolgt der Zugriff über programmierbare Workstations, wobei sich die Präsentationslogik in diesem Modell auf dem Client Rechner befindet. Alle anderen Programmteile finden sich auf dem Server. Bei der dezentralen Verarbeitung mit zentraler Speicherung erfolgt die Verarbeitung sowie die Eingabe und Ausgabe der Daten am Client PC. Serverseitig findet sich nur die Datenbanklogik. (Gronau N, 2010 S. 27-29) (Orcale, 2002)

Realisierungsvarianten

Eine Vielzahl neuere ERP-Systeme basieren auf der Java Platform, Enterprise Edition, abgekürzt Java EE oder früher J2EE. Java EE ist eine quelloffene und spezifizierte Softwarearchitektur die sie gerade im Open Source Bereich attraktiv macht. Allgemein werden hierunter Softwarekomponenten und Dienste definiert, die hauptsächlich in der Programmiersprache Java erstellt werden. Diese dienen dazu, einen Rahmen zu stellen, in dem modulare und mehrschichtige Anwendungen entwickeln werden können. Ziel dessen ist, alle wesentlichen Anforderungen wie Persistenz oder Sicherheitsaspekte von modernen Businessanwendung zu erfüllen. Diese Java Architektur besteht daher, wie in Abbildung 10 zusehen aus mehreren Komponenten, wie der Datenbanklogik, der Verarbeitungslogik und der Geschäftslogik. (eBusiness Software mit Enterprise Java Beans, 2000 S. 56-59)

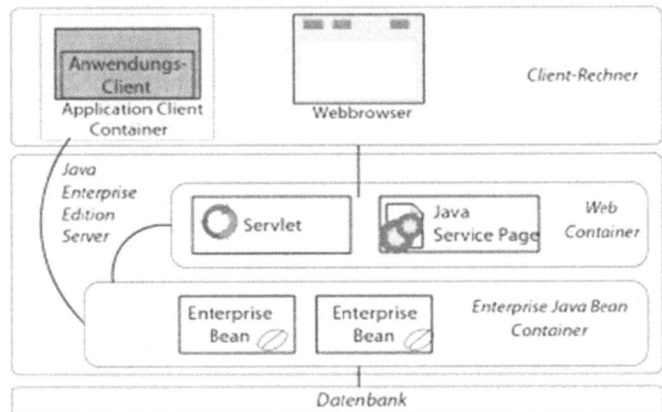

Abbildung 10:Möglicher Aufbau von Java Anwendungen (Gronau N, 2010 S. 30)

Die Datenbanklogik bildet ein unabhängiges Datenbankmanagementsystem. Die Verarbeitungslogik ist in ein Web- und ein Enterprise Java Bean Container aufgeteilt, die die Ablaufumgebung darstellen. Zusammengefasst werden sie in einem Java Enterprise Server. Die Geschäftslogik wird über die Bean Komponenten realisiert. Diese stellen Dienste über ein Interface zur Verfügung. Diese Dienste werden durch den Server zum Client verteilt. Durch die Kapselung der Logik in die genannten Bean Komponenten entsteht ein hohes Maß an Flexibilität. Diese Bean Kapselung ermöglicht einen modularen Aufbau. Transaktions-, Namens- oder Sicherheitsdienste können so separat vom Entwickler erarbeitet werden, da die Anwendungsfunktionalitäten und die Systemfunktionalitäten getrennt betrachtet werden können. Ein weiterer Vorteil dieser Architektur ist die verschlüsselte Kommunikation zwischen Server und Client. Sowie die einfache Integration im Netz, hohe Wiederverwendbarkeit und die bereits genannten quelloffenen Standards. (Gronau N, 2010 S. 30)

Ähnlich wie bei der allgemein verfügbaren Java Enterprise Architektur, bietet auch Microsoft einen Architekturansatz für die Entwicklung von ERP-Systemen. Dieser wird als .NET- oder Dotnet-Architektur bezeichnet. Hierbei werden über einen Internet-Information-Server Active-Server-Pages[11] generiert. Diese werden dann basierend auf dem SOAP Protokoll[12] entwickelten Schnittstellen zur Verfügung gestellt. Die eigentliche Kommunikation zu den Endgeräten erfolgt dann durch den Austausch mittels XML-Dateien[13]. Ausführlichere Informationen hierzu befinden sich auf der Website https://msdn.microsoft.com/de-de/vstudio/aa496123 .

Integrationsansätze

Da ERP-Systeme in der Regel nicht die einzigen Informationssysteme in einem Unternehmen sind, besteht eine zusätzliche Anforderung, die als Integrationsfähigkeit bezeichnet wird. Sie ist wesentlicher Bestandteil eines ERP-Systems und beschreibt eine Softwaretechnik mit der Verknüpfungen von verschiedenen Anwendungen realisiert werden können. Nach Gronau gibt es in verschiedenen Bereichen eines Unternehmens seien es unterschiedliche Standorte oder Filialen auch unterschiedlich vorherrschende Systeme. (Gronau N, 2010 S. 33-34) Darunter fallen andere ERP-Systeme oder unterschiedliche Instanzen von ERP-Systemen. Somit besteht die Notwendigkeit Daten zwischen diesen Systemen auszutauschen. Hierzu existieren verschiedene Integrationsansätze. (Enterprise Application Integration EAI und Middleware- Grundlagenarchitektur und Auswahlkriterien, 2005 S. 25-29)

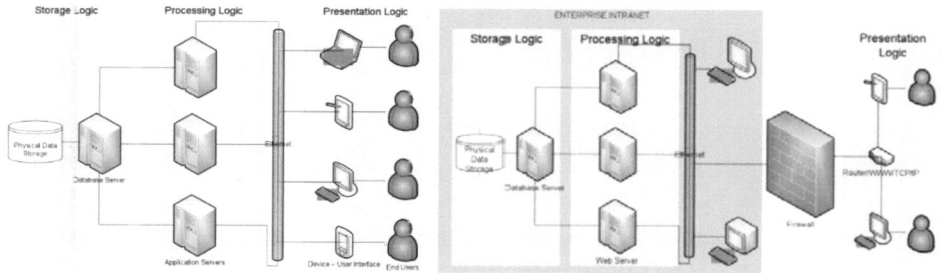

Abbildung 11: Links: Integrationsansatz drei Schicht Architektur (California, 2011 S. 5)

Abbildung 12: Rechts: Service-Orientierte Ansatz bei ERP-Systemen (California, 2011 S. 9)

In Abbildung 11 links ist ein traditioneller Drei-Schichten-Ansatz abgebildet. Die Logiken sind klar voneinander getrennt. Somit ergibt sich eine schlanke Client-Komponente sowie eine optimale Lastverteilung durch den Einsatz mehrere Applikationsserver. Dieser Ansatz folgt im Wesentlichen den Punkten des klassischen Client-Server Modelles. Für die Integration können nur ganze Module verwendet werden. Rechts dagegen in Abbildung 12 ist ein Service-Orientierter Ansatz abgebildet. Bei dieser Art werden die Programm Module in Einzelfunktionen, in sogenannte Services, aufgeteilt. Im Gegensatz zum traditionellen Ansatz bei dem keine weitere Aufspaltung einzelner Funktionen möglich, ist können hier einzelne Services über standardisierte Schnittstellen aufgerufen werden.

---

[11] Active-Server-Pages sind in HTML-Dokumente eingebettete Skript-Befehle, die auf dem Webserver ausgeführt werden, bevor das Dokument an den Client ausgeliefert wird.

[12] SOAP (Simple Object Access Protocol) ist ein Netzwerkprotokoll, mit dessen Hilfe Daten zwischen Systemen ausgetauscht werden können.

[13] Die Extensible Markup Language (gekürzt XML), ist eine maschinenlesbare Sprache für die Gliederung und Formatierung von Daten zur Darstellung hierarchisch Strukturen in Form von Textdateien.

Dadurch wird die Flexibilität erhöht. So können bei SOA basierten Architekturen theoretisch einzelne Funktionen vom Kunden erworben werden anstatt eines kompletten Modules. Weitere Vorteile die sich aus diesem Ansatz ergeben sind zudem die bessere Wartbarkeit und die angesprochene Flexibilität die zusätzlich eine höhere individuelle Anpassung ermöglicht. Beide Ansätze können mit der Java EE und .NET Architektur realisiert werden. In der Praxis kann eine Tendenz in Richtung service-orientierem Ansatz beobachtet werden. (California, 2011)

3.2.5 RESÜMEE

In Kapitel 3.2 wurde der Begriff ERP-Systeme erläutert und entsprechende Definitionen vorgenommen. Weiter wurden spezifische Merkmale und Funktionen dieser Anwendersoftwaresysteme dargestellt sowie deren Markbedeutung hervorgehoben. Anschließend wurde ein typischer Aufbau solcher Systeme und dessen Architektur aufgezeigt. Zusammenfassend kann somit festgestellt werden, dass unter dem Begriff Enterprise Resource Planing-System eine hochgradig komplex integrierte Software verstanden werden kann, die auf Basis standardisierter Module wesentliche Teile der Geschäftsprozesse eines Unternehmens unterstützt. Zusätzlich stellen diese Systeme Informationen so zur Verfügung, dass eine unternehmensweite Steuerung, Planung und Kontrolle erreicht wird.

3.3 Kleine und mittlere Unternehmen

Die Bezeichnung kleine und mittlere Unternehmen abgekürzt KMU beschreibt eine kategorische Einteilung von Unternehmen. Diese umfasst Grenzen hinsichtlich Beschäftigtenzahl, Umsatzerlös und Bilanzsumme. Nach Definition der europäischen Union gilt: *„Die Größenklasse der Kleinstunternehmen sowie der kleinen und mittleren Unternehmen (KMU) setzt sich aus Unternehmen zusammen, die weniger als 250 Personen beschäftigen und die entweder einen Jahresumsatz von höchstens 50 Mio. EUR erzielen oder deren Jahresbilanzsumme sich auf höchstens 43 Mio. EUR beläuft."* (Gemeinschaften, 2006 S. 5) In Tabelle 3 schematisch abgebildet:

Tabelle 3: Europäische Definition eine KMU (Eigene Darstellung nach (Gemeinschaften, 2006 S. 14))

Unternehmenskategorie	Mitarbeiter	Umsatz	oder	Bilanzsumme
Mittleres Unternehmen	< 250	≤ 50 Mio. EUR		≤ 43 Mio. EUR
Kleinunternehmen	< 50	≤ 10 Mio. EUR		≤ 10 Mio. EUR
Kleinstunternehmen	< 10	≤ 2 Mio. EUR		≤ 2 Mio. EUR

Für eine Einstufung ist die Zahl der Mitarbeiter und entweder Umsatz oder Bilanzsumme von Bedeutung. Diese Schwellenwerte gelten nur für die Zahlen einzelner Gesellschaften. Eine Firma, die Teil einer größeren Gruppe ist, muss gegebenenfalls Daten zur Mitarbeiterzahl, zum Umsatz und zur

Bilanzsumme dieser Gruppe einbeziehen. Für Unternehmen, die die Kriterien erfüllen, gelten bestimmte Vorteile der Förderwürdigkeit im Rahmen zahlreicher EU-Unternehmensförderungs-programme und geringere Anforderungen oder ermäßigte Gebühren bei EU-Verfahrensformalitäten. Der Bereich der KMU's umfassen in der Bundesrepublik Deutschland rund 99,7 % aller umsatzsteuerpflichtigen Unternehmen. Für eine Betrachtung der zugrundeliegenden ERP Systeme muss die Definition auf internationale Standards erweitert oder zumindest auf andere Richtlinien hingewiesen werden. Denn viele Systemanbieter sind international ausgerichtet oder auf dem amerikanischen Markt heimisch. Somit ist es zwingend erforderlich den Blick auch auf eine internationale Ausrichtung zu legen. (Gemeinschaften, 2006)

In den USA findet sich keine allgemeingültige Definition für ein KMU. Im englischen wird der Begriff als „Small and Medium-Sized Enterprises", Abkürzung für SME, verstanden. Er beschreibt nach United States Inernational Trade aus dem Jahr 2010 eine konsolidierte Richtlinie auf Basis ver-schiedener US-amerikanischer Ämter. In der Literatur finden sich hierzu unterschiedliche Angaben. Eine mögliche Aufstellung ist in Abbildung 13 zu sehen. (Hammer, et al., 2010 S. 18-21)

	Manufacturing and non-exporting services firms[a]	Exporting services firms[b]		Farms
		Most	High value[c]	
Number of employees	< 500	< 500	< 500	< 500[d]
Revenue	Not applicable	≤ $7 million	≤ $25 million	< $250,000

Abbildung 13:U.S. amerikanische Definition eines KMU nach (Hammer, et al., 2010 S. 19)

Bei Betrachtung beider Abbildungen wird ersichtlich, dass zwischen der deutschen Definition und den amerikanischen Richtlinien Unterschiede vorhanden sind. So zum Beispiel liegt der Schwellenwert im Bereich der Mitarbeiter für ein mittleres Unternehmen im amerikanischen Modell bei unter 500 Mitarbeitern wohingegen im europäischen Modell dieser Wert auf 250 beschränkt ist. Zusätzlich existiert in der amerikanischen Version einen Branchen- oder Wirtschaftszweig-unterteilung. Diese gliedert sich in produzierende Industrie, nicht-exportierende Dienstleister, exportierende Dienstleister und Landwirtschaft. Je nach Wirtschaftszweig sind die Umsätze dann nochmals unterschiedlich gestaffelt.

Somit kann zusammenfassend festgestellt werden, dass die europäische Definition von KMU eine andere Grundlage inne hat als die der amerikanischen. Dies sollte bei der Auswahl der ERP-Systeme berücksichtigt werden. Auf diese Weise kann ein ERP-System was sich an SEMs richtet nach deutscher Auffassung schon in Großunternehmen eingesetzt werden.

3.4 Zusammenfassung

In Kapitel drei wurde versucht wichtige Information im Bereich Open Source, Enterprise Resource Planing sowie kleine und mittlere Unternehmen zu vermitteln. Für die weitere Betrachtung der folgenden Kapitel ist die Schnittmenge aller drei genannten Begrifflichkeiten von entscheidender Bedeutung. Zum Vergleich dient hier Abbildung 14 So wird im nachfolgenden der Begriff Open Source ERP-Systeme für KMU verwendet. Hierbei sind solche Warenwirtschaftssysteme gemeint, die alle Eigenschaften eines klassischen ERP-Systems aus Kapitel 3.2 erfüllen und bei denen zusätzlich der Quellcode offen zur Verfügung gestellt wird. Weiter muss sich die Skalierbarkeit dieser Systeme an kleine und mittlere Unternehmen richten. Nur bei Anbietern für die alle Eigenschaften zutreffend, erfolgt eine weitere Betrachtung und Evaluation. Allgemeinhin können Open Source ERP-Systeme somit als kleiner Teil der ERP-Landschaft angesehen werden. Die nachfolgenden Kapitel sollen nun zeigen inwieweit ein möglicher praktischer Nutzen besteht. Dabei soll die Leistungsfähigkeit und die Einsatzgebiete dieser Teilmenge untersucht werden. Unter der Leistungsfähigkeit ist dabei der Funktionsumfang, technische Aspekte seien es Programmiersprachen und Datenbankanbindungen sowie Lizenzmodelle zu verstehen. Die Einsatzgebiete werden durch die Brancheneinteilung und den Standort, aber auch durch Trends und Tendenzen bestimmt.

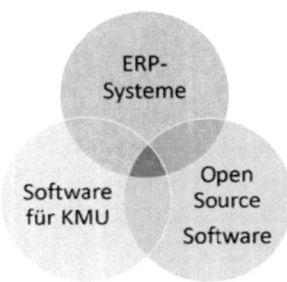

Abbildung 14: Schnittmenge zwischen ERP-Systemen, Software für KMU und Open Source Software

4. AUSWAHLPROZESS UND EVALUATION

Um den Einsatz und die Leistungsfähigkeit von Open Source ERP-Systemen abschätzen zu können ist es zwingend erforderlich sich ein Bild vom aktuellen Stand dieser IT-Landschaft zu vergegenwärtigen. Die Herausforderung dabei ist die Vielzahl an Systemanbieter zu durchschauen und eine möglichst objektive Betrachtung zu gewährleisten. Aufgrund dessen wird versucht ein Szenario zu entwickeln, indem fünf ERP-Systemanbieter als Basis für eine Empfehlung ausgewählt werden sollen. So wird die Untersuchung nach Einsatz und Leistungsfähigkeit in einen Kontext der Evaluation eingerahmt. Ziel ist es ein Konzept zu entwickeln, indem eine Bewertung der genannten Punkte vollzogen und eine Klassifizierung in diesem Bereich vorgenommen werden kann. (Hessler M., 2008 S. 54)

Im folgenden Kapitel soll daher wissenschaftlich untersucht werden, wie ein Auswahlprozess für ein ERP System Anbieter aussehen kann. Allgemein existiert für diesen Prozess eine Vielzahl von Methoden. Geeignet hierfür sind beispielsweise Befragungen, Diskussionen oder Interviews mit potentiellen Herstellern. (Gronau N, 2010 S. 329) In dieser Studie wurde ein mehrstufiges Verfahren entwickelt mit dem der Auswahlprozess vollzogen werden kann. Die Punkte der Evaluation richten sich dabei an das Phasenmodell von Gronau (Gronau N, 2010 S. 316) und Hessler (Hessler M., 2008 S. 83). Im Zusammenhang mit der Einführungsphase einer ERP-Lösung spricht Stein (Stein T., 1996 S. 33) von einer durchschnittlichen Projektlaufzeit von 17 Monaten beim dem eine entscheidende Verantwortung dem Projektplanung zugesprochen wird. Für die hier in diesem Buch verwendeten Evaluationsprozess wurde der Vorgang verkürzt. Es sollen dabei nur die Aspekte der Marktübersicht und –Analyse in Betracht gezogen werden. Ausgangspunkt war eine umfassende Recherche, vorrangig auf Basis des Internets die erste Anbieter identifizierte. Die ermittelten Anbieter wurden in einer Long List aufgenommen. Diese beinhaltet 85 Systemanbieter. Anhand von Kriterien wurden die Anbieter anschließend untereinander verglichen. Dieser Vorgang wurde in mehreren Stufen ausgeführt. Mit jeder neuen Stufe wurden weitere Kriterien hinzugefügt. Die Auswahl potentieller Kandidaten wurde so immer weiter eingeschränkt. Zum Ende wurden die übrig gebliebenen Anbieter auf ein Praxisbeispiel angewendet. Ziel dieses Selektionsverfahren soll es sein, eine mögliche Empfehlung weniger Anbieter vornehmen zu können und somit die ERP-Systeme untereinander besser einordnen zu können. Weiterhin dient dieser Abschnitt der Ermittlung basisrelevanter Kriterien von ERP-Systemen die im Kapitel 4.6 ausgewertet werden.

4.1 Evaluationsprozess

Der Begriff Open Source ERP Systeme setzten sich zusammen aus, Open Source Software und IT-Systemen für ERP Anwendungen. Für das hier vorgestellte Erhebungsverfahren wird daher nur die Schnittmenge zwischen ERP-Systemen und Open Source Software betrachtet.

Einordnung in den Selektionsprozess

Den Rahmen für einen ERP Auswahlprozess bildet ein systematisches Vorgehen, welches das eigentliche Selektionsverfahren umrahmt. Je nach Verfasser können die einzelnen Teilphasen der jeweiligen Modelle unterschiedlich ausgeprägt sein. Eine mögliche Zusammensetzung ist in Abbildung 15 zusehen.

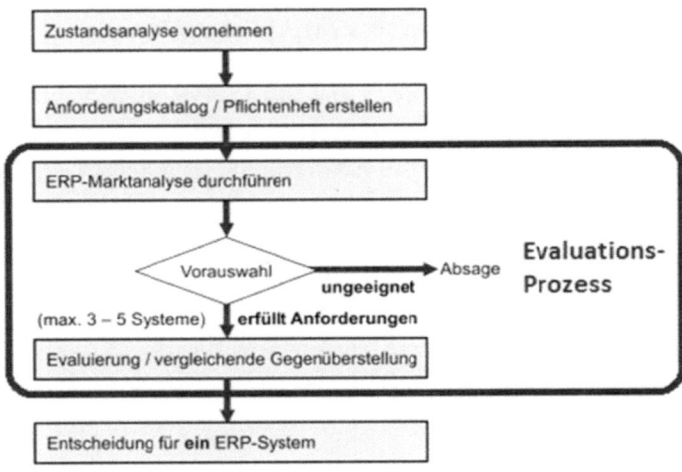

Abbildung 15:Einordnung im Selektionsprozess (Hessler M., 2008 S. 67)

Alle Modelle beginnen mehr oder weniger mit der Aufnahme des Istzustandes. Aus diesem Zustand wird ein Anforderungskatalog meist in Form eines Pflichtenheftes generiert. Zur Vorbereitung einer komplexen IT-Umstellung ist die Erstellung einer RiskMap oder Risikomatrix ratsam. (Gronau N, 2010 S. 319) In dieser können organisatorische, technische, terminliche und psychologische Risiken von vornherein beleuchtet werden. Die daraus resultierenden Punkte helfen bei der weiteren Projekt-planung. Ebenso sollte ein Budget Plan aufgestellt und kritisch hinterfragt werden. Wie in Kapitel 3.1.2 beschrieben, ist eine Open Source Software nicht zwangsläufig mit kostenloser Software gleichzusetzen. Je nach Finanzierungsmodell entfallen gegebenenfalls die Lizenzkosten. Folgekosten für Schulung, Support und Anpassungen spielen aber auch im Bereich Open Source eine Rolle. All diese Aspekte müssen von der Projektleitung vorab sorgfältig geplant und kalkuliert werden. Die Ist- oder Zustandsbetrachtung vermittelt hierfür ein erstes Bild. Aus dieser Analyse kann dann ein Pflichtenheft geniert werden, dass den Aufbau der Standardsoftware charakterisiert. Hierzu können auch Mitarbeiterbefragungen herangezogen werden um ein möglichst genaues Anforderungsprofil abzubilden. (Hessler M., 2008 S. 75) Die ermittelten Anforderungen lassen sich nach Schwarze folgend unterteilen in (Schwarze J., 1997 S. 220)

- organisatorische und gesetzliche Anforderungen,
- Arbeitsgang-, Technik- und datenorientierte Anforderungen,
- Benutzer- und sicherheitsorientierte Anforderungen

Im Anschluss an die Erstellung des Pflichtenhefts folgt wie in Abbildung 15 eingerahmt zu sehen, ein sogenannter Evaluationsprozess. In diesem wird eine Marktanalyse durchgeführt, um potentielle Kandidaten zu ermitteln. Der Prozess endet mit der Entscheidung für ein ERP- System. Nach Staud muss hierfür eine *„Vorauswahl getroffen werden, die die Anzahl der betrachteten Systeme auf max. drei bis fünf potenzielle Lösungen"* begrenzt. (Staud J., 2001 S. 49) Um dies zu gewährleisten wurde im Zuge dieser Studie eine Methodik mit verschiedenen Kriterien entwickelt, die die riesige Anzahl der Open Source IT System im Bereich ERP klassifiziert. Das entwickelte Modell unterteilt sich in drei Auswahlprozesse die in Tabelle 4 abgebildet sind.

Tabelle 4: Evaluationsmodell (Eigene Erstellung in Anlehnung an (Hessler M., 2008 S. 67ff.))

Stufe 1	Bezeichnung	Identifikation erster Anbieter
	Beschreibung	Zu Beginn der Untersuchung wurden erste Anbieter identifiziert und einer sogenannten Long List gesammelt. Das Auswahlkriterium für eine Aufnahme wurde auf den Bereich Open Source ERP-Systeme beschränkt
	Grundlage und Art der Durchführung	Internetrecherche für den Bereich Open Source ERP
	Ergebnis	Long List
Stufe 2	Bezeichnung	Evaluation mittels Basiskriterien
	Beschreibung	In Stufe zwei wurden allgemeine Basiskriterien aufgestellt die eine Vorauswahl möglicher Kandidaten sichtbar machen sollte.
	Grundlage und Art der Durchführung	Selektionsprozess anhand von Basiskriterien die grundlegende Anforderungen im Bereich Erreichbarkeit und Verfügbarkeit sowie der Kommunikation beinhalten
	Ergebnis	Anbieterverzeichnis
Stufe 3	Bezeichnung	Evaluation mittels nichtfunktionalen und funktionaler Merkmalsausprägungen gemäß ISO/IEC 9126
	Beschreibung	Im Anschluss an Stufe zwei wurden die Kriterien verschärft die Basis hierfür bilden die Merkmalsausprägungen der ISO/IEC 9126 zur Softwarequalität. Dabei wurde in nichtfunktionale und funktionale Kriterien unterteilt.
	Grundlage und Art der Durchführung	zweistufiger Selektionsprozess: • den ersten Teil bilden dabei die nichtfunktionalen Anforderungen gemäß ISO/IEC9126 • den zweiten Teil bilden dabei die funktionalen Anforderungen gemäß ISO/IEC9126
	Ergebnis	Short List mit Top Kandidaten

Im Anschluss an dieses Verfahren wurden die ermittelten Kandidaten auf ein bestimmtes Praxisbeispiel angewendet (Vgl. Kapitel 5). So sollte getestet werden inwieweit das entwickelte Konzept in der Praxis Anwendung finden kann. Folgend soll dieses Modell genauer beleuchtet werden.

4.2 Evaluationsprozess Stufe Eins

Zu Beginn der Evaluation wurde eine Recherche durchgeführt. Eine erste Identifizierung möglicher Anbieter kann dabei über verschiedene Quellen erfolgen beispielsweise über Fachzeitschriften, Messen wie zum Beispiel Cebit oder IT & Business, Internet. Hierbei sind vor allem der ISIS Report oder Ausschreibungen interessant. (Hessler M., 2008 S. 68)

Zusätzliche Möglichkeiten bei der Recherche bietet die Seite des Regionalzentrums für Electronic Commerce Anwendungen. Hier werden in regelmäßigen Abständen sogenannte Leitfäden veröffentlicht. Diese geben einen Überblick über IT-Anwendungen speziell auch für den Bereich OS ERP. In dieser Studie wurde der Fokus bei der Evaluation potentieller Kandidaten, allem voran auf die Internetrecherche gelegt. Mit Hilfe diverser Suchmaschinen und Informationsplattformen konnten schnell erste Anbieter identifiziert werden. Dies verlief über zwei größere Quellen -Sourceforge.com und Github.com. SourceForge ist als Quellcode-Repository[14] aufgebaut. Es spielt bei der Verwaltung und Kontrolle von Open Source Software- Entwicklungen eine zentrale Rolle. Entwickler aus der ganzen Welt können auf dieser Seite Software zum Download bereitstellen. Die Weiterentwicklung durch die Community kann das erstellte Produkt verbessern. 2015 gab es etwa 430.000 Einzelprojekte mit circa 3,7 Millionen registrierte Nutzer. (sourceforge.net, 2015)Im Bereich ERP finden sich hier mehr als 150 Softwareeinträge. (sourceforge.net/erp, 2015) Der zweite große Anbieter für Open Source Software ist Github.com. Dies ist wie Sourceforge auch, ein webbasierter Hosting-Dienst für Software-Entwicklungsprojekte. Auch hier werden durch die gemeinsame Zusammenarbeit in der Community Softwareprojekte entwickelt und verbessert. Im Bereich ERP finden sich auf Github ebenfalls weit mehr als 100 Suchergebnisse. (github.com, 2015) Weitere Erkenntnisse ergaben sich auch durch die Internetrecherche, insbesondere der Webseite softguide.de und managementsoftware.de. Erstgenannte ist ein Online Katalog für Standardsoftwarelösungen. Die zweite Seite wird von einem Informationszentrum für Managementsoftware betrieben. Auch bieten golem.de und heise.de ein vielfältiges Angebot und Informationen in diesem Themenbereich. Heise.de Herausgeber der Computerfachzeitschrift „ct" bietet zudem in einer eigenen Open Source Rubrik die Möglichkeit sich speziell über diese Art von Anbieter und deren Produkte zu informieren. (heise.de/open/, 2015) Mittels genannter Quellen konnte eine erste Long List erstellt werden.

Ergebnis von Evaluationsprozess Stufe eins

Die Long List enthält 85 mögliche Kandidaten und ist als Tabelle 5 abgebildet. Nach der Ermittlung der 85 Systeme wurde die Recherche eingestellt. Der Zeitraum dieser Recherchearbeiten umfasste zwei Monate, begonnen im April 2015 und abgeschlossen Ende Mai 2015. Im Anhang II befindet sich hierzu eine Liste in der alle Anbieter mit den entsprechenden Verweisen zur Identifizierung nochmals aufgelistet wurden.

---

[14] Ein Repository ist ein Verzeichnis zur Speicherung und Beschreibung von digitalen Objekten.

Anbieter Long List		
ABC ERP	GO Gestionale Open - Open Source ERP	OpenZ
Adaxa Suite	Grass CRM	PhreeBooks Accounting
Adempiere ERP	Grow ERP, The ERP which can grow!	Phreedom ERP
Apache OFBiz	hd-erp	Priority Software - ERP Software
AvERP	heliumv	Promet-Erp
BlueERP	iDempiere	RISO ERP
BYDAN-ERP	inoerp	RyA ERP
CAO Faktura	IntarS	SalonERP
Capella ERP Indonesia	Jfire	SALT OS
CK-ERP	Kivitendo	Sistema Nano ERP
cncerp	KKE Manage ERP	Sooth ERP
Compiere	Kuali	SQL-Legder
Compracam ERP	KwaMoja	Trython
conceptERP	LedgerSMB	utilitarios ERP
Custom-ERP	Libertya ERP	VIENNA ERP/CRM
Dolibarr	MaxOn Accounting Software	webERP
EasyERP	MixERP	Xendra
EEG/ERP Data Processor	neogia	Xristal ERP
Ekylibre	NEXUS - small ERP	xTubel
Epesi	NPSYS	z9
ERP Societe	Odoo	Zion-IT-ERP
ERP5	Onix ERP/CRM	faves-ERP Manufacturing
ERPel	openaguila	Limbas
ERPNext	Openbig	Nuclos
ERPRock	Openbravo	Keen CRM/ERP
Evaristo	OpenConcerto	
Fedena	Openpro ERP it	
FrontAccounting	Openpro us	
Gea.Net Small	Open-Source-ERP	
Gnue	Opentabs	

4.3 Evaluationsprozess Stufe Zwei

In der zweiten Stufe des Evaluationsprozesses fand zu allen 85 Kanditen der Long Liste mittels fünf entscheidender Basiskriterien oder auch K.O. Kriterien, eine Grobauswahl statt. Dieses Auswahlverfahren wurde eingeführt um die spätere Kommunikation und Informationsbeschaffung mit dem ERP-System beziehungsweise dessen Anbietern zu erleichtern. Zusätzlich wurde es aufgrund der Anzahl an Systemen notwendig, eine Vorauswahl durchzuführen. Die Basiskriterien bilden somit grundlegende Eigenschaften der zu evaluierenden Hersteller. Hierzu wurden vor allem aus den Bereichen der Erreichbarkeit und Verfügbarkeit sowie der Kommunikation Anforderungen entnommen. Ziel dieser Stufe ist die Reduktion der Long List auf eine verkürzte Liste, zu dieser dann anschließend ein Anbieterverzeichnis erstellt wird. (Hessler M., 2008 S. 82) Die Kriterien für die Aufnahme in die nächste Stufe bestehen aus folgenden Bedingungen:

- Kriterium a – OpenSource:
  Es muss auf einer der Seiten sourceforge oder github zum Download angeboten werden. Weitere Voraussetzung für die Erfüllung dieses Kriteriums ist eine komplett kostenlose Edition ohne Zeitbeschränkung. In einer späteren Inbetriebnahme müssen die gleichen Bedingungen gelten wie für die Zeit der Erhebung.
  Hierzu wurde überprüft ob ein entsprechender Eintrag der Systeme auf den zwei genannten Seiten vorzufinden ist.
- Kriterium b – Eigene Webseite:
  Anhand dieses Kriteriums soll der Informationsgehalt überprüfen werden. Zudem kann über die Webseite ein erster Eindruck des ERP-Systems Anbieters ermittelt werden. Ebenso ergeben sich Rückschlüsse zur Seriosität des Anbieters.
  Zur Überprüfung dieses Kriteriums wurde ermittelt, ob das bei Kriterium a gelistete Projekt auf eine eigene Webseite verweist. War dies nicht der Fall, wurde extern über die Suchmaschinen Bing.de und Google.de sowie auf Vergleichsportalen und Foren nach entsprechenden Einträgen zur Webseite gesucht.
- Kriterium c – Deutsch oder Englische Sprache:
  Dieses Kriterium soll sicher stellen, dass sofern nötig eine reibungslose Kommunikation zwischen Erfasser und Anbieter gegeben ist. Weiterhin soll dieses Kriterium dafür sorgen, dass eine Orientierung auf der Webseite unproblematisch vollzogen werden kann.
  Überprüft wurden hierfür die Webseiten der entsprechenden Anbieter. Diese müssen in englischer oder deutscher Sprache verfasst sein oder eine jeweilige Auswahl zur genannten Sprache beinhalten.
- Kriterium d – Downloadbare Dateien:
  In Ergänzung zu Kriterium a müssen sich auf den genannten Seiten auch downloadbare Dateien oder Files finden lassen. Damit soll sichergestellt werden, dass keine leeren, aufgegebenen oder nicht öffentlich zugänglichen Projekte in den Evaluationsprozess miteinbezogen werden. Hierfür würde den entsprechenden Seiten nach downloadbaren Dateien gesucht. Diese Dateien müssen soweit vollständig sein das eine Installation des Systems vollzogen werden kann.
- Kriterium e – Skalierbarkeit für KMU:
  Mit diesem Kriterium soll die Skalierbarkeit des zukünftigen ERP-System abgeschätzte werden. So werden nur ERP-Systeme für KMU weiter betrachtet und in spätere Evaluationsstufen mit einbezogen. Zur Erfüllung dieses Kriteriums müsste sich ein entsprechender Vermerk vom Hersteller finden lassen

Alle genannten Kriterien können schnell überprüft und miteinander verglichen werden. Sollte eines dieser Merkmale nicht eintreffen, wird das entsprechende Projekt nicht in das Evaluationsverfahren mit einbezogen. Das Ergebnis lautet dann „Nicht Bestanden". Sind alle fünf Kriterien erfüllt, lautet das Ergebnis „Bestanden" und die Anbieter können in die nächste Evaluationsstufe miteinbezogen werden. Für die Ermittlung der entsprechenden Kriterien wurde zu jedem Kanditen ein zusätzlicher Recherchedurchlauf vollzogen. Hierzu wurden entsprechende Informationen gezielt auf den oben beschrieben Internetseiten gesucht. Vorrangig die Seiten github.com und souceforge.com boten hierbei erste Anlaufstationen. Sollte die Software im ersten Durchlauf nicht zu finden sein, wurde der Kreis möglicher Quellen erweitert. Dem entsprechend wurde dann vor allem auf googel.de oder anderen Webseiten, wie heise.de und managementsoftware.de nach Querverweisen gesucht. Erst nachdem diese Suche ebenfalls erfolglos verlief entfiel auf das entsprechende Kriterium der Vermerk „Nicht Bestanden".

Ein Auszug vom Ergebnis dieses Evaluationsschrittes ist in Tabelle 6 zu sehen. Die komplette Auswertung ist in Anhang II zu finden. Alle 85 ERP-Systeme wurden mit den oben aufgestellten Kriterien überprüft.

Tabelle 6:Auszug vom Ergebnis des Selektionsprozesses in Stufe zwei (Eigene Darstellung)

Nr.	Anbieter	K0	K1	K2	K3	K4	Ergebnis
1	ABC ERP	x	x				nicht bestanden
2	Adaxa Suite		x	x		x	nicht bestanden
3	Adempiere ERP	x	x	x	x	x	bestanden
4	Apache OFBiz	x	x	x	x	x	bestanden
5	AvERP		x	x		x	nicht bestanden
6	BlueERP	x					nicht bestanden
7	BYDAN-ERP	x					nicht bestanden
8	CAO Faktura		x	x		x	nicht bestanden
9	Capella ERP Indonesia	x					nicht bestanden
10	CK-ERP	x	x	x	x	x	bestanden

Das Ergebnis dieser Stufe brachte eine Reduktion möglicher Anbieter auf 38 Stück. Dabei fiele beispielsweise das ERP-System Adaxa Suite aus dem Evaluationsverfahren. Adaxa Suite ist ein GPLv2 lizensiertes Software Projekt der Open-Source- Gemeinschaft. Den Kern dieses Projektes bilden hauptsächlich ADempiere Module die zusammen ein Open Source ERP und CRM System abbilden. Es ist in Java geschrieben und basiert auf der J2EE – Architektur. Als Datenbankmanagementsystem wird das freie und objektrelationale PostgreSQL verwendet. Adaxa Suite läuft auf Linux und unterstützt mobile Anbindungen. Dieses ERP-System verfügt aber über keine eigene Listung bei Sourceforge.com oder Github.com und versteht sich eher als Dienstleister für die Weiterentwicklung und Support an ADempiere, weshalb wird es in den weiteren Evaluationsprozess nicht mitaufgenommen. (Adaxa, 2015) Gleiches gilt beispielsweise für AvERP. AvERP ist ein deutsches Open ERP System der Firma Synerpy GmbH. Es besteht aus einem in Delphi[15] programmierten Client-Programm und einer Firebird-

---

15 Delphi ist eine Programmierumgebung von Borland und basiert auf der Programmiersprache Object Pascal.

Datenbank[16]. Es ist sowohl auf Linux wie auch Windows Rechnern installierbar. Die Lizenzbedingungen sind in einer eigenen Lizenz festgeschrieben und ähneln dabei denen der GPL (Vgl. Kapitel 3.1.2) Insgesamt versteht sich Synerpy als Berater und Dienstleister, der durch eine Palette von Dienstleistungen wie zum Beispiel Anpassungsprogrammierung und Kompletteinführung das Projekt finanziert. Es findet sich aber auch hier ebenfalls kein Verweis auf den genannten Seiten und kann daher für den späteren Verlauf nicht mit einbezogen werden. (Synerpy, 2015)

Nach und nach konnte so die Auswahl verkleinert werden. Es ergab sich eine bereinigte Long List von 38 Kandidaten die sich wie in Tabelle 7 abgebildet, zusammensetzt.

Tabelle 7: Anbieter der bereinigten Long List (Eigene Darstellung)

Anbieter der bereinigten Long List			
Adempiere ERP	Fedena	KwaMoja	Phreedom ERP
Apache OFBiz	FrontAccounting	LedgerSMB	Promet-Erp
CK-ERP	Gnue	Limbas	SALT OS
Compiere	heliumv	MixERP	SQL-Legder
Dolibarr	iDempiere	Odoo	Trython
EasyERP	inoerp	Openbravo	VIENNA ERP/CRM
Ekylibre	IntarS	Open-Source-ERP	webERP
Epesi	Jfire	Opentabs	xTubel
ERP5	Kivitendo	OpenZ	
ERPNext	Kuali	PhreeBooks Accounting	

Ergebnis von Evaluationsprozess Stufe zwei

Zu alle Kandidaten der bereinigte Long List wurde ein Steckbrief mit den wichtigsten Eigenschaften wie Lizenz, Businessmodell, Architektur und Entstehungsgeschichte angefertigt. Diese Angaben wurden in einem Verzeichnis gesammelt (Vgl. Anhang Anbieterverzeichnis). Für die Erstellung dieses Anbieterverzeichnisses wurden die Internetseiten aller 38 Kandidaten überprüft und wesentliche Informationen zusammengetragen. Zusätzliche wurden Foren und Dokumentationen der Anbieter sorgfältig geprüft. Dabei wurde auch auf Querverweise von anderen Seiten und Vergleichsportalen Bezug genommen, um ein möglichst vollständiges Bild der ERP-Systeme zu erhalten.

Anbieterverzeichnis

Das Anbieterverzeichnis bildet den Kern der folgenden Untersuchungen. Es wurde mit größter Sorgfalt erstellt und dient zur Orientierung in der Open Source ERP Landschaft.

Aufbau

Folgend soll nun kurz der Aufbau und die Erstellung des Anbieterverzeichnisses erläutert werden. Dieses Verzeichnis beinhaltet 38 Open Source ERP-Systeme, für jedes System existiert ein eigener Eintrag. Zu Beginn eines jeden Eintrages werden in schriftlicher Form allgemeine Basis- und Hintergrundinformationen zu jedem einzelnen Anbieter aufgezeigt. Anschließend folgt eine Tabellenübersicht. Diese teilt sich in fünf wesentliche Bestandteile. An erster Stelle finden sich

---

16 Firebird ist der freie Ableger des weiterhin kommerziell von Embarcadero vertriebenen relationalen Datenbanksystems InterBase.

allgemeine Informationen gefolgt von technischen Daten. Die nachfolgenden Teile bilden den Funktionsumfang, die Skalierbarkeit & den Fortbestand sowie Support & Service und Trend. Diese Abschnitte setzen sich dann wie in Tabelle 8 zusammen.

Tabelle 8:Aufbau Anbieterverzeichnis (Eigene Darstellung)

	Merkmal	Ausprägung
Allgemeine Informationen	ERP-System	
	Anbieter bzw. Trademark-Besitze	
	Standort	
	Webseite	
Technische Informationen	Quellcode	
	Lizenz	
	Programmiersprache	
	Unterstützte Datenbanken	
	Plattform	
Funktions-umfang	Forum	
	Forumseinträge	
	Testbetrieb	
	Funktionenbereiche	
Skalierbarkeit und Fortbestand	Branchen	
	Projektstart	
	Letzte Version	
	Aktuelle Version	
Support & Service und Trend	Geschäftsmodell	
	Support	
	Dokumentation	
	Training	
	Kunden	
	Trend	

Für die Ermittlung einzelner Kriterien wurden auf den entsprechende Herstellerseiten jeweiligen Informationen gesucht.

Erstellung und Datenerhebung

Der Beginn der Datenerhebung erfolgte am 1. Juni 2015, die Zeit für die Ermittlung aller relevanten Punkte des Verzeichnisses belief sich auf zwei Monate. Die Erhebung für einzelne Gliederungspunkte des Verzeichnisses wurde zyklisch vollzogen. So wurden beispielsweise erst alle Informationen zum Standort der 38 ERP-Anbieter zusammengetragen, bevor ein neuer Aspekt untersucht wurde. Dies sollte die Wahrscheinlichkeit erhöhen bei mehrmaliger Sichtung der Informationen neue Daten oder noch fehlende Daten mit aufzunehmen, umso eine möglichst vollständige Kartei der Systeme zu gewährleisten. Für die Angabe zu allgemeinen Informationen wurde vor allem das Impressum der jeweiligen Seiten nach relevanten Ergebnissen analysiert. Den Namen der ERP-Systeme und die

Webseite konnte zumeist auch über die Einträge auf github.com und souceforge.com nachvollzogen werden. Programmiersprache und genutzte Datenbanksysteme ließen sich dort ebenfalls vorfinden sowie Aspekte der Branchen, der Projektstart und das letztes Release. Fanden sich keine Angaben hierzu, wurde die Suche erweitert und auf andere Seiten oder Foren zurückgegriffen. Schlug eine Suche fehl oder waren keine Angaben zu finden, so ist im Anbieterverzeichnis der entsprechende Eintrag „nicht ermittelbar" angeben. Für die Ermittlung der Foren wurde ein ähnliches Verfahren vollzogen. Foreneinträge mussten sich dabei explizit an die zu untersuchende Software richten. Allgemeine Softwareforen oder digitale Ratgeber-Communities wurden hierbei nicht berücksichtigt. Zumeist wurde vom Hersteller direkt auf ein Forum verwiesen. Ist ein Forum vorhanden gewesen, wurden zusätzlich die Einträge gezählt oder abgelesen. Entscheid hierbei waren die „Topics". Unter diesem Begriff versteht man im Zusammenhang mit Internetforen die Einträge oder gestellten Fragen. Posting und Antworten dagegen wurden für die Qualität der Foren zu Rate gezogen. Hierfür wurden die fünf letzten Topics in Bezug auf Aktualität und erfolgter Postings durchgeschaut. Die entsprechenden Vermerke sind ebenfalls im Anbieterverzeichnis zu finden. Weiterhin wurde zu allen 38 Anbietern ein Online-Demo-System gesucht und soweit verfügbar auch getestet. Untersucht wurden zu Beginn der Aufstellung des Anbieterverzeichnisses die Gestaltung der Benutzerober-flächen und die Menüführung. Für die funktionalen Anforderungen wurde dieser Test dann erweitert. Zusammen mit den Funktionsbereichen die über die Herstellerseite beziehbar waren bilden diese Einträge eine erste Orientierung der Systeme. Support Anbieter, Referenzkunden und Information zum Geschäftsmodell wurden ebenfalls den Herstellerseiten entnommen. Hierzu mussten auch entsprechende Informationen auf Partnerseiten eingeholt werden. Je nach Vertriebs-typ wurden bestimmte Verweise im Anbieterverzeichnis angefertigt. Der Bereich der Dokumentation wurde untersucht und soweit möglich, wurde auch Einsicht in die jeweiligen Dokumententitel genommen um bestimmte Bewertungskriterien in Bezug auf Umfang und Qualität vornehmen zu können. Die entsprechenden Vermerke finden sich im Anbieterverzeichnis.

Für die Trendanalyse wurde das jeweilige System auf der Internetseite „Google Trend"- eingeben (Trends, 2015). „Google Trend" ist ein Google eigener Service der Informationen über Suchbegriffe von Nutzern der Suchmaschine bereitstellt. Die Ergebnisse werden in Relation zum totalen Suchaufkommen gesetzt und sind in wöchentlicher Auflösung seit Anfang 2004 für die gesamte Welt verfügbar. Fand sich dort keine entsprechende Auswertung wurde der Vermerk „nicht ermittelbar" angeben. Bei einer vorhandenen Auswertung wurden die Daten der Trendanalyse direkt in eine CSV-Datei kopiert und speziell für die Untersuchung aufbereitet. Hierzu wurde auf Basis der ermittelten Werte ein Diagramm erstellt. In der so aufgestellten Graphik wurden Trendkurven hinzugefügt und entsprechend der Regressionsanalyse berechnet. Die Regressionsanalyse ist ein Analyseverfahren zur Errechnung einer Regression. Meist geschieht dies in Form einer Regressionsgeraden oder -Funktion. Dabei gibt die Regression je nach Modell an, welcher gerichtete lineare, polynomische oder logarithmische Zusammenhang zwischen zwei oder mehr Variablen besteht. Die Berechnung und Aufstellung der Funktion soll später dazu dienen die Graphen untereinander besser vergleichen zu können. Es wurden drei verschiedene lineare Regressionsfunktionen berechnet. Im ersten Teil der Untersuchung wurde der Startpunkt für die Ermittlung auf 2004 gesetzt, dem Beginn der Aufzeichnung für eine „Google Trend Analyse". Dem gegenüber wurde eine Funktion abhängig vom jeweiligen System und dessen erstes Auftreten in der Google Statistik aufgestellt. Hierzu wurde der erste Eintrag gesucht, bei dem der Wert auf der X-Achse zum ersten Mal größer null ist. Dieser Punkt wurde als Startwert für die zu berechnende Regression gewählt. Bei der letzten Untersuchung wurde der Startwert auf einen zufällig gesetzten Wert, den 1.1.2010 gelegt.

Im späteren Verlauf der Untersuchung zeigte sich, dass das Bestimmtheitsmaß R^2 für die Modellvarianten sehr unterschiedliche Ergebnisse lieferte. Das Bestimmtheitsmaß ist ein Gütemaß der linearen Regression. Mit diesem kann ermittelt werden, wie gut die unabhängigen Variablen geeignet sind, die Varianz der abhängigen Punkte zu erklären. Auf die Trendanalyse übertragen heißt dies, wie gut passt der ermittelte Trendverlauf auf die tatsächlichen Werte. (statista.com, 2015) (inwt-statistics, 2015)

R^2 kann dabei alle Werte zwischen null und eins annehmen. Je näher dieser Wert an der eins ist, desto besser passt der ermittelte Verlauf zum Graphen. Alle drei Funktionen mit dazugehörigen Bestimmtheitsmaßen sind im Anbieterverzeichnis zu finden. Für den Anstieg und die spätere Auswertung wird nur die Funktion betrachtet die die beste Modellanpassung für das jeweilige System lieferte. Das heißt, dass nur die Funktion mit dem höchsten Bestimmtheitsmaß für die Trendauswertung zu Rate gezogen wurde. Um eine möglichst genau Auswertung in diesem Bereich vornehmen zu können, wurde zusätzlich eine Untergrenze für R^2 angenommen. Diese wurde auf 0,4 (40%) gesetzt. Je nach Datenlage und Grad der Anwendung kann diese Grenze stark variieren. So kann sie sich beispielsweise in der Praxis auf Werte zwischen 40% und 80% oder sogar mehr belaufen, wobei in vielen Fällen bereits ein R^2 von 10% als gut gelten kann. Im Verlauf der Erhebung zeigte sich, dass eine Quote von 40% für diese Art der Anwendung ausreichend erscheint und in Folge dessen auch so zur Anwendung kommt. Ziel dieser Beschränkung war es, eine systematischere Prognose auf Basis dieser Überlegung vornehmen zu können und nicht ausschließlich auf unsystematische Planung zu setzten. (Teil5, 2015)

4.4 Evaluationsprozess Stufe Drei

Im dritten Teil des Evaluationsprozesses wurde ein weiteres Auswahlverfahren vollzogen. Dieses Verfahren wurde zweigeteilt. Die Kriterien für eine Aufnahme in eine Short List wurden erhöht und spezifiziert, womit sichergestellt werden sollte, dass nur relevante Kandidaten ermittelt werden.

Den Kriterien für diese Evaluations-Stufe liegen spezielle Forderungen der ISO/IEC 9126 Norm zugrunde. Die ISO/IEC 9126 beschreibt ein Modell mit der die Softwarequalität sichergestellt werden kann. (ISO, 2015) Professor Dr. Helmut Balzer Inhaber des Lehrstuhls für Software-Technik an der Fakultät für Elektrotechnik und Informationstechnik an der Ruhr-Universität Bochum versteht unter der Softwarequalität *„die Gesamtheit der Merkmale und Merkmalswerte eines Softwareprodukts, die sich auf dessen Eignung beziehen[...]"* (Helmut B., 1998 S. 257)

In der ISO-Norm wird hierfür in funktionale Eigenschaften und nichtfunktionale Merkmalsausprägungen unterschieden. Unter den funktionalen Eigenschaften werden dabei alle grundlegenden Eigenschaften zu den Funktionen einer Software zusammengefasst. Nichtfunktionale Eigenschaften dagegen sind solche, die das Verhalten von Softwareprodukten im allgemeinen Gebrauch erfassen. (Torsten C., 2010 S. 43-44)

Im ersten Teil werden zur Ermittlung der Software-Qualität und damit zur besseren Eingrenzung der Anbieter zuerst nichtfunktionale Merkmalsausprägungen untersucht. Die Eigenschaften der Auswahlkriterien werden mit Hilfe eines Punktesystems bewertet. Je nach Abschneiden des Kandidaten können mehr oder weniger Punkte vergeben werden. Im zweiten Teil der Evaluation zur Softwarequalität werden die Anbieter auf funktionaler Ebene untersucht.

4.4.1 TEIL A UNTERSUCHUNG DER NICHTFUNKTIONALE MERKMALSAUSPRÄGUNGEN

Für diesen Teilabschnitt werden die speziellen Anforderungen aus der ISO-Norm (ISO, 2015)übernommen und für die Untersuchung angepasst. Für die Ermittlung der Kriterien werden die entsprechenden Einträge aus dem Anbieterverzeichnis verwendet. (Vgl. Anhang Anbieterverzeichnis)Folgende acht Kriterien werden untersucht und können im Verzeichnis abgelesen werden:

- **Forum, Forumseinträge und Qualität:**

  In einem Forum können Fragen durch die Community und den Support beantwortet werden. Je mehr Forumseinträge vorhanden sind, desto aktiver ist die Community. Damit steigt die Wahrscheinlichkeit, dass Fragen zum Produkt beantwortet werden. Eine aktive Community ist ein entscheidender Indikator für den Erfolg einer Open Source Software. Durch dieses Kriterium kann die Qualität und die Beständigkeit einer guten OS Lösung ermittelt werden. Hierunter fallen Aspekte aus der ISO/IEC 9126 wie Benutzbarkeit und Attraktivität.

- **Support & Service**

  Dieses Kriterium soll die angebotenen Service- und Supportleistungen genauer beleuchten. OS – Lizenzen beinhalten in der Regel selten eine Funktionsgarantie, noch garantierten sie den Support. Durch eine funktionierende und gut organisierte Community kann der Support auf freiwilliger Basis bezogen werden. Für komplexere Sachverhalte wie Migrations- oder Implementierungsarbeiten sollte der Support durch Drittanbietern mit entsprechendem Knowhow ebenfalls möglich sein. Ein Qualitätsmerkmal das in diesem Bereich fällt ist die Wartbarkeit.

- **Dokumentation, Handbücher und Tutorials[17]:**

  Dieser Punkt soll sicherstellen, dass mit Hilfe von Handbüchern, Dokumentationen oder Tutorielles das Wissen über die Software eigenständig erhöht werden kann. Gerade bei Anpassungsarbeiten oder Weiterentwicklung der Software ist eine Schnittstellen- oder Funktionsbeschreibung von Vorteil.

  Unter dem Punkt Dokumentation, Handbücher, Tutorial können so Aspekt wie Wartbarkeit, Änderbarkeit und Benutzbarkeit untersucht werden.

- **Demo & Testbetrieb:**

  Durch einen Testbetrieb kann die zukünftige Standardlösung ausgiebig getestet werden. Für komplexere Geschäftsprozesse ist ein Testbetrieb unumgänglich. Eine Online Demo erleichtert den ersten Kontakt mit einem ERP-System. So können gängige Prozessabläufe schnell überprüft werden. Mit diesem Kriterium können Bereiche der Funktionalität, Zuverlässigkeit und Effizienz ermittelt werden. Sowie alle relevanten Aspekte der Wartbarkeit und hier vor allem die Test-barkeit und Stabilität.

- **Informationsgehalt:**

  Für dieses Kriterium werden die Aktualität und die Vielfalt auf der vom Hersteller bereitgestellten Webseite gegenübergestellt. Je aktueller die Webseite desto höher die Punktevergabe. Gleiches gilt für den Umfang der Seite. Unter diesem Punkt können Kriterium der Zuverlässigkeit und der Verständlichkeit aus der ISO/IEC 9126 überprüft werden.

---

[17] Ein Tutorial ist eine schriftliche oder audiovisuelle Gebrauchsanleitung für Computerprogramme.

- **Plattformunabhängigkeit:**

  Für dieses Kriterium ist die Nutzung des Systems unabhängig vom Betriebssystem zu unter-suchen. Ein modernes ERP System sollte in der Lage sein auch Anwendungen über Smartphones zu steuern. Dies zeigt den technischen Reifegrad des ERP-Systems und damit in gewisser Weise auch die Zuverlässigkeit, sowie die Übertragbarkeit und den Technologie Standard.

- **letztes Release und regelmäßige Updates:**

  Dies zeigt die Aktualität der Software. In diesem Kriterium geht es weniger um das Implemen-tieren neuer Funktionen und Features, sondern um die Verlässlichkeit. Damit verbunden sind auch Sicherheitskorrekturen sogenannte Security Patches. Ein Patch oder Bugifx ist eine Korrekturauslieferung für Softwareprodukte um Sicherheitslücken oder Fehler zu beheben. Das schnelle und ständige Verfügbar machen neuer Sicherheitsaspekte stellt ein wesentliches Qualitätskriterium dar. Hiermit kann zusätzlich überprüft werden, wie aktiv die Community oder der entsprechende Systemanbieter arbeitet. Weiterhin lässt dies Kriterium auch Rückschlüsse auf Fehlertoleranz und Sicherheitsaspekte zu.

- **Trendanalyse und Zukunftsprognose:**

  Ziel ist es mit diesem Kriterium eine Abschätzung zur Popularität und den Zukunftsaussichten der betreffenden ERP-Systeme vorgenommen werden. Der Trendverlauf ist im Anbieterverzeichnis abgebildet. Nur die Regressionsfunktion mit dem höchsten Bestimmtheitsmaß wird in der Punktebewertung berücksichtig.

Das Punktesystem setzen sich wie folgt zusammen:

Tabelle 9: Punktesystem nichtfunktioneller Test (Eigene Darstellung)

Forum vorhanden	Deutsches Forum vorhanden	10 Punkte
	Englisches Forum	5 Punkte
	Kein Forum oder in einer andren Sprache als de/en	0 Punkte
Forumseinträge	Über 6000 Einträge	10 Punkte
	Bis 6000 Einträge	5 Punkte
	Unter 2000 Einträge	0 Punkte
Forumsqualität	Hochqualität (Schnelle Antwortzeiten und nicht länger als drei Monate zurückliegende Forumseinträge)	10 Punkte
	Qualität niedrig	0 Punkte
Support & Service	Supportpartnernetzwerk weltweit oder Deutschland	10 Punkte
	Supportpartnernetzwerk nur im Herstellerland (außer Deutschland)	5 Punkte
	Kein Support oder nicht zu ermittelnde Supportleistungen oder nur Community	0 Punkte

Dokumentation	Deutsches Wiki vorhanden	10 Punkte
	Englisches Wiki vorhanden	5 Punkte
	Kein Wiki vorhanden oder in einer andren Sprache als de/en	0 Punkte
Qualität der Dokumentation	Qualität hoch (Anwender und Entwicklerdokumentation vorhanden, umfangreich)	10 Punkte
	Qualität niedrig	0 Punkte
Testbetrieb	Online Demo vorhanden	10 Punkte
	Demo vorhanden	5 Punkte
	Kein Demo- oder Testbetrieb möglich	0 Punkte
Informationsgehalt	Hohe Vollständigkeit des Steckbriefs und Relevanz der Information	10 Punkte
	Mittlere Vollständigkeit des Steckbriefs und Relevanz der Information	5 Punkte
	Niedrige Vollständigkeit des Steckbriefs und Relevanz der Information	0 Punkte
Plattformunabhängigkeit	Mobile Version verfügbar	10 Punkte
	Kein festes Betriebssystem	5 Punkte
	Festes Betriebssystem	0 Punkte
letztes Release der Software	Letzte Release 2015	10 Punkte
	Letzte Release 2014	5 Punkte
	Letzte Release vor 2013	0 Punkte
Trendverlauf	Linear steigender Trend erkennbar ($m > 0{,}01$)	5 Punkte
	Kein linear steigender, aber auch kein negativer Verlauf erkennbar ($-0{,}01 <= m <= 0{,}01$) oder $R^2 < 0{,}4$	0 Punkte
	Kein Verlauf ermittelbar oder negativer Verlauf erkennbar ($m < -0{,}01$)	-5 Punkte

Zu dem in Tabelle 9 aufgezeigten Punktesystem werden zwei entscheidende Nachkorrekturen vorgenommen. Diese Korrekturen sollen sicherstellen, dass möglicherweise gute OSERP-Anbieter aufgrund eines fehlenden Kriteriums vorschnell aus dem Evaluationsverfahren fallen und für die anschließende funktionale Bewertung nicht mehr zur Verfügung stehen. Folgende Korrekturen wurden vorgenommen:

- Die Kriterien „Forum vorhanden", „Forumseinträge" und „Forumsqualität" werden zusammengezogen und durch drei geteilt und wird im Nachfolgenden kurz „Forum gesamt" genannt.
- Die Kriterien „Dokumentation" und „Qualität der Dokumentation" werden zusammengezogen und durch zwei geteilt und wird im Nachfolgenden kurz „Dokumentation gesamt" genannt.
- Für die Punktevergabe für den Trendverlauf wurde nur die Funktion verwendet, die das höchste Bestimmtheitsmaß aufweist. Zusätzlich wurde hierbei eine feste Grenze für R^2 angenommen. Diese beläuft sich auf 0,4 beziehungsweise 40 %. Weiterhin gilt die Einschränkung, dass der Anstieg m einen Toleranzbereich annehmen kann. Dieser beläuft sich auf $-0,01 <= m <= 0,01$. Durch diese zusätzliche Einschränkung soll einer möglichen Fehlinterpretation des Trendverlaufes entgegengewirkt werden. Abweichungen im Bereich zwischen -0,01 und 0,01 sind für diese Art der Anwendung zu gering, als das sie einen entscheidenden Trendverlauf kennzeichnen könnten.

Aufgrund dieser Maßnahme ergibt sich eine maximal erreichbare Punktzahl von 75 Punkten. Alle Kriterien wurden anschließend auf die 38 Kandidaten der Short List angewendet und überprüft. Die Basis für die Ermittlung der Kriterien bildete das erstellte Anbieterverzeichnis (Vgl. Anhang Anbieterverzeichnis). Für eine Punktvergabe wurden die Informationen des Anbieterverzeichnisses abgelesen und anhand des Punktsystems bewertet. Anschließend wurden alle Informationen zusammengetragen und in einer Excel-Datei zusammengerechnet. Ein Auszug der Ergebnisse mit den Top 11 Anbietern nach Beurteilung durch die nichtfunktionalen Anforderungen ist in Tabelle 10 links abgebildet. Die komplette Auswertung für diesen Evaluationsschritt kann im Anhang unter III gefunden werden.

Tabelle 10: Links Ergebnis nichtfunktionaler Test (Eigene Darstellung)

Tabelle 11: Rechts Ergebnis nichtfunktionaler Test ohne Berücksichtigung Trendverlauf (Eigene Darstellung)

Platz	Anbieter	Punkte
1	Odoo	72,5
1	Dolibarr	72,5
3	OpenZ	66,67
4	Adempiere ERP	62,5
4	Openbravo	62,5
6	VIENNA ERP/CRM	61,67
7	Trython	60,83
7	iDempiere	60,83
9	webERP	57,5
9	ERPNext	57,5
11	Kivitendo	56,67
11	IntarS	56,67

Platz	Anbieter	Punkte
1	Adempiere ERP	67,5
1	Openbravo	67,5
1	Odoo	67,5
1	Dolibarr	67,5
5	VIENNA ERP/CRM	66,67
5	Kivitendo	61,67
5	OpenZ	61,67

4.4.2 ZWISCHENPRÄSENTATION DER ERGEBNISSE

Nach Auswertung der Punkte für die nichtfunktionellen Anforderungen ist zu erkennen, dass sich zwei Anbieter den ersten Platz teilen. Dies sind zum einen Odoo und Dolibarr. Beide erreichten in dem Testverfahren 72,5 Punkte. Einzig für das Fehlen einer deutschen Dokumentation gab es bei den genannten Anbietern Abzüge. Auf Platz drei folgt mit knapp sechs Punkten Abstand der deutsche Anbieter OpenZ. Auch dieser überzeugte durch sehr gute Testergebnisse. Für alle drei Systeme ist ein Trendverlauf mit positivem Anstieg festzustellen, wohingegen auf Platz vier bis sechs Systeme mit negativen oder nicht zu ermittelten Trend zu finden sind. In der Tabelle 11 rechts findet sich auch eine Auswertung der Anbieter ohne Betrachtung des Trendverlaufs. Hier ist zu erkennen dass sich vier Systeme den ersten Platz teilen. Dies sind die zwei benannten Odoo und Dolibarr aber auch Adempier ERP und Openbravo. Diese zusätzliche Auswertung wurde durchgeführt um zu überprüfen ob der Faktor beim Trendverlauf zu groß erscheint und somit das Ergebnis verfälscht. Unter Berücksichtigung der Ergebnisse konnte dies aber nicht zwangsläufig festgestellt werden. Weiterhin sollte der Test möglichst aktuelle Ereignisse mit aufnehmen sodass zugunsten der Auswertung in Abbildung 10 entschieden wurde.

Allgemein ist festzustellen, dass 75 % der untersuchten Anbieter über die Hälfte der möglichen Punkte erreichen konnten.

4.4.3 TEIL B UNTERSUCHUNG DER FUNKTIONALEN MERKMALSAUSPRÄGUNGEN

An die nichtfunktionale Erhebung folgt im nächsten Schritt die funktionale Auswertung der Systeme. Hierfür wurde ein spezieller Anforderungskatalog entwickelt. In diesem sind funktionale Merkmale aufgelistet, die ein ERP-System beinhalten sollte. Die Grundlage für diesen Anforderungskatalog bildet die Abhandlung von Prof. Dr. Dr. Wolfgang Osterhage „ERP-Kompendium" (Osterhage W., 2014 S. 87-98)und die Zusammenfassung der „SoftTrend Studie 280 - ERP Software Studie 2015: ERP Software - Marktübersicht der ERP-Systeme in Deutschland, Österreich und der Schweiz" (SoftSelect GmbH, 2015) in der funktionale Aspekte von Branchenlösungen analysiert wurden. Sowie die allgemeinen Einsatz- und Aufgabenbereiche von ERP-Anwendungen die sich nach Gronau wie in Abbildung 16 aufgliedern (Gronau N, 2010 S. 5).

Abbildung 16:Funktionen von ERP-Systemen (Gronau N, 2010 S. 5)

Auf Basis dieser Grundlagen wurde ein Anforderungsbogen konzipiert, der Funktionen für die Auftragsbearbeitung, die Bestandsführung, den Einkauf, die Rechnungsprüfung, die Fertigungssteuerung, die Disposition, das Finanzsystem und diverse Basisfunktionen auflistet. Die wesentlichen Anforderungen wurden vereinfacht und zusammengefasst, sodass eine weitgefasstere Auswertung möglich ist. Hierbei wurde auf die Abarbeitung von Prozessablaufpläne verzichtet, umso ein möglichst umfangreiches und objektives Bild der Funktionen für die einzelnen Systeme abbilden zu können. Die einzelnen Anforderungen enthielten aber gezielte bestimmte Funktionen die moderne ERP-Systeme abbilden müssen. Diese Funktionen wurden den Beschreibungen der jeweiligen Systemanbieter entnommen und in der Online-Demo überprüft. Abschließend wurden alle Merkmale zusammenfassend, gegenübergestellt und verglichen. Damit wurde beabsichtigt eine grob funktionelle Einschätzung der ERP-Systeme vorzunehmen und somit den Einsatz des jeweiligen Systems zu charakterisieren. Der Anforderungskatalog ist dabei so aufgestellt, dass zusätzliche Funktionen mit aufgenommen werden können. Diese spielen für die Bewertung keine Rolle und dienen allein dem Leser zur Orientierung. Es folgen Aufstellung und Aufbau des Anforderungskataloges.

Funktionelle Kriterien

Zu Beginn des Anforderungskatalogs ist eine kurze Funktionenübersicht aufgelistet. Die einzelnen Funktionen richten sich nach dem aktuellen Trend der „Stoftrend Studie". Hierfür sind die fünf wichtigsten Funktionen die nicht separat untersucht werden, ausgewählt worden. Diese setzen sich zusammen aus CRM, DMS, PMS, BI und HRM. (s report, 2015) (SoftSelect GmbH, 2015 S. 39)

Dem wurden noch zwei weitere Funktionen aus Osterhage hinzugefügt, diese sind das WflM und das Reporting. (Osterhage W., 2014 S. 88-89)Es folgt eine kurze Beschreibung der genannten Funktionen:

- **CRM** (Customer Relationship Managment) - Kundenbindungsprogramm mit zusätzlichen Informationen für das Vertriebsmodul im ERP.
- **DMS** (Dokument Management System) – Hierrunter versteht man eine datenbankgestützte Verwaltung elektronischer Dokumente.
- **PMS** (Projektmanagementsystem) - Unterstützendes Werkzeug bei der Durchführung von Projektmanagementaufgaben. Personelle, finanzielle und terminliche Probleme können sichtbargemacht werden. Kernelemente für ein gutes PM-System sind Fortschrittskontrollen, die Erstellung von Gantt-Diagramme oder Meilensteinen oder das Kapazitätsmanagement.
- **BI (Business Intelligence)** – Unter dem Begriff Business Intelligence werden Verfahren und Prozesse verstanden die zur systematischen Analyse von Daten in elektronischer Form beitragen.
- **HRM** (Human Resource Management) – Das HRM umfasst die Bereiche Personal und Arbeit. Unter Einbeziehung von Aspekten der Sozial- und Umweltverträglichkeit soll so in Zusammenhang mit dem Personalwesen eine langfristig ausgerichtete Unternehmenskultur entstehen.
- **WflM** (Workflow Management) - Das Workflow Management ist die technische Unterstützung der Abläufe in Geschäftsprozessen. Es beschreibt alle Aufgaben, die bei der Modellierung und Steuerung eines jeweiligen Arbeitsablaufes durchgeführt werden müssen. In einem ERP-System wird durch das WflM die aktive Steuerung arbeitsteiliger Prozesse vollzogen.
- **Reporting** - Eine wichtige Rolle in einem ERP-System bilden die Reports oder Berichte. In einem ERP-System können durch Reports Informationen aus Datenbanken oder Textdateien abgerufen, verarbeitet und in Form von Grafiken und Tabellen dargestellt werden, so auch

Rechnungen, Fertigungsaufträge oder Projektionen von Stücklisten. Unter diesem Punkt entfallen also alle Bereiche die zur Reporterstellung notwendig sind.

Weitere Informationen zu den geschilderten Funktionen finden sich auf http://wirtschafts-lexikon.gabler.de.

Im zweiten Teil finden sich allgemeine Funktionen von ERP-Systemen, die sich vor allem an der Ausarbeitung nach Osterhage orientieren. Diese wurden für die Ausarbeitung teilweise zusammengefasst und reduziert, worauf eine weitere Erklärung zu den einzelnen Funktionen erfolgt. (In Anlehnung an (Osterhage W., 2014 S. 90-97))

- **Auftragsbearbeitung:** Die Auftragsbearbeitung umfasst alle Aufgaben von der Anfrage bis hin zur Auslieferung. Darin existieren zusätzlich weitere Vorgänge, wie zum Beispiel die Produktentwicklung, Fertigung und Nebenprozesse wie der Einkauf. Dieser Prozesskette können zusätzlich je nach Betrachtungsweise Abläufe vorgelagert sein, so unteranderem das Marketing oder das Kundenbeziehungsmanagement. Schwerpunkte des Anforderungs-kataloges im Bereich Auftragsbearbeitung bilden, das Erstellen eines Angebots, dem Verwalten von Kundenaufträgen und dem Bearbeiten von Versandoptionen. Die hierfür verwendeten Kundendaten müssen als Stammdaten vorhanden sein oder neu aufgenommen werden können. Gleiches gilt auch für das angefragte Produkt oder die Dienstleistung. Zusätzlich sollten Informationen zum Liefertermin angeboten werden.
- **Bestandsführung:** Unter der Bestandsführung werden alle Tätigkeiten verstanden, die sich mit der Verwaltung von Gegenständen beschäftigen. Die Warenbewegung, Inventur und Bestandsbewertung sind zentrale Tätigkeiten. In der Bestandsverwaltung spielt die Verfügbarkeit der Fertig- oder Zulieferteile eine Rolle. Hier muss zwischen verfügbaren, bestellten und Sicherheitsbestand unterschieden werden. Das Einlagern, Auslagern und Umlagern wird dagegen in der Warenbewegung zusammengefasst. Entsprechende Materialentnahmescheine oder Bereitstellungslisten sollten zur Erfüllung dieses Punktes zur Verfügung stehen. Ziel der Inventur ist das Erfassen der tatsächlichen Bestände. Sinnvoller Weise geschieht dies in Form der Stichtagsinventur oder permanente Inventur. Eine Möglichkeit zur Inventurdatenerfassung sollte im System verfügbar sein.
- **Einkauf & Vertrieb:** Unter den Einkauf fallen alle Tätigkeiten wie, die Akquise von Lieferanten und die Beschaffung von Waren. Hier sollten Möglichkeiten bestehen, beide Aspekte im ERP-System abbilden zu können. Für die Einschätzung der Lieferanten sollte eine Bewertung vorgenommen werden können.
- **Finanzwesen:** Für das Finanzwesen von Bedeutung sind in einem ERP-System die Erfassung und das Protokollieren von Rechnungen. Diese sollten auf formale und inhaltliche Richtigkeit geprüft werden können. Zusätzlich sollten weitere Möglichkeiten oder Anbindungen zur Finanzbuchhaltung existieren.
- **Fertigungssteuerung & Produktion:** Unter diesem Punkt werden wesentliche Aspekte der Steuerung und Planung zusammengefasst. Die Fertigungssteuerung setzt sich dabei mit dem Transport, der Lagerung und dem Umschlag von Gütern des Produktionsablaufes auseinander. Die Planung sorgt dafür, dass Material, Mitarbeiter und Betriebsmittel zu entsprechender Zeit am richtigen Ort zu finden sind. Rückmeldungen zu Fertigungsstatus, Fertigungsaufträge und Stücklisten sollten für die Steuerung bereitgestellt werden können.
- **Disposition & Logistik:** Auch die Disposition ist ein zentraler Bestandteil in einem ERP-System. Hier wirken Vertragsdaten, Bestellungen, Beschaffung und Produktion ineinander. Für reibungslose innerbetriebliche Abläufe muss der korrekte Bedarf für kommende

Arbeitsaufgaben exakt ermittelt werden. Das System sollte auch in der Lage sein Vorschläge für zukünftige Bestellmengen auszugeben.

Auch hier finden sich weitere Informationen auf http://wirtschaftslexikon.gabler.de oder (Osterhage W., 2014)

Aufbau Anforderungskatalog

Zu Beginn ist die Funktionsübersicht aufgelistet. Um die Funktionsbereiche in ihrem Detail darzustellen, wurde eine Funktionsübersicht erstellt, wie in Tabelle 12 abgebildet.

Tabelle 12: Aufbau Anforderungskatalog (Eigene Darstellung)

Funktionsübersicht	Vorhanden	Erfüllungsquote
CRM		
DMS		
PMS		
BI		
HRM		
WflM		
Reporting		
Weitere		

Auftragsbearbeitung

Funktionen	Ja	Nein	Bemerkung
Angeboten			
Kundenaufträge			
Versand			
Weitere			

Bestandsführung

Funktionen	Ja	Nein	Bemerkung
Bestandsverwaltung			
Warenbewegung			
Inventur			
Weitere			

Einkauf & Vertrieb

Funktionen	Ja	Nein	Bemerkung
Lieferantenbewertung			
Bestellungen			
Weitere			

Finanzwesen

Funktionen	Ja	Nein	Bemerkung
Rechnungserfassung			
FIBU und Contr			
Weitere			

Fertigungssteuerung & Produktion

Funktionen	Ja	Nein	Bemerkung
Auftrags- oder Produktionsplanung			
Steuerung			
Weitere			

Disposition & Logistik

Funktionen	Ja	Nein	Bemerkung
Bedarfsermittlung & Wareneingang			
Weitere			

Der Anforderungskatalog wurde im Anbieterverzeichnis für alle Kandidaten angefügt. (Vgl. Anhang Anbieterverzeichnis)

Erstellung und Datenerhebung

Der Start für die Datenerhebung begann mit dem 1. August 2015, die Zeit für die Ermittlung aller relevanten Punkte des Anforderungskatalogs belief sich auf einen Monat. Die Erhebung für einzelne Gliederungspunkte des Katalogs wurde sequentiell vollzogen. Erst nachdem alle Informationen zu einem Anbieter zusammengetragen wurden, konnte mit der Arbeit an einem neuen Anbieter aus dem Anbieterverzeichnisses gestartet werden. Im ersten Teil des Anforderungskataloges sind die Funktionen von System zu System nicht immer einheitlich. Einige Hersteller bieten diese als Schnittstellen und dazugehörige Partnersysteme gleich im Softwarepaket mit an. Bei anderen sind die Funktionen offen, sodass eine Anbindung separat programmiert werden kann. Aus diesem Grund wurde hier vor allem auf Informationen aus der Funktionsbeschreibung und Dokumentation zurückgegriffen, ob sich entsprechende Angaben finden lassen, mit der Frage, ob sich entsprechende Angaben finden lassen. Diese wurden dann in der Online Demo überprüft. Für den zweiten Teil des Anforderungskataloges wurden Testdaten in das Online Test-System der jeweiligen Anbieter eingepflegt, um die relevanten Punkte zu überprüfen. Für die Auftragsbearbeitung wurden beispielsweise eigene Angebote, Aufträge und Versandinformationen angelegt. In der Bestandsführung dagegen wurde evaluiert inwiefern eine Bestandsverwaltung und dazugehörige Operation der Warenbewegung möglich sind. Weiterhin wurde untersucht, ob sich Bestellungen anlegen lassen und ob diese durch die Rechnungslegung erfasst werden können. Zum Ende wurde versucht Aufträge und Produktionsprozesse zu planen und festzustellen, inwieweit die Logistik des Systems abgearbeitet werden kann. Dafür wurden einzelne Lieferscheine und Teile des Wareneingangs rekonstruiert.

Sind die benannten Funktionen im System nachzuvollziehen, wurde in der Spalte „Vorhanden" beziehungsweise „Ja" ein „X" eingetragen. Andernfalls fehlt dieser Vermerk oder es findet sich in der Spalte „Nein" ein Eintrag. In der Spalte „Bemerkung" finden sich zusätzliche Information über dieses Kriterium.

Bewertungsmaßstab

Insgesamt verfügt der Anforderungskatalog über 20 einzelne Positionen. Gezählt werden nur die fest vergebenen Kriterien. Der Bewertungsmaßstab richtet sich je nach Erfüllungsgrad der einzelnen Anbieter. Für eine positive Punktevergabe wurde nur die Spalten „Ja" oder „Vorhanden" betrachtet. Diese werden dann in Relation zur gesamtmöglichen Positionsanzahl gesetzt, was wiederum den Erfüllungsgrad oder die Erfüllungsquote ergibt. Diese ist im Anforderungskatalog für jeden Anbieter oben rechts zu finden. Die maximal zu erreichende Punktezahl für diesen Test beläuft sich auf 25 Punkte. Das Punktesystem setzt sich im Einzelnen dann wie in Tabelle 13 abgebildet, zusammen:

Tabelle 13: Punktesystem funktionaler Test (Eigene Darstellung)

	EQ >=90%	25 Punkte
	80%<=EQ<90%	20 Punkte
Funktionelle Betrachtung	70%<=EQ<80%	15 Punkte
(EQ für Erfüllungsquote)	60%<=EQ<70%	10 Punkte
	50%<=EQ<60%	5 Punkte
	EQ<50%	0 Punkte

Für Anbieter die über keine eigene Online Demo verfügen konnte der Test nicht durchgeführt werden. Für die Anbieter Apache OFBiz, CK-ERP, Compiere, ERP5, Gnue, Jfire, Kuali, Open-Source-ERP, Promet-ERP und SQL-Legder musste so die entsprechende Punktevergabe auf null gesetzt werden. (Vgl. Anhang Anbieterverzeichnis) Folgend die Auswertung der Testphase.

4.4.4 ZWISCHENPRÄSENTATION DER ERGEBNISSE

Die Auswertung der Anbieter findet sich im Anhang IV. In Tabelle 14 können die Top zehn Anbieter der funktionalen Auswertung angeschaut werden.

Tabelle 14:Ergebnis funktionaler Test (Eigene Darstellung)

Anbieter	Erfüllungsquote	Punkte
iDempiere	0,9	25
IntarS	0,9	25
Odoo	0,9	25
Openbravo	0,9	25
OpenZ	0,9	25
VIENNA ERP/CRM	0,9	25
Dolibarr	0,8	20
inoerp	0,8	20
Adempiere ERP	0,85	20
Ekylibre	0,85	20
ERPNext	0,85	20

Auf den oberen Plätzen finden sich wie in der nichtfunktionalen Auswertung, die Systeme Odoo, iDempiere und Openbravo, aber auch mit InatrS, OpenZ und Vienna ERP drei deutsche Anbieter. Insgesamt betrachtet haben mehr als 55% der Anbieter über mitunter mehr als 10 Punkte erreichen können. Es zeigte sich, dass die Mehrzahl der untersuchten Systeme über einen relativ komplexen und ausgeprägten Funktionsumfang verfügen. Weiterhin ist ersichtlich, dass die Ergebnisse dieses Tests im oberen Bereich relativ eng beieinanderliegen. Dies ist der Tatsache geschuldet, dass es sich bei den funktionalen Anforderungen um Basisfunktionalitäten handelt. Komplexere Funktionalitäten können in Standardsoftware Produkten durch Customizing vom Anwender selber an die entsprechende Geschäftslogik angepasst werden. (Vgl. 3.2) Trotz dessen vermittelt dieser Test einen ersten Eindruck der Funktionsvielfalt der ERP-Anbieter.

4.5 Ergebnis von Evaluationsprozess Stufe Drei

Nach Abschluss der zwei Testphasen für die 38 System-Anbieter wurden beide Auswertungen zusammengefügt. Daraus ergab sich, dass in beiden Tests somit zusammen 100 mögliche Punkte erreicht werden können. Zur besseren Übersicht wurde eine Klassifizierung eingeführt, die die ermittelten Anbieter unterteilt. Diese Unterteilung stellt sich wie in Tabelle 15 auf.

Tabelle 15: Klassifizierungskatalog (Eigene Darstellung)

Klassenname	Punkte	Bemerkung
Klasse 1	Über 90 Punkte	Sehr gute ERP Systeme die die geforderten Anforderungen zur Besten Zufriedenheit erfüllen.
Klasse 2	50-90 Punkte	Gutes System es fehlen entsprechende Anforderungen.
Klasse 3	unter 50 Punkte	ERP Systeme die die geforderten Anforderungen nur wenig bis gar nicht erfüllen.

Das Endergebnis beider Untersuchungen ist in Tabelle 16 zu sehen.

Tabelle 16:Endergebnis Evaluationsprozess (Eigene Darstellung)

Anbieter	Ergebnis Teil A	Ergebnis Teil B	Gesamtergebnis	Grad
Odoo	72,5	25	97,5	A
Dolibarr	72,5	20	92,5	A
OpenZ	66,67	25	91,67	A
Openbravo	62,5	25	87,5	A
VIENNA ERP/CRM	61,67	25	86,67	A
iDempiere	60,83	25	85,83	A
Adempiere ERP	62,5	20	82,5	A
IntarS	56,67	25	81,67	A
ERPNext	57,5	20	77,5	B
Trython	60,83	15	75,83	B

xTubel	55,83	15	70,83	B
FrontAccounting	54,17	15	69,17	B
webERP	57,5	10	67,5	B
Kivitendo	56,67	10	66,67	B
Ekylibre	42,5	20	62,5	B
heliumv	45	15	60	B

Diese Auswertung zeigt, dass nach Einteilung in die entsprechenden Klassen 21 % der Anbieter auf die Klasse A entfallen, 37% auf die Klasse B und 42% auf die Klasse C. In Folge dessen bilden mehr als ein Fünftel der Anbieter sehr gute ERP Systeme die die geforderten Anforderungen zur Besten Zufriedenheit erfüllen. Vergleich Abbildung 17.

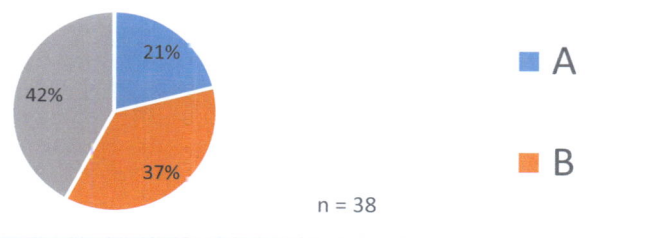

Abbildung 17:Einteilung der Klassen (Eigene Darstellung)

Schlussendlich können so die Top fünf Anbieter der Untersuchung benannt werden. Diese sind:

- Odoo,
- Dolibarr
- OpenZ
- Openbravo
- VIENNA ERP/CRM Dolibarr.

Mit der Ermittlung der fünf Top Kandidaten kann nun der Praxistest vollzogen werden. Diese Anbieter dienen dabei als Empfehlung für die praktische Auswertung. Folglich sollen die Top Kandidaten in Form eines Steckbriefes kurz vorgestellt werden. Eine komplexere Auswertung der Testergebnisse erfolgt dann in Kapitel 4.6.

4.5.1 VORSTELLUNG DER TOP FÜNF KANDITEN ODOO UND DOLIBARR

Merkmal	Odoo	Dolibarr
Platz	1	2
Punkte (A/B / gesamt)	72,50/25/97,50	72,50/20/92,50
Anbieter bzw. Trademark-Besitze	Odoo S.A.	Laurent Destailleur
Standort	Belgien	Frankreich
Webseite	https://www.odoo.com/	http://www.dolibarr.org/
Quellcode	https://github.com/odoo	http://sourceforge.net/projects/dolibarr/?source=directory#reviews
Lizenz	AGPLv3	GPLv3
Programmiersprache	Python	PHP
Unterstützte Datenbanken	PostgreSQL	PostgreSQL
Plattform	webbasiert, Mobile Version	webbasiert, Mobile Version
Forum	https://www.odoo.com/forum/help-1	http://www.dolibarr.org/forum
	mehrsprachig, aktuell und schnelle Antwortzeiten	mehrsprachig, aktuell und schnelle Antwortzeiten
Forumseinträge	über 10000	über 6000
Testbetrieb	https://www.odoo.com/page/start	https://www.on.dolicloud.com/signUp/index?origin=dolibarronlinedemo&planCode=basic
	komplette Live Demo mit allen Funktionen, moderne und ansprechende Benutzeroberfläche, einfache Menüführung	komplette Live Demo mit allen Funktionen, ansprechende Benutzeroberflächen, einfache Menüführung
Funktionenbereiche	umfangreich	umfangreich
Branchen	sehr umfangreich	umfangreich
Projektstart	2005	2002
Letzte Version	19.10.2014	01.06.2015
Aktuelle Version	Version 8.0.0	Version 3.7.1
Geschäftsmodell	Support, Entwicklung, Hosting, Zusatz	Support, Entwicklung, Hosting, Addon Markt
Support	561 Supportpartner davon 32 Gold und 55 Silber in Deutschland 21 davon 2 gold und 2 silber SaaS, Implementierung, Entwicklung, technisches und User Support ,Migration, Individualprogrammierung	17 offiziel bevorzugte Systemhäuser weltweit und weiter Provider so auch zwei Deutsche Supportdienstleister und ein eigetragener Verein,SaaS, Implementierung, Entwicklung, technisches und User Support ,Migration, Individualprogrammierung
Dokumentation	https://www.odoo.com/page/commu	http://wiki.dolibarr.org/index.php/Main_Page#Users_documentation
	Online Doku Anwender und Entwickl	Online Doku Anwender und Entwickler, Video, zusätzliche eBooks uim Shop erhältlich, FAQ
Training	Schulung über Systemhäuser	Schulung können über Systemhäuser bezogen werden
Kunden	Auswahl:	Auswahl:
	danone	AEVALOR - Ingenieurbüro
	http://www.danone.de/home/	http://aevalor.com/
Trend	Positiv	Positiv

Abbildung 18: Links Topkandidat Odoo Rechts Dolibarr (Vergleich Anbieterverzeichnis)

4.5.2 VORSTELLUNG DER TOP FÜNF KANDITEN OPENZ UND OPENBRAVO

Merkmal	OpenZ	Openbravo
Platz	3	4
Punkte (A/B / gesamt)	66,67/25/91,67	62,50/25/87,50
Anbieter bzw. Trademark-Besitze	Dipl.-Ing. Stefan Zimmermann	Openbravo, S.L.U.
Standort	Deutschland	Spanien
Webseite	http://www.openz.de/	http://www.openbravo.com/
Quellcode	http://sourceforge.net/projects/openz/i	http://sourceforge.net/projects/openbravo/
Lizenz	MPLv2	Openbravo Public License
Programmiersprache	Java	Java
Unterstützte Datenbanken	PostgreSQL	PostgreSQL, Oracle
Plattform	webbasiert, Mobile Unterstützung	webbasiert, Mobile Version
Forum	http://www.openz.de/index.php/oonlin	http://forums.openbravo.com/
Forumseinträge	deutsch,aktuell, schnelle Antwortzeiten unter 400	mehrsprachig, aktuell und schnelle Antwortzeiten über 20000
Testbetrieb	http://www.openz.de/index.php/home-	http://www.openbravo.com/demo/
	komplette Live Demo für Administrator & User sowie Programmierer & Entwickler, ansprechende Benutzeroberflächen, einfache Menüführung	komplette Live Demo, ansprechende Benutzeroberflächen, einfache Menüführung
Funktionenbereiche	umfangreich	umfangreich
Branchen	umfangreich	umfangreich
Projektstart	2010	2001
Letzte Version	02.04.2015	21.05.2015
Aktuelle Version	3.0.08	3.0
Geschäftsmodell	Support, Entwicklung, Hosting	Support, Entwicklung, Hosting
Support	Eigener Support und deutschlandweit 5 Systemhäuser, SaaS, Implementierung, Entwicklung, technisches und User Support, Datenmigration	Eigener Support und über 140 Partner weltweit davon 14 mit gold zertifizierung, Einen in Deutschland, SaaS, Implementierung, Entwicklung, technisches und User Support ,Migration, Individualprogrammierung
Dokumentation	http://www.openz.de/index.php/oonlin	http://wiki.openbravo.com/wiki/Getting_started_with_Openbravo
	Onlinehandbuch, FAQ	Online Doku Anwender und Entwickler, FAQ, Video, Webinar
Training	Über Systemhäuser beziehbar, Anwende	Über Systemhäuser beziehbar, Seminare Anwender und Entwickler
Kunden	Auswahl:	Auswahl:
	ELREHA Kälte- und Klimatechnik	Canpire -Spraydosen
	http://www.elreha.de/	http://www.canpire.com/
Trend	Positiv	Negativ

Abbildung 19:Links Topkandidat OpenZ Rechts Openbravo (Vergleich Anbieterverzeichnis)

4.5.3 VORSTELLUNG DER TOP FÜNF KANDITEN VIENNA ERP/CRM

Merkmal	VIENNA ERP/CRM
Platz	5
Punkte (A/B / gesamt)	61,67/25/86,87
Anbieter bzw. Trademark-Besitze	VIENNA Advantage
Standort	Deutschland
Webseite	http://www.viennaadvantage.com/
Quellcode	http://sourceforge.net/projects/erp-crm-advant/
Lizenz	EPL
Programmiersprache	C#
Unterstützte Datenbanken	Oracle ,PostgreSQL
Plattform	webbasiert, Mobile Version
Forum	http://www.viennaadvantage.com/dev/index.php/community/forums.html
	deutsch und englisch
Forumseinträge	unter 200
Testbetrieb	http://softwareonthecloud.com/register/register.aspx
	komplette Live Demo mit allen Funktionen und Testdaten, ansprechende Benutzeroberfläche, einfache Menüführung
Funktionenbereiche	umfangreich
Branchen	umfangreich
Projektstart	2005
Letzte Version	19.06.2015
Aktuelle Version	Version 5.3
Geschäftsmodell	Support, Entwicklung, Hosting, Addon Markt
Support	17 IT-Partner weltweit, auch eigene Supportleistung Implementierung, Entwicklung, technisches und User Support
Dokumentation	http://www.viennaadvantage.com/dev/index.php/viennaadvantage-web/cat_view/40-technical-utilities-and-tools-in-vienna-advantage-erp-crm.html
	umfangreiche Dokumentation für Entwickler und Anwender, Video Tutorials & Webinars
Training	Training und zusätzlicher Service über eigenen Webshop beziehbar
Kunden	Auswahl:
	HC Meditech
Trend	nicht ermittelbar

Abbildung 20: Topkandidat Vienna ERP/CRM (Vergleich Anbieterverzeichnis)

In Abbildung 18 finden sich die Anbieter Odoo und Dolibarr. In 19 die Anbieter OpenZ und Openbrav und in der letzten Abbildung ist der Arbieter Vienna mit den wichtigsten Informationen abgebildet. Weitere Angaben zu den entsprechenden Anbieter sowie deren Funktionsübersicht findet sich im Anbieterverzeichnis.

4.6 Auswertung der Ergebnisse

In diesem Kapitel sollen die wesentlichen Ergebnisse der Evaluation zusammengefasst werden. Von den eingangs 85 untersuchten OSERP-Systemen haben 38 die grundlegenden Anforderungen bestanden. 8 Kandidaten entfielen dabei in die Klasse A, 14 in die Klasse B und 16 in die Klasse C. Phreedom ERP wird nicht als eigener Anbieter gezählt und ist damit kein Teil der Untersuchung (Vgl. Anhang Anbieterverzeichnis speziell Phreedomsoft). Somit reduzierte sich die zu untersuchende Menge der Anbieter auf 37 Stück. Diese werden nachfolgend in den Punkten Standort, Lizenz, Programmiersprach und Datenbank sowie Einsatz, Geschäftsmodell, Funktionen und Trend gegenübergestellt. Dabei wird vergleichend mit anderen aktuellen Studie zum Themenkomplex Open Source ERP-Systeme versucht, Schlussfolgerungen abzuleiten.

4.6.1 UNTERNEHMENSSTANDORT

Von den 37 für diese Auswertung untersuchten Anbietern entfällt ein Großteil auf die USA (32 %), Deutschland (22 %) oder Frankreich (8%). Diese drei Länder stellen zusammen mehr als die Hälfte der untersuchten ERP Systeme in Bezug auf den Standort dar, wie Abbildung 21 verdeutlicht. Dabei ist erkennbar, dass die USA verhältnismäßig viele Open Source Anbieter beherbergt. Diese Tatsache könnte mit der Entstehung des Open Source Gedanken in diesem Land zusammenhängen. (Vgl. Kapitel 3.1.1) Im Hinblick auf potentielle Referenzkunden und Marktpositionen spielt der Unternehmensstandort aber nur eine untergeordnete Rolle. Denn viele der vorgestellten Anbieter verfügen über ein weltweit operierendes Partnernetzwerk, welches Installations- und Support-leistungen rund um den Globus anbietet. Dieser Vorteil ist aber auch bei anderen IT-Anbietern zu finden und rechtfertigt hier keine Schlussfolgerungen bezüglich der Anbieter oder Unternehmens-bewertung. Zusätzlich sei hier erwähnt, dass zu Beginn der Untersuchung die Grobauswahlkriterien auf eine deutsche oder englische Website gelegt worden sind, auch dies wird im Schaubild des Diagrammes Abbildung 21 sichtbar.

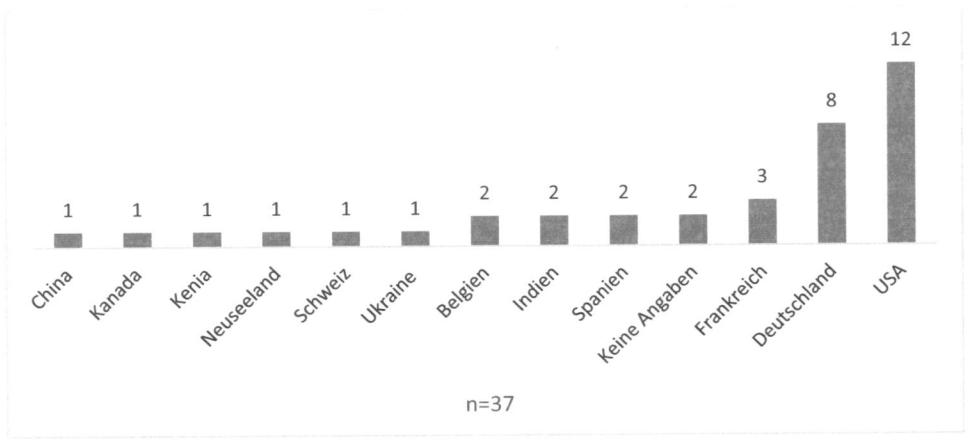

Abbildung 21: Auswertung nach Unternehmensstandort (Eigene Darstellung)

4.6.2 LIZENZEN

Bei den Lizenzen entfallen 15 von den insgesamt 37 untersuchten Anbietern unter die GPLv2. Damit wird diese Lizenz von mehr als ein Drittel (41 %) aller untersuchten OSERP-Systemen verwendet. Weiterhin ist festzustellen, dass die AGPLv3 mit fast 13 % sowie die MPL 2.0 und die GPLv3 mit jeweils 8 % auf den Plätzen zwei und dArei vertreten sind (Vergleich Abbildung 22). Diese Ergebnisse spiegeln sich mit den in Kapitel 3.1.2 untersuchten Lizenzen wieder. Auffällig ist aber, dass bei den untersuchten Anbietern kein System mit einer BSD-Lizenz zu finden ist und nur ein Anbieter eine MIT-Lizenz nutzt. Dies widerspricht einer 2014 stattfindenden Untersuchung von Black Duck Software. In dieser wurden über eine Millionen Open-Source-Projekte vergleichen (Vgl. Kapitel 3.1.2). Dort bildete die MIT-Lizenz immerhin Platz zwei und die BSD-Lizenz Platz fünf der von allen untersuchten Projekten verwendeten Lizenzen. Dieser Widerspruch könnte mit der geringen Akzeptanz von OSERP-Anbietern zusammenhängen. In der Ausgabe der „IT-Administration" vom Juli 2015 war hierzu zu lesen, dass sich im Vergleich zu anderen OS-Projekten weniger häufig Lösungen im Bereich ERP und CRM-Systeme finden lassen. (Chancen und Risiken von Open Source - Geld ist nicht alles, 07/2015) Dies deckt sich mit Gronaus Annahme. Er schreibt hierzu, dass die OSERP-Systeme nur einen relativ geringen Verbreitungsgrad aufweisen und geht davon aus, das die „*Open-Source-Bewegung im allgemeinen für ERP-System auch in Zukunft eine wichtige Rolle spielen…"* wird aber „*…die reine Anwendung quelloffener ERP-Systeme sich weiterhin auf unspezifische Nischenmärkte beschränkt"* (Gronau N, 2010 S. 24-25). In der „SoftTrend Studie 280" heißt es hierzu sogar „*Wurde Open-Source-ERP vor fünf bis zehn Jahren noch als kommender Trend auserkoren, hat sich in der Zwischenzeit Ernüchterung über die Erfolgsaussichten von quelloffener ERP-Software eingestellt."* (SoftSelect, 2015) Diesen Trend begründet die Studie vor allem durch die immer komplexer werdende Software-Programmierung, den erhöhten Anpassungsaufwand sowie das Fehlen von potentiellen Sponsoren begründet. Dies ist womöglich zurückzuführen auf das Fehlen entsprechenden Lizenzen und einer allgemein geringen Anzahl an partizipierenden Entwicklungen.

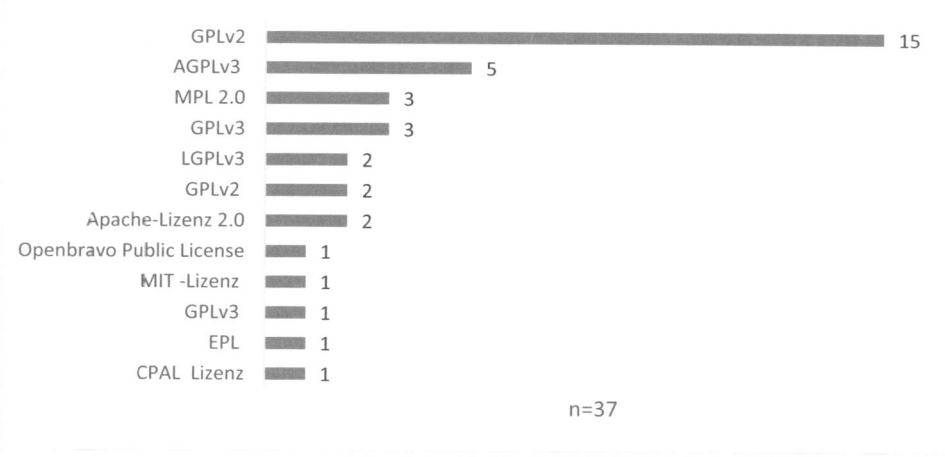

Abbildung 22: Auswertung nach Lizenz (Eigene Darstellung)

4.6.3 PROGRAMMIERSPRACHE UND DATENBANK

Als Programmiersprache wurde zum größten Teil Java verwendet (30%) gefolgt von PHP(24%) und Python (14%). Dies ist in 23 oben links erkennbar. Interessant ist, dass sich wenig bis keine Anbieter mit einer .Net Architektur finden lassen. Diese Architektur ist in klassischen proprietären ERP-Systemen öfter vorzufinden und wird beispielsweise in Microsofts Dynamics NAV und AX eingesetzt. (Microsoft, 2015) Weiterhin kann festgestellt werden, dass mehr als die Hälfte (36%) der Anbieter über einen webbasierten plattformunabhängigen Client verfügen, wie Abbildung 23 oben rechts veranschaulicht. Hiervon unterstützen 10% eine mobile Nutzung und 24% verfügen über eine eigene Mobile Version. Nur ein Bruchteil der Systeme ist in der Anwendung auf bestimmte Plattformen beschränkt. In der „SoftTrend Studie 280" heißt es hierzu *„Der mobile Zugriff auf die ERP-Software wird für viele Unternehmen immer wichtiger."* Sowie *„ERP-Hersteller stecken daher zurzeit einen bedeutenden Teil ihrer Trendforschung und Entwicklungskapazitäten in die Programmierung mobiler Anwendungen".* Diese Aussagen können im Schaubild deutliche bestätigt werden. (SoftSelect, 2015)Bei den Datenbanksystemen kam es vor, dass die OSERP-Systeme zumindest ein oder mehr Datenbanksysteme unterstützten, sodass in dem in Abbildung 23 unten zu sehenden Diagramm 62 Nennungen gezählt wurden. Hierbei war zu beobachten, dass sich im Bereich der Serverinfrastruktur und Datenbanksysteme OS-Produkte bereits zu einem Standard mit breiter Akzeptanz entwickelt haben. (Chancen und Risiken von Open Source - Geld ist nicht alles, 07/2015) Anwendungen wie MariaDB, MongoDB, MySQL und PostgreSQL stellen zusammen einen Großteil der unterstützenden DBM-Systeme dar. An oberster Stelle findet sich daher auch das freie DBM-System PostgreSQL mit 40% gefolgt von dem ebenfalls freiverfügbaren MySql mit 24%. Erst an dritter Stelle findet sich das proprietäre erhältliche Oracle, dass zumindest von einem Achtel der untersuchten Anbieter unterstützt wird.

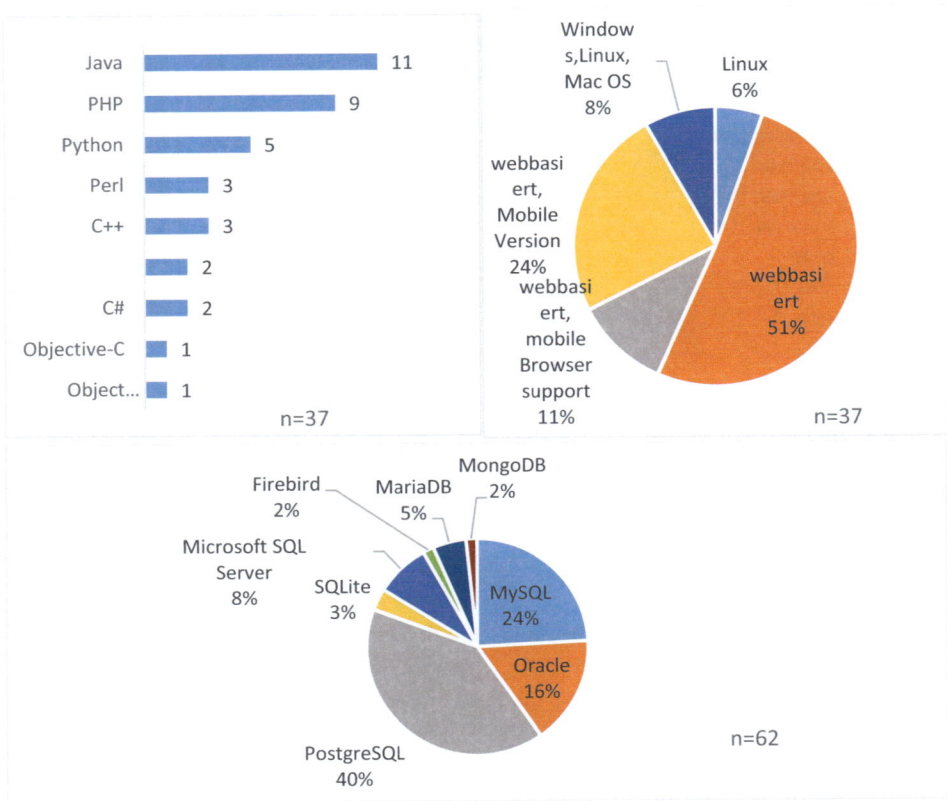

Abbildung 23: Auswertung nach Programmiersprache(links oben) Auswertung nach Plattformunabhängigkeit(rechts oben) Auswertung nach Datenbank(unten) (Eigene Darstellung)

4.6.4 EINSATZ UND GESCHÄFTSMODELL

Einsatz

Aus der Abbildung 24 geht hervor, dass ein Großteil der untersuchten Systeme für den Branchenbereich Einzelhandel eingesetzt werden kann. Von 113 gezählten Branchen der 37 untersuchten Systeme entfallen immerhin 9% auf diesen Sektor. Ebenfalls stark vertreten ist der Bereich Service (7%), Handel & Dienstleistung (7%) sowie Information Technology & IT Dienstleister (8 %). Dieses Ergebnis deckt sich mit der 2012 veröffentlichten Arbeit von Yulia Sidykh. In dieser Arbeit geht es um eine empirische Untersuchung von Open Source ERP-Anbietern im Großraum Berlin-Brandenburg. Sie untersuchte 27 Unternehmen und befragte diese nach ihren eingesetzten ERP-Systemen. Dabei kam sie zu dem Ergebnis, dass die Mehrzahl der von ihr untersuchten Unternehmen in den Branchen Softwareentwicklung, Maschinenbau sowie Einzel und Großhandel aktiv sind. (Yulia S., 2012 S. 17) Ähnliche Ergebnisse sind in der „SoftTrend Studie 280" von 2015 zu entnehmen. In dieser wurden 176 zumeist proprietäre ERP-Lösungen für den deutschsprachigen Raum untersucht. Im Branchenvergleich kommt die Studie zu folgenden Ergebnissen: (SoftSelect, 2015)

- 78% der untersuchten ERP-Systeme decken den Bereich Industrie allgemein ab
- 73% sind Branchenneutral einsetzbar
- 68% Handel allgemein
- 63% Dienstleistung allgemein
- 48% Transport und Logistik

- 42% Handwerk
- 40% Bauwirtschaft
- 31% öffentlicher Dienst
- 22% Landwirtschaft

In einer weiteren Studie mit Namen „Aktueller Marktüberblick zum Funktionsumfang von ERP-Systemen" von 2008 in der 40 ERP Anbieter im deutschsprachigen Raum untersucht wurden findet sich eine Bestätigung für die 2015 erstellte „Softtrend Studie". Dort heißt es *„...neunzig Prozent der in der Marktrecherche berücksichtigten Hersteller von ERP-Systemen bieten vorkonfigurierte Branchenmodelle an. Am häufigsten wird der Maschinen- und Anlagenbau bedient, aber auch Branchen wie Handel, Dienstleistung, Nahrungs- und Genussmittel, Kunststoffverarbeitung sowie die Metallindustrie"*. (Eggert S., 2015 S. 1)

Abbildung 24: Auswertung Brancheneinsatz (Eigene Darstellung)

Geschäftsmodell

Da bei einem reinen Open Source Produkt für die Nutzung keine Lizenzkosten berechnet werden, müssen die Systemanbieter andere Lösungen und Leistungen anbieten um kommerziell erfolgreich zu wirtschaften. Allgemein existieren verschiedene Wege und Formen Open Source-Software gewinnorientiert zu betreiben, wie Abbildung 25 verdeutlicht. So bieten fast 60% der untersuchten Systemanbieter daher eine Mischungen aus Support und Entwicklungsleitungen in Form von Anpassungs- oder Implementierungsarbeiten an. Diese Dienstleistungen können über ein entsprechendes Entgelt bezogen werden. Zusätzlich stehen zumeist verschiedene Versionen der ERP-Systeme zur Verfügung, welche dann in Bezug auf Funktionsumfang, Nutzerzahl oder Support gestaffelt sind. Mehr als die Hälfte (54%) bieten darüber hinaus auch ein SaaS- oder Hosting Modell der Produkte an. Hierbei wird die gesamte Software in einer Cloud-Lösung betrieben. Dieses Modell ist vor allem für kleinere Unternehmen besondere attraktiv, die sich die komplexen Anschaffungs- und Einführungskosten nicht leisten können. (Grohmann W., 2015) 16 % der untersuchten Anbieter bieten zu den genannten Hosting Leistung noch einen eigenen Webstore oder Shop in dem bestimmte Inhalte wie Zusatzmodule oder Dokumentationen erworben werden können. Etwa 24 % der Systeme hingegen verfügen über kein direktes Vertriebsmodell. Serviceleistungen und Hosting sind hier über Partnerunternehmen beziehbar oder müssen durch die Community erledigt werden. Vergleichend mit der Softtrendstudie entfallen von den 171 dort untersuchten Systemen nur 47% auf eine reines SaaS-Modell, während der Großteil der Systeme in einem klassischen Inhouse Betrieb vollzogen wird. (is report, 2015)

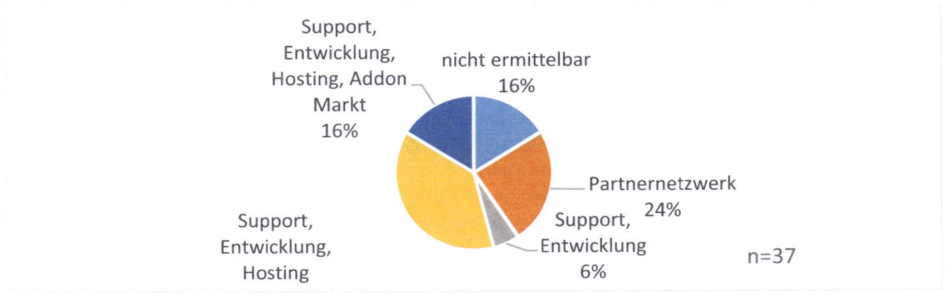

Abbildung 25: Auswertung Geschäftsmodell (Eigene Darstellung)

4.6.5 FUNKTIONEN

In Abbildung 26 sind die Funktionsbereiche aller 37 untersuchten OSERP-Systeme zu erkennen. Die Liste der Funktionsbereiche wurde auf Dubletten bereinigt und bestimmte Teilfunktionen wurden zusammengefasst. Die einzelnen Funktionsbereiche der jeweiligen ERP-Systeme können im Anbieterverzeichnis nachgeschlagen werden. Das abgebildete Diagramm wurde auf Stichprobe von 248 Werte reduziert.

Zu sehen ist, dass alle wesentlichen Teilbereiche der in Abschnitt 3.2.2 beschrieben Funktionen größtenteils von den ERP-Anbietern abgedeckt werden. Dazu zählen Finanzen, Logistik, Produktion sowie Personal. Zusammen umfassen diese Bereiche fast 30 % des gesamt gelisteten Funktions- umfanges. Den größten Wert dabei nimmt die Produktion und Fertigung mit 11% ein, gefolgt von dem Finanz- und Rechnungswesen mit 9%. Diese Ergebnisse decken sich im Allgemeinen ebenfalls mit der Auswertung von Yulia Sidykh. In ihrer Umfrage bilden die Module Einkauf, Materialwirtschaft, Produktion und Finanzbuchhaltung die Top vier Funktionsbereiche. (Yulia S., 2012 S. 35) Wobei darauf hinzuweisen ist, dass sie nur von einer Stichprobe aus insgesamt drei Systemen ausgeht. Auch in der „Softtrend Studie 280" finden sich wieder ähnliche Ergebnisse. Hier an erster Stelle finden sich mit 97% Waren- und Materialwirtschaftsfunktionen, gefolgt von CRM- und DMS-Modulen mit jeweils 93% und 88%. In der Zusammenfassung heißt es dazu, dass neben den allgemeinen abgedeckten Funktionen für komplexere Module *„oft Partnerschaften zwischen Softwarehäusern an der Tagesordnung ..."* vorhanden sind *„so dass oftmals Module von Drittanbietern zum Teil unter* *eigenem Namen vertrieben werden".* (SoftSelect, 2015) Auch Gronau sieht hier eine ähnliche Entwicklung, indem er davon ausgeht das es *„herkömmliche ERP-Systeme [...] nicht mehr geben"* wird und schreibt weiter, dass vor allem die *„Integration von E-Commerce-Funktionen"* und die *„Nutzung elektronischer Marktplätze"* von entscheidender Bedeutung sein werden. (Gronau N., 2015 S. 8)

Abbildung 26: Auswertung Funktionen (Eigene Darstellung)

4.6.6 TREND UND TENDENZEN

Wie schon bei der Auswertung im Bereich der Lizenzen angedeutet ist ein geringer Verbreitungsgrad beziehungsweise Akzeptanz von Open Source Software speziell im Bereich ERP zu verzeichnen. Diese Feststellung deckt sich auch im Hinblick auf die erfolgte Trendanalyse. Hier zeigte sich, dass von 37 untersuchten ERP-Systemen nur etwa 13 % einen positiven Trend vorzuweisen haben. Die restlichen 87% weisen einen negativen, konstanten oder nicht zu ermittelnden Trendverlauf auf. vergleich hierzu Abbildung 27. Kombiniert man diese Analyse mit einer allgemeinen Sicht auf den Open Source ERP Bereich ist hier ebenfalls ein negativer Trend erkennbar. Zu erkennen in Abbildung 28. Aber auch im Open Source Software und im ERP Gebiet im Allgemein ist ein monoton fallender Verlauf erkennbar. Somit könnte der negative Trend einzelner ERP-Anbieter prinzipiell auch mit einem allgemeinen fehlenden Interesse in diesem Bereich zusammenhängen. Setzt man den Bereich Open Source ERP und ERP Software in Zusammenhang so ist ein deutlicher Abstand zwischen beiden Graphen erkennbar. (Google, 2015) In der Softtrend Studie heißt es hierzu, dass das Knowhow und die Komplexität der ERP-Software immer stärker zunimmt und somit das Fehlen kompetenter

Partner einen Malus im Open Source Geschäft bedeutet. Diese Aussage allein kann den Trendverlauf nicht eindeutig erklären. Es bleibt daher abzuwarten wie sich die zukünftige Entwicklung der OS-ERP-Systeme Idee gestaltet. (SoftSelect, 2015)

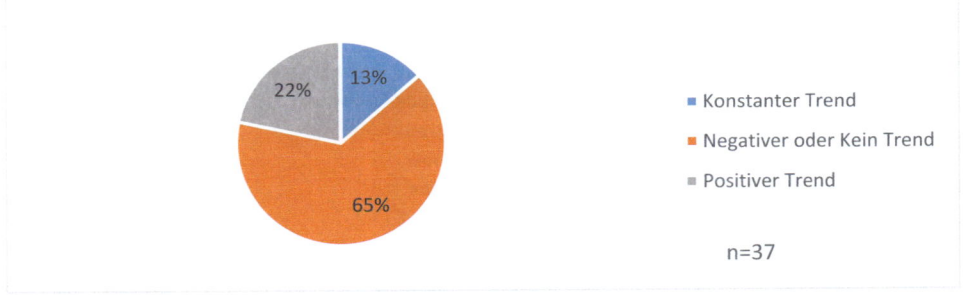

Abbildung 27: Auswertung Trendanalyse (Eigene Darstellung)

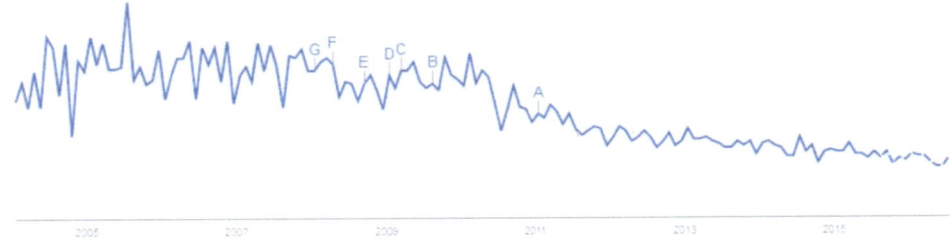

Abbildung 28: Trendverlauf Open-Source-ERP (Trends, 2015)

4.7 Reflexion der Ergebnisse

Die individuelle Auswertung der Systeme zeigte sehr interessante Resultate im Hinblick auf Unternehmensstandort, die Einsatzgebiete und auf die Geschäftsmodell, sowie die Funktion und den Trendverlauf an sich. Daraus ließ sich feststellen, dass sich die Ergebnisse des Evaluationsverfahrens größtenteils mit Untersuchungen aus anderen vergleichenden Studien in Zusammenhang bringen lassen. . Auf diese Weise konnten Gemeinsamkeiten, in Hinblick auf die Funktion und Geschäftsmodelle, mit der Softtrendstudie ermittelt werden, die auch mit den Erkenntnissen der Forschungsarbeit von Yulia Sidykh übereinstimmen.

Als Testsieger gingen aus der Evaluation Odoo, Dolibarr, OpenZ, Openbravo, VIENNA ERP/CRM und Dolibarr hervor, da sie sich, verglichen mit dem Open Source ERP-Markt, durch gute Einzelergebnisse in den Bereichen funktionale und nichtfunktionale Anforderungen absetzen konnten. Im Umkehrschluss kann aber nicht davon ausgegangen werden, dass Anbieter die in dem durchgeführten Evaluations-verfahren eine niedrige Punktzahl erreicht haben schlechte ERP Systeme darstellen. Denn im Zuge wechselnder Tendenzen, Präferenzen und Entwicklungsperioden können sich die Ergebnisse verschieben. Deshalb stellen die Ergebnisse der Evaluation nur eine Momentaufnahme für den untersuchten Zeitraum von Anfang April 2015 bis Ende August 2015 dar. Vergleichend mit anderen Studien können aber bezogen auf die Testergebnisse, ähnliche Resultat vorgewiesen werden.

Beispielsweise hat MacFarlane in seiner 2012 erschienenen Forschungsarbeit, ein ähnliches Verfahren angewendet. Er untersuchte acht Open Source ERP-Systeme hinsichtlich ihrer nichtfunktionalen

Eigenschaften speziell unter dem Aspekt Forum, Sprache und Betriebssystem. Hierbei kam zu folgenden Ergebnissen: An oberster Stelle notierte er das ERP-System OpenERP. In seinem Testverfahren erreichte es 45 von 50 Punkten. OpenERP ist vom belgischen Entwickler Fabian Pinckares entwickelt wurden. Der Name dieses ERP-Systems wurde im Jahr 2014 von OpenERP in Odoo umgewandelt. Somit kann festgestellt werden, dass in dem hier aufgestellten Verfahren und in der Arbeit von MacFarlane jeweils das gleiche System an oberster Stelle zu finden ist. Auf dem zweiten Platz sieht MacFarlane Tryton. Dieses findet sich in dem hier untersuchten Verfahren auf dem zehnten Platz. Weiterhin listet MacFarlane noch Dolibarr, xTubel und CAO-Fraktura unter den TOP fünf Systemen auf. Im Gegensatz dazu findet sich hier schon an zweiter Stelle Dolibarr und erst an elfter Stelle xTubel. Auffallend ist auch, dass CAO-Fraktura aufgrund fehlender Dateien und Files auf den Seiten sourceforge.com beziehungsweise github.com gar nicht erst in den Evaluationsprozess mit aufgenommen wurden. OpenZ findet sich dagegen in MacFarlannes Arbeit überhaupt nicht wieder. (Frederic M., 2012 S. 31)

Auch in den Untersuchungen von Dipl.-Wirtschaft.-Inform. Christian Leyh und Dipl.-Wirtschaft.-Inform Mark Neumann findet sich für den Zeitraum 2010 das System OpenERP an oberster Stelle vor. Ebenfalls dort als TOP-ERP Systeme vertreten sind die Anbieter ADempiere, Openbravo und Postbooks. Insgesamt wurden 32 ERP-System hinsichtlich nichtfunktionaler Eigenschaften und funktionaler Eigenschaften speziell in dem Bereich Controlling untersucht. (Christian Leyh, 2012 S. 50-57)

Beide Arbeiten und die Ergebnisse der hier untersuchten Systeme zeigen somit eine Tendenz spezieller Anbieter auf. Allem voran Odoo vormals OpenERP markiert durchgängig hohe Punktzahlen auf. Aber auch Dolibarr beziehungsweise X-Tuple werden als mögliche Alternativen genannt.

4.8 Zusammenfassung

In Kapitel vier wurden versucht ein objektives Bewertungsmuster nach Görtz und Hessler. aus den Bereichen der Open Source ERP-Systeme anzuwenden. Hierzu wurden 85 Anbieter identifiziert und in mehreren Evaluationsschritten mit jeweils anderen speziellen Anforderungen kritisch beleuchtet. Schlussendlich konnten 38 Anbieter ermittelt werden die allesamt ganz bestimmte Eigenschaften aufweisen und für verschiedenste Einsatzgebiete gedacht sind. So taten sich bestimmte Systeme hervor die für individuelle Szenarien gedacht sind. So beispielsweise Ekylibre im Bereich der Landwirtschafts- und Produktionsplanung. Speziell im Gebiet der Leistungsfähigkeit weisen die Systeme weitere Unterschiede auf. So konnte festgestellt werden, dass nur etwa 21 % der untersuchten Anbieter über 90 Punkte erreicht haben und somit vom Autor als sehr gute ERP Systeme die die geforderten Anforderungen zur Besten Zufriedenheit erfüllten. Hierbei gilt es aber darauf hinzuweisen, dass auch Systeme beleuchtet wurden die sich offenkundig noch in einem sehr frühen Entwicklungsstadium befinden. Es bleibt daher sehr spannend und interessant zu beobachten, wie sich diese Systeme in der weiteren Entwicklung präsentieren werden. Hierbei sind vor allem die Systeme InoERP, Epesi und MixERP zu nennen.

Für Kapitel vier zusammengefasst, ist so zu konstatieren, dass von den eingangs untersuchten Systemen sich tatsächlich Anbieter herauskristallisieren konnten, die sich anschließend auf ein bestimmtes Praxisbeispiel anwenden ließen, so dass durchaus ein potentieller Nutzen in Open Source ERP Anwendungen steckt.

5. SYSTEMAUSWAHL AM BEISPIEL DER FIRMA KAKTEEN HAAGE

Um die in Kapitel vier ermittelten Ergebnisse hinsichtlich praktischen Nutzen bewerten zu können wurden diese auf einen realen Anwendungsfall projiziert. Nach der Empfehlung von Staud folgend wurden hierzu die fünf besten Systeme ausgewählt und auf ein konkretes Beispiel angewendet. Hierzu erklärte sich die Firma Kakteen Haage aus Erfurt bereit, die Untersuchung auf Basis speziell erstellter Anforderungen durchzuführen. Als Ergebnis dieser Untersuchung soll so eine Empfehlung für einen Systemanbieter für das Unternehmen erfolgen.

5.1 Kurzprofil

Die Firma Kakteen-Haage ist eines der ältesten Unternehmen in der Kakteenzucht der Welt und zugleich eine der ältesten Gärtnerei in Deutschland. 1685 machte sich Johann Haage in Erfurt als Gärtner selbständig. Seit 1822 werden dort in Erfurt Kakteen verkauft. Heutzutage werden aus der Gärtnerei unzählige Kakteen und andere sukkulente Pflanzen in die ganze Welt verschickt und exportiert. Weitere Informationen sind unter http://www.kakteen-haage.de/ abrufbar.

5.1.1 IST –STAND

Für die Ermittlung des IST-Standes ist ein Informationsaustausch in Form eines Kundengespräches bei der hier zugrundeliegenden Aufgabe unabdingbar. Dieses wurde am 17.08.2015 vollzogen. Fragen an das Unternehmen bestanden im Wesentlichen in der Ermittlung der Zielsetzung, Skalierung, Brancheneinteilung sowie in der Ermittlung entscheidender Gewichtungsfaktoren.
Es wurden wesentliche Anforderungen aufgenommen und grundlegende Informationen zum IST-Stand ausgetauscht. So konnte ermittelt werden, dass das bestehende Warenwirtschaftssystem abgelöst und durch eine neueres zeitgemäßeres ersetzt werden soll. Allgemeinhin kann eine Einordnung der Firma Kakteen Haage in die Branchen Gärtnerei und Pflanzenproduktion vollzogen werden. Weiterhin handelt es sich bei dem seit 1685 bestehenden Betrieb um ein kleines und mittelständisches Unternehmen gemäß den Eigenschaften aus Kapitel 3.3 In Tabelle 17 wurden die wesentlichen Anforderungen des IST-Standes zusammengefasst.

Tabelle 17: Wesentliche Anforderungen und Ausprägungen der Firma Kakteen Haage (Eigene Darstellung)

Wesentliche Anforderungen des IST-Standes	Ausprägung
Ziel	bestehende Warenwirtschaftssystem abgelöst und durch eine neueres zeitgemäßer ersetzt
Skalierung	KMU
Brancheneinteilung	Gärtnerei
	Pflanzenproduktion

5.1.2 HERAUSFORDERUNG UND ZIEL

Ausgehend vom derzeitigen Stand soll auf Basis des erstellten Anbieterverzeichnisses und der darauf aufbauenden Evaluation aus Kapitel 4 eine möglichst genaue Empfehlung für ein oder mehrere Warenwirtschaftssysteme für die Firma Kakteer Haage getroffen werden. Hierzu müssen subjektive Präferenzen in den Auswahlprozess mitaufgenommen werden vor allem individuelle Anforderungen im Bereich Supportdienstleistungen, Migrationsangebote sowie Schulungs- und Einarbeitungs-möglichkeiten spielen hierbei eine zentrale Rolle.

5.1.3 VORGEHENSWEISE

Allgemein ist der Prozess zur Auswahl beziehungsweise zu Erstellung einer Empfehlung eingebettet in ein Phasenmodell. Dieses Modell beschreibt bedeutsame Vorgehensschritte. Nach Gronau können sich die Abläufe wie in Abbildung 29 zusammensetzen. Wesentliche Phasen aus diesem Modell wurden in vorangegangenen Kapiteln bereits durchlaufen. So beispielsweise die Zielvereinbarung, die Anforderungsermittlung, die Marktübersicht und das Screening. Somit beschreiben die nach-folgenden Kapitel die Vorgehensweise der Endauswahl und der Entscheidungsfindung. Der gesamte Prozess zur Erstellung einer Empfehlung ist somit eingebettet in einer komplexen Struktur. Vergleich hierzu auch Kapitel 4.1.1 (Gronau N, 2010 S. 315-317)

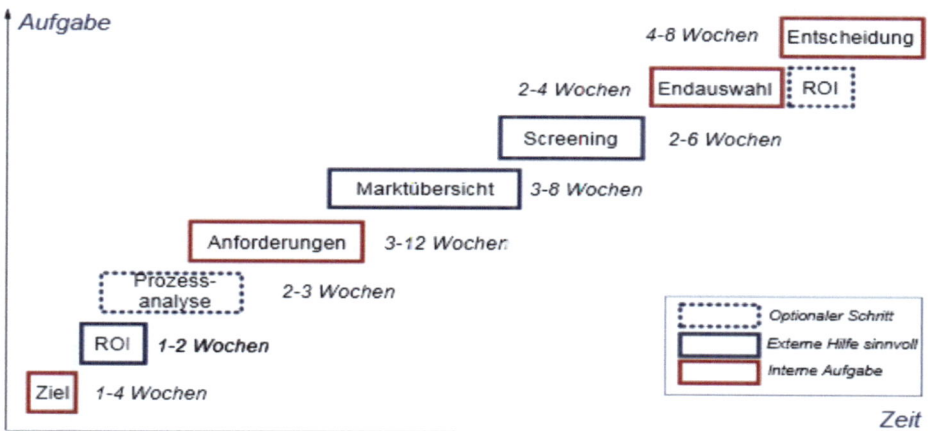

Abbildung 29:Phasenmodell bei der Auswahl von ERP Systemen (Gronau N, 2010 S. 316)

5.2 Endauswahl

Das in Kapitel vier durchgeführte Evaluationsverfahren brachte eine Reduzierung der 85 Anbieter auf 38 potentielle Anbieter. Diese wurden in Form einer Grobauswahl in drei Klassen eingeteilt. Nach der Empfehlung von Staud folgenden, in der drei bis maximal fünf Lösungsalternativen für einen Feinauswahlprozess betrachtet werden sollten, wurden die fünf besten Systeme aus Klasse A ausgewählt. (Staud J., 2001 S. 49)Odoo, Dolibarr, Openbravo, OpenZ sowie Vienna ERP/CRM dienen somit als Basis für die nachfolgenden Untersuchungen. Trotz dieser Reduzierung ist eine adhoc

Urteilsfindung nicht möglich. Unter Berücksichtigung relevanter Auswahlkriterien ist eine Entscheidungsfindung auch mit dieser vergleichsweise geringen Anbieterzahl sehr komplex. Deshalb empfiehlt Schwarze im weiteren Schritt die Durchführung einer Nutzerwertanalyse oder die Bewertung in Form eines Scoring-Modells. Diese Methoden sollen die Entscheidungsfindung bei komplexen Problemen rational unterstützen. Kennzeichnend hierfür sind multiattributive Nutzer-betrachtungen. Die Nutzerbetrachtungen stellen dabei eine *„Analyse einer Menge komplexer Handlungsalternativen mit dem Zweck, die Elemente dieser Menge entsprechend den Präferenzen des Entscheidungsträgers bezüglich eines multidimensionalen Zielsystems zu ordnen. Die Abbildung der Ordnung erfolgt durch die Angabe der Nutzwerte (Gesamtwerte) der Alternativen."* (Zangemeister, 1970 S. 376)

Nach Schwarze kann ein Vorgehen wie in Abbildung 30 links zu sehen für diese Einordnung verwendet werden. (Schwarze J., 1997 S. 239 ff.)

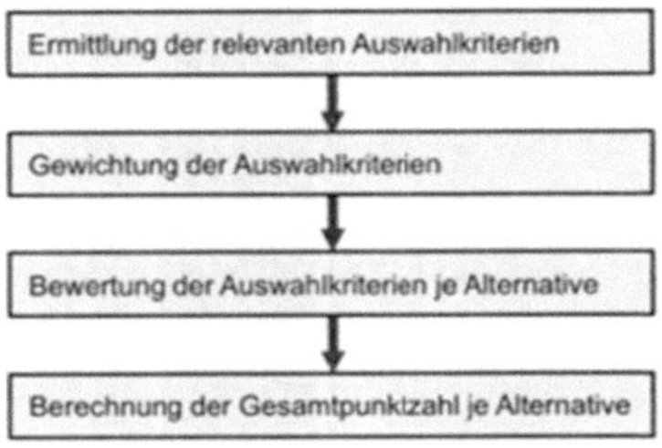

Schritte einer Nutzerwertanalyse (links):

- Ermittlung der relevanten Auswahlkriterien
- Gewichtung der Auswahlkriterien
- Bewertung der Auswahlkriterien je Alternative
- Berechnung der Gesamtpunktzahl je Alternative

Aufbau der Evaluationsmatrix (rechts):

	Gewichtung	ERP-System 1		ERP-System 2		...	ERP-System n	
		Bewertung	Punktwert	Bewertung	Punktwert		Bewertung	Punktwert
Auswahlkriterium 1	G_1	$W_{1,1}$	$G_1 \times W_{1,1}$	$W_{2,1}$	$G_1 \times W_{2,1}$	...	$W_{n,1}$	$G_1 \times W_{n,1}$
Auswahlkriterium 2	G_2	$W_{1,2}$	$G_2 \times W_{1,2}$	$W_{2,2}$	$G_2 \times W_{2,2}$	...	$W_{n,2}$	$G_2 \times W_{n,2}$
...	...	...	...	...	...	...	...	...
Auswahlkriterium i	G_i	$W_{1,i}$	$G_i \times W_{1,i}$	$W_{2,i}$	$G_i \times W_{2,i}$	...	$W_{n,i}$	$G_i \times W_{n,i}$
...	...	...	...	...	...	...	...	...
Auswahlkriterium m	G_m	$W_{1,m}$	$G_m \times W_{1,m}$	$W_{2,m}$	$G_m \times W_{2,m}$	...	$W_{n,m}$	$G_m \times W_{n,m}$
Gesamtpunktwert		Summe	Σ	Summe	Σ	...	Summe	Σ

Abbildung 30:Links Schritte einer Nutzerwertanalyse (Hessler M., 2008 S. 83)

Abbildung 31:Rechts Aufbau der Evaluationsmatrix zur Nutzerwertanalyse (Hessler M., 2008 S. 86)

Im ersten Schritt dieser Feinauswahl nach Schwarze wird eine Auflistung relevanter Auswahlkriterien getroffen. Nachfolgend wird eine Gewichtung der Auswahlkriterien vorgenommen. Diese werden anschließend bewertet. Abschließend wird aus Gewichtung und Wertung eine Punktezahl ermittelt. Für dieses Vorhaben ist es daher notwendig gemeinsam mit dem Unternehmen relevante Kriterien zu erstellen und einzelne Gewichtungsfaktoren festzulegend. Diese Faktoren geben den individuellen Erfüllungsgrad einer Möglichkeit in Abhängigkeit der Gesamtpriorität an. Der Gewichtungsfaktor kann jeweils als ganzzahlige Skala vergeben oder als prozentuale Gewichtung vorgenommen werden. Aus Bewertung und Gewichtungsfaktor des jeweiligen Auswahlkriteriums kann anschließend die entsprechende Gesamtpunktzahl des Kriteriums ermittelt werden. Diese wird als eigentlicher Nutzwert bezeichnet. Die jeweiligen Nutzwerte können dann in Form einer Vergleichsübersicht wie in Abbildung 31 rechts, angeordnet werden. Der jeweilige Punktwert ergibt sich in Abbildung 31 aus Gewichtungsfaktor Gi multipliziert mit der Wertung W j,i. Der Gesamtpunktewert wird anschließend als Summe der Teilergebnisse unten angefügt. Nach diesem erfolgt dann die entsprechende Einteilung der Platzierungen. Dieser Zusammenhang ist in der Formel unten abgebildet.

Formel 1: Berechnung Punktwerte

$$\text{Punktwert}_{j,i} = G_i \times W_{j,i}$$

Entscheidend zu erwähnen ist hierbei, dass es sich bei der Nutzwertanalyse um ein subjektives Bewertungsvorgehen handelt. So muss für jedes Unternehmen eine eigene individuelle Gewichtung angefertigt und angewendet werden. In Zusammenarbeit mit der Firma Kakteen Haage konnten folgende Auswahlkriterien und dazugehörige Gewichtungsfaktoren ermittelt werden. Diese sind in Tabelle 18 abgebildet. (Hessler M., 2008 S. 83-88)

Tabelle 18: Evaluationsmatrix am Beispiel Kakteen Haage (Eigen Darstellung nach (Hessler M., 2008 S. 86))

Anforderung	Gewichtung	Ausprägung				
Nichtfunktionale Anforderungen						
Forum und Forumsqualität	2	sehr hoch	hoch	durchschnittlich	gering	sehr gering
Support & Service	3	sehr gut	gut	durchschnittlich	ausreichend	nicht ausreichend
Professioneller Support	9	sehr viel	viel	durchschnittlich	wenig	sehr wenig
Dokumentation	6	sehr gut	gut	durchschnittlich	ausreichend	nicht ausreichend
Testbetrieb	5	sehr gut	gut	durchschnittlich	ausreichend	nicht ausreichend
Informationsgehalt	3	sehr hoch	hoch	durchschnittlich	gering	sehr gering
Plattformunabhängigkeit	5	sehr viel	viel	durchschnittlich	wenig	sehr wenig
letztes Release der Software	4	sehr aktuell	aktuell	durchschnittlich	inaktuell	sehr inaktuell
Trendverlauf	4	sehr gut	gut	durchschnittlich	ausreichend	nicht ausreichend
Einarbeitungszeit	4	sehr leicht	leicht	durchschnittlich	kompliziert	sehr kompliziert
Funktionale Anforderungen						
CRM	6	sehr ausgeprägt	ausgeprägt	durchschnittlich	einfach	sehr einfach
DMS	6	sehr ausgeprägt	ausgeprägt	durchschnittlich	einfach	sehr einfach
PMS	5	sehr ausgeprägt	ausgeprägt	durchschnittlich	einfach	sehr einfach
BI	3	sehr ausgeprägt	ausgeprägt	durchschnittlich	einfach	sehr einfach
HRM	4	sehr ausgeprägt	ausgeprägt	durchschnittlich	einfach	sehr einfach
WflM	6	sehr ausgeprägt	ausgeprägt	durchschnittlich	einfach	sehr einfach
Reporting	5	sehr ausgeprägt	ausgeprägt	durchschnittlich	einfach	sehr einfach
Auftragsbearbeitung	10	sehr ausgeprägt	ausgeprägt	durchschnittlich	einfach	sehr einfach
Bestandsführung	9	sehr ausgeprägt	ausgeprägt	durchschnittlich	einfach	sehr einfach
Einkauf & Vertrieb	8	sehr ausgeprägt	ausgeprägt	durchschnittlich	einfach	sehr einfach
Finanzwesen	8	sehr ausgeprägt	ausgeprägt	durchschnittlich	einfach	sehr einfach
Fertigungssteuerung & Produktion	9	sehr ausgeprägt	ausgeprägt	durchschnittlich	einfach	sehr einfach
Disposition & Logistik	9	sehr ausgeprägt	ausgeprägt	durchschnittlich	einfach	sehr einfach
Bewertungsskala		5	4	3	2	1

Zusätzlich sind in Tabelle 18 die jeweiligen Merkmalsausprägungen zu sehen, nach denen sich der Bewertungsmaßstab zusammensetzt. Die Wertung bemisst sich somit nach Ausprägung der jeweiligen Anforderungen. Die Bewertungsskala reicht dabei von eins bis fünf. Zusätzlich kann bei den funktionalen Anforderungen für eine fehlende Merkmalsausprägung der Wert null vergeben werden. Insgesamt konnten so in dem Verfahren 665 mögliche Punkte erreicht werden. Die jeweiligen Anforderungen wurden dem Anbieterverzeichnis entnommen. Die Ermittlung der entsprechenden Wertungen erfolgte über einen Zeitraum von einer Woche.

Ergebnisse Endauswahl

Das Ergebnis der Nutzerwertanalyse gestaltet sich wie folgt. Auf Platz eins ist Odoo mit insgesamt 533 Punkten zu finden gefolgt von OpenZ mit 500 und Vienna ERP mit jeweils 489 Punkten. Doilbarr mit 483 und Openbravo mit 474 Punkten bilden den Schluss der untersuchten Kandidaten. Das Ergebnis ist in Abbildung 32 abgebildet und die genaue Auflistung der einzelnen Systeme ist im Anhang unter V zu finden. Orange gekennzeichnet sind die Punktwerte aus den funktionalen Anforderungen, Blau die der Nichtfunktionalen. Dadurch ist deutlich zu erkennen, dass die Ergebnisse der Auswertung alle relativ dicht beieinander liegen.

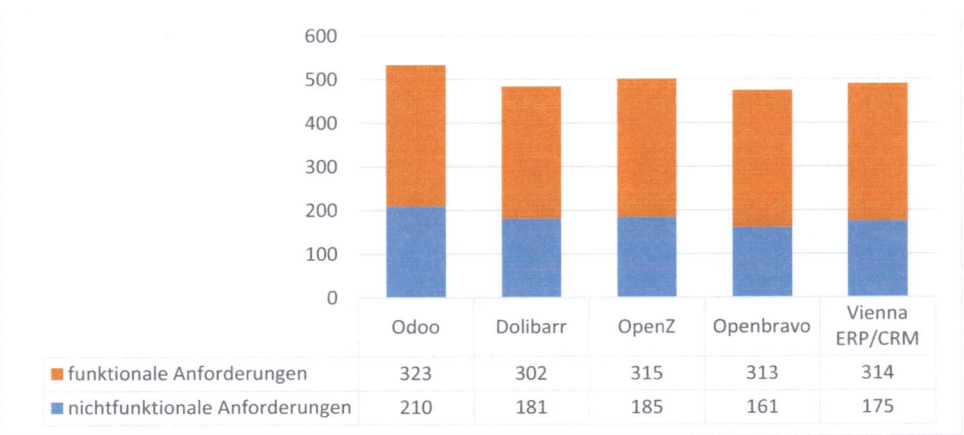

	Odoo	Dolibarr	OpenZ	Openbravo	Vienna ERP/CRM
■ funktionale Anforderungen	323	302	315	313	314
■ nichtfunktionale Anforderungen	210	181	185	161	175

Abbildung 32: Ergebnis der Nutzerwertanalyse (Eigene Darstellung)

Allein auf Basis dieser Untersuchung ist es daher schwierig von einem eindeutigen Testsieger zu sprechen. Der Abstand zwischen dem Erstplatzierten Odoo und dem zweitplatzierten OpenZ beträgt nur 33 Punkte. Auch die Standardabweichung erreicht nur knapp einen Wert von 21 Punkten. Im Vergleich zur Varianz von 430,8 Punkten sind die Schwankungen der Standardabweichung somit als sehr gering zu bewerten. Vergleich Tabelle 19.

Tabelle 19: Varianz & Standardabweichung (Eigene Berechnung)

Varianz & Standardabweichung		
Varianz	σ^2	430,8
Standardabweichung	σ	20,76

Es ist daher sinnvoll sich die Ergebnisse nochmals ausführlicher in einer etwas genaueren Betrachtung anzuschauen. Hierzu eignet sich die Sensitivitätsanalyse. Sie stellt eine Möglichkeit dar, die Bewertungsreihenfolge unter anderen Gesichtspunkten zu betrachten. Weiterhin soll anschließend eine Gegenüberstellung mittels Googles Trendanalyse erfolgen, die die Ergebnisse hinsichtlich ihrer Zukunftsfähigkeit bewertet kann und somit als Bestätigung der Reihenfolge dient. Insgesamt sollte mit Hilfe dieser Tools eine genauere Abgrenzung und Deutung der Ergebnisse mögliche gemacht werden. Ziel ist es hierdurch eine Überprüfung der Ergebnisse der Nutzwertanalyse durchzuführen, umso eine mögliche Fehlinterpretation entgegenzuwirken und weiterhin die Sicherstellung einer genauen Empfehlung zu gewährleisten.

5.3. Betrachtung im Detail

5.3.1 SENSITIVITÄTSANALYSE

Sollten die Ergebnisse der Nutzerwertanalyse kein eindeutiges Bild ermitteln empfiehlt Stahlknecht die Durchführung einer Sensitivitätsanalyse. (Stahlknecht, et al., 2005 S. 304) Hierbei werden die ermittelten Ergebnisse hinsichtlich der Stabilität und Eindeutigkeit untersucht. Dem Begriff der Sensitivitätsanalyse liegt dabei eine Methodik zugrunde die die Empfindlichkeit der Kennzahlen gegenüber kleineren Änderungen von Eingangsparametern misst. Durch kleine Veränderungen bei den Gewichtungsfaktoren soll ermittelt werden inwieweit die Rangfolge stabil bleibt. Gemäß Albers und Rüschenbaum heißt es hierzu ändert sich die ermittelte Rangfolge der Alternativen bereits bei marginalen Änderungen, so sollte das Ergebnis kritisch hinterfragt werden. (Albers, et al., 2002 S. 162)

Um die Ergebnisse hinsichtlich einer Sensitivitätsanalyse zu untersuchen wurden drei Testdurchläufe mit dem bestehenden Datenbestand durchgeführt.

Sensitivitätsanalyse Test A

Im ersten Durchlauf wurde die Gewichtung von allen Anforderungen auf einen gemeinsamen Wert festgesetzt. Hierbei spielt es keine Rolle welcher Wert der Gewichtungsfaktor annimmt. Entscheiden ist in diesem ersten Testdurchlauf nur, dass er überall gleich ist. Mit diesem Test soll so die Abhängigkeit des Gewichtungsfaktors auf die Gesamtpunktezahl untersucht werden. In Abbildung 33 wurde der Gewichtungsfaktor überall auf 1 gesetzt. Es ergab sich eine Änderung in der Reihenfolge, vergleiche hierzu Abbildung 33 grüne Markierungen. Dolibarr verbesserte sich in diesem Testdurchlauf um eine Platzierung und steht nun zusammen mit Vienna ERP/CRM gemeinsam auf Position drei.

Gewichtung 1	Odoo		Dolibarr		OpenZ		Openbravo		Vienna ERP/CRM
Summe nichtfunktionale Anforderungen		47		42		41		38	37
Summe funktionale Anforderungen		47		42		46		44	47
Neuer Gesamtpunktewert	Summe	94	Summe	84	Summe	87	Summe	82	Summe 84
Alter Gesamtpunktewert	Summe	533	Summe	483	Summe	500	Summe	474	Summe 489
Neue Platzierung		1		3		2		5	3
Alte Platzierung		1		4		2		5	3

Abbildung 33: Ergebnis der Sensitivitätsanalyse Teil A (Eigene Darstellung)

Für eine weitreichendere Bewertung dieses Ergebnisses lohnt sich ein Blick auf die Merkmalsausprägungen. Wird allerdings der Gewichtungsfaktor vernachlässigt, so erhält man ein Schaubild wie in Abbildung 34. Grün markiert sind die Stellen an denen der jeweilige Anbieter eine sehr hohe Ausprägung erzielt hat. Rot hingegen zeigt eine geringere Merkmalsausprägung. Deutlich zu erkennen ist, dass Odoo jeweils in den nichtfunktionalen sowie in den funktionalen Ausprägungen am häufigsten die beste Bewertung erhalten hat. In den nichtfunktionalen Merkmalsausprägungen folgen Dolibarr und Openbravo mit jeweils vier erteilten Topwertungen. Auf Platz vier folgen in OpenZ mit drei Auszeichnung und auf Position fünf Vienna ERP/CRM mit zwei sehr guten Auszeichnungen. Im Bereich der funktionalen Anforderungen teilen sich bis auf Odoo alle anderen Anbieter die Silbermedaillen.

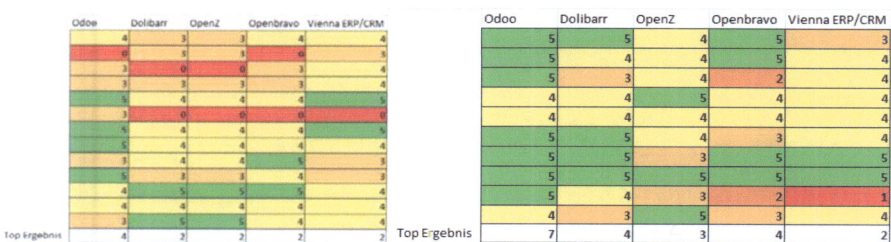

Abbildung 34: Ausschlag der Ausprägungen rechts nichtfunktionale links funktionale Anforderungen (Eigene Darstellung)

Somit wird im Test A der Sensitivitätsanalyse ersichtlich, dass Odoo eine geringere Abhängigkeit des Gewichtungsfaktors auf die Gesamtpunktezahl aufweist und so auch bei Verringerung der Gewichtungsfaktoren als Zwischensieger bestehen bleibt.

Sensitivitätsanalyse Test B

Im zweiten Testdurchlauf der Sensitivitätsanalyse wurden speziell die Bereiche der funktionalen und nichtfunktionalen Anforderungen untersucht. Ziel dieser Untersuchung war es die Änderungen der jeweiligen Anforderungsbereiche stärker zu betonten und anschließend zu bewerten. Hierzu wurde der Durchlauf nochmals geteilt. Im ersten Teil wurden die Gewichtungsfaktoren der nicht-funktionalen Anforderungen auf den höchstmöglichen Wert in dieser Klasse festgesetzt. Den höchstmöglichen Wert stellte der Faktor neun dar. Die Werte für die Gewichtungen der funktionalen Anforderungen wurden nicht verändert. Das Ergebnis dieses Testes ist in Abbildung 35 oben erkennbar. Dieses Verfahren wurde für den zweiten Teil der Analyse getauscht sodass die Gewichtungsfaktoren der nichtfunktionalen Anforderungen unverändert blieben aber die der funktionalen auf den höchstmöglichen Wert gesetzt wurden. In diesem Fall war dies der Wert zehn. Die Auswertung dieses Testes ist in Abbildung 36 unten abgebildet. In beiden Tests vollzog sich eine Änderung der Reihenfolge erkennbarer in beiden Abbildungen 35 und 36. Die Änderungen der Reihenfolge in den zwei hierfür durchgeführten Testdurchläufen wiesen jeweils unterschiedliche Ausprägung auf. Es kann festgestellt werden das im Bereich der nichtfunktionalen Anforderungen die Reihenfolge der Platzierungen einer stärkeren Änderung unterlagen. Dies legt den Schluss nahe das im Bereich der nichtfunktionalen Anforderungen eine stärkere Abhängigkeit vorliegt, als bei den funktionalen Kriterien. Dies wird dadurch begünstigt, dass im Bereich der funktionalen Anforderungen die Summe der Gewichtungsfaktoren einen höheren Wert annimmt, als im Bereich der nichtfunktionalen Anforderungen, wie Tabelle 20 verdeutlicht.

Tabelle 20: Summe der Gewichtungsfaktoren (Eigene Darstellung)

Summe der Gewichtungsfaktoren für die nichtfunktionale Anforderungen	45
Summe der Gewichtungsfaktoren für die funktionale Anforderungen	88

Somit kann in der Summe eine höhere Gesamtpunktzahl der funktionalen Anforderungen erzielt werden welches den Spielraum für Änderungen an der Reihenfolge deutlich erhöht. Interessanterweise sind trotz dieser Feststellung keine Abweichungen auf den oberen Plätzen eins und zwei erkennbar.

Gewichtung nichtfunktionaler Anforderungen	Odoo		Dolibarr		OpenZ		Openbravo		Vienna ERP/CRM	
Summe nichtfunktionale Anforderungen		423		378		369		342		333
Summe funktionale Anforderungen		323		302		315		313		314
Neuer Gesamtpunktewert	Summe	746	Summe	680	Summe	684	Summe	655	Summe	647
Gesamtpunktewert	Summe	533	Summe	483	Summe	500	Summe	474	Summe	489
Neu Platzierung		1		3		2		4		5
Platzierung		1		4		2		5		3

Abbildung 35: Ergebnis der Sensitivitätsanalyse Teil B für die nichtfunktionalen Anforderungen (Eigene Darstellung)

Gewichtung funktionaler Anforderungen	Odoo		Dolibarr		OpenZ		Openbravo		Vienna ERP/CRM
Summe nichtfunktionale Anforderungen		210		181		185		161	171
Summe funktionale Anforderungen		470		420		460		440	470
Neuer Gesamtpunktewert	Summe	680	Summe 601	Summe	645	Summe	601	Summe	641
Gesamtpunktewert	Summe	533	Summe 483	Summe	500	Summe	474	Summe	489
Neu Platzierung		1		4		2		4	3
Platzierung		1		4		2		5	3

Abbildung 36: Ergebnis der Sensitivitätsanalyse Teil B für die funktionalen Anforderungen (Eigene Darstellung)

Betrachtet man die einzelnen Anforderungen im Detail so kann hier kein eindeutiges Bild ermittelt werden. In Abbildung 37 wurden die Ergebnisse der nichtfunktionalen Anforderung in Relation gesetzt und in Form eines Netzdiagramms gegenübergestellt. Es wird erkennbar, dass vor allem im Trendverlauf sowie beim professionellen Support im Sinne von deutschsprachigen Systemprovidern beziehungsweise Ansprechpartnern die größten Differenzen der einzelnen Anbieter festzustellen sind. Die übrigen Ausprägungen sind anderes als bei den funktionalen Anforderungen sonst zumeist dicht beieinander.

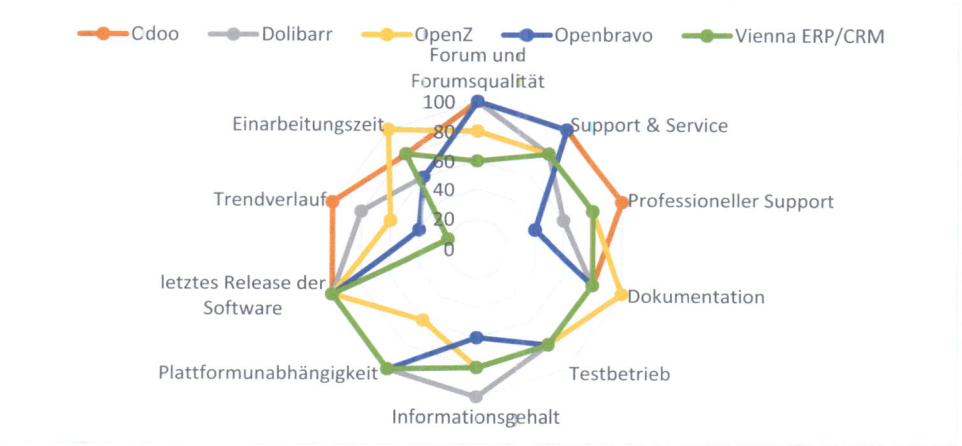

Abbildung 37: Netzdiagramm der nichtfunktionalen Anforderungen im Vergleich(Eigene Darstellung)

Sensitivitätsanalyse Test C

Für den letzten Testdurchlauf der Sensitivitätsanalyse wurden die zwei höchsten Gewichtungs-faktoren um jeweils eine Stelle reduziert. Die zwei niedrigsten Faktoren dagegen um eine Stelle erhöht. Dieser Test soll zeigen inwieweit kleinere Änderungen die Stabilität und Eindeutigkeit der Nutzwertanalyse beeinflussen. Im Testverlauf konnten keine Veränderungen in der Platzierung sichtbar gemacht werden. Vergleich hierzu Abbildung 38. Selbst eine Verringerung der Gewichtungs-faktoren um 50%, sowie die Veränderung einzelner Werte brachten keine klar erkennbaren Neupositionierungen einzelner Anbieter.

Gewichtung	Odoo		Dolibarr		OpenZ		Openbravo		Vienna ERP/CRM
Summe nichtfunktionale Anforderungen		260		232		228		212	216
Summe funktionale Anforderungen		330		302		322		316	326
Neuer Gesamtpunktewert	Summe	590	Summe 534	Summe	550	Summe	528	Summe	542
Gesamtpunktewert	Summe	533	Summe 483	Summe	500	Summe	474	Summe	489
Neu Platzierung		1		4		2		5	3
Platzierung		1		4		2		5	3

Abbildung 38: Ergebnis der Sensitivitätsanalyse Teil C (Eigene Darstellung)

5.3.2 ERGEBNIS SENSITIVITÄTSANALYSE

Zusammenfassend kann somit festgehalten werden, dass sich in den Testdurchläufen A und B Änderungen in der Platzierung ergaben. Im letzten Durchlauf gab es hingegen keine Veränderung. Die Abweichungen der Gewichtsfaktor in den ersten beiden Testfällen wurde dabei relativ weit gefasst. In Testverlauf C hingegen wurden nur marginale Änderungen vorgenommen. Insgesamt konnte durch die Sensitivitätsanalyse somit festgestellt werden, dass trotz geringer Standardabweichung im Ergebnis der Nutzwertanalyse einzelne Gewichtungsfaktoren nicht das Potential besitzen die Reihenfolge im oberen Bereich entscheiden zu verändern. Dies wird insofern dadurch deutlich, dass trotz Änderung in den ersten beiden Testdurchläufen sowie in Testdurchlauf C die Platzierung von Odoo und OpenZ sich nicht verändert. Beide markierten konstant auf den Platz eins beziehungsweise zwei. Allgemeinhin kann somit hiermit das Ergebnis der Nutzwertanalyse bestätigt werden.

5.3.3 GOOGLE TRENDANALYSE

Für eine abschließende Klärung und Sicherstellung der Ergebnisse aus der Nutzwertanalyse auch im Hinblick auf zukünftige Entwicklungen und Wirtschaftlichkeit kann gegebenenfalls ein Blick auf eine vergleichende Trendanalyse ratsam sein. Zwar wurde die Gewichtung des Trendverlaufs von der Firma Kakteen Haage nur mit vier Punkten bewertet trotz dessen lassen sich aber in einer gemeinsamen Gegenüberstellung Tendenzen erkennen die bei einer abschließenden Urteilsfindung hilfreich sein können. So ist es möglich auf der Seite „https://www.google.de/trends/?hl=de" mehrere Suchbegriffe beziehungsweise Anbieter einzugeben und bewerten zu lassen. Die Auflistung der einzelnen Regressionsgraden ist im Anbieterverzeichnis zu finden. Ein Vergleich aller fünf Anbieter brachte folgendes Ergebnis (Vgl. Abbildung 39):

- Odoo kann mit Abstand die meisten Suchanfragen und das größte Interesse im zeitlichen Verlauf vorweisen. Der Verlauf von Odoo in Abbildung 39 umfasst auch die zeitleichen Bereiche in denen das ERP-System noch den Namen OpenERP beziehungsweise TinyERP innehatte.(Vergleich Anhang Anbieterverzeichnis)
- Der Trendverlauf von Doilbarr kann ebenfalls als positiv bewerten werden. Im Vergleich zu Odoo ist dieser aber verschwindend gering.
- Openbravo konnte in der Zeit zwischen 2007 bis 2010 ein höheres Interesse vorzeigen. Im August 2015 aber liegt der Trendverlauf auf gleicher Stufe mit Doilbarr und damit deutlich unter dem von Odoo.
- Insgesamt kommen im August 2015 Openbravo und Dolibarr auf jeweils 8% der angefragten Suchergebnisse die restlichen 84% entfallen auf Odoo.
- Die beiden Systeme OpenZ und Vienna ERP/CRM tauchen im Trendverlauf fasst gar nicht auf und spielen vergleichend mit dem Trendverlauf von Odoo nur eine untergeordnete Rolle.

Abbildung 39: Google Trend Analyse der TOP fünf Anbieter im Vergleich (Google, 2015)

Resümierend kann somit festgehalten werden, dass Odoo in der Trendanalyse als Zwischensieger hervorgeht. Allgemein darf das Ergebnis dieser Untersuchung nicht überbewertet werden, da es nur eine Momentaufnahme der aktuellen Sucherergebnisse darstellt. Sollten sich hier aber Widersprüche im Vergleich zur Nutzwertanalyse aufzeigen lassen, muss das Ergebnis allgemein kritisch hinterfragt werden. Dies war aber nicht der Fall.

5.4 Entscheidung

Als abschließende Empfehlung kann somit Odoo genannt werden. Dieses Open Soruce ERP-System erreichte in der objektiven Untersuchung von Kapitel vier die höchste Punktzahl, sowohl im funktionalen, als auch im Bereich der nichtfunktionalen Anforderungen. Weiterhin konnte auch unter Berücksichtigung der Ergebnisse aus der Sensitivitätsanalyse in der Nutzwertbetrachtung eine positive Tendenz zu diesem ERP-System festgestellt werden. Diese Ergebnisse wurden zusätzlich durch die vergleichende Gegenüberstellung der Trendverläufe der objektiven besten fünf ERP-Systeme bestätigt. Somit wird vom Autor unter Berücksichtigung der hier durchgeführten Untersuchungen und den daraus resultierenden Ergebnissen der Anbieter Odoo als Empfehlung für die Firma Kakteen Haage vorgeschlagen. Dieser soll nachfolgend kurz vorgestellt werden. Anschließend erfolgt zur besseren Abgrenzung eine SWOT-Analyse zum Anbieter. Abschließend erfolgt ein kurzer Ausblick in der das weitere Vorgehen kurz erläutert werden soll.

5.4.1 VORSTELLUNG TESTSIEGER

Odoo ist ein OSERP-System das 2005 von Fabian Pinckares unter dem Namen TinyERP ins Leben gerufen wurde. Aktuell ist Fabian Pinckares CEO von Odoo S.A. einer Aktiengesellschaft mit Unternehmenssitz in Belgien, die das ERP-System betreut und weiterentwickelt. Im Unternehmen sind 250 Angestellte beschäftigt. Das Projekt besitzt derweil über 550 Partner in über 120 Ländern. In Deutschland finden sich circa 21 registrierte Supportdienstleister. Die Community verzeichnet weit über 1500 aktive Nutzer die dazu beitragen, dass das System stetig verbessert und optimiert wird. Allein im deutschen Forum sind über 700 Einträge verzeichnet. Mittlerweile nutzen weit mehr als Zwei Millionen Nutzer die in über 30 Sprachen übersetzte Unternehmenssoftware. (Odoo, 2015) Anfänglich bestand die Motivation darin, ein konkurrenzfähiges Produkt neben SAP am ERF-Markt zu etablieren. Doch anderes als beim Marktführer sollte das System komplett quelloffen sein. Dieser Ansatz legte den Grundstein für das heutige ERP-System. Während der Entwicklungsphase beschloss die Projektleitung 2008 von der damals noch unter dem Titel TinyERP bekannten Software ihren Namen in OpenERP umzuwandeln. Dieser Schritt war notwendig geworden um neue Kunden und Investoren zu akquirieren. 2010 entschied sich die Firmenleitung des Unternehmens, dass sich rund um OpenERP gebildet hatte und schon über 100 Mitarbeiter zählte die Geschäftsbereiche umzustrukturieren. Der Fokus von einem stark serviceorientierten Unternehmen wurde nun auf ein softwareproduzierendes Unternehmen gelegt. Die Kernkompetenzen im Bereich Forschung & Entwicklung sowie dem Vertrieb wurden ausgebaut. Durch die ständige Weiterentwicklung am Produkt entstanden im Lauf der Zeit weitere quelloffene Anwendungen und Funktionen so auch ein CMS und E-Commerce Module sowie Point of Sale und Business Anwendungen. 2014 beschloss die Unternehmensführung nicht nur das eigens entwickelte ERP-System im Portfolio anzubieten sondern auch die entstanden Module und Erweiterung separat. Deshalb wurde der Name des Projektes nochmals von OpenERP in Odoo umgewandelt. Auf diese Weise sollte auch im Namen die Neuausrichtung des Unternehmens kenntlich gemacht werden. Die Geschäftsbereiche umfassen somit aktuell weit mehr als nur das eigene ERP-System. Zurzeit kann jeder frei am quelloffenen Rahmengerüst von OdooERP mitentwickeln. (Pinckaers, 2014) Dieser Programmteil kann kostenlose heruntergeladen und als rudimentäres ERP-System verwendet, eigenmächtig weiterentwickelt oder an eigene Bedürfnisse angepasst werden. Externe Partner bieten rund um das Produkt Wartungs-, Schulungs- und andere Supportleistungen gegen ein entsprechendes Entgelt an. Zusätzlich kann die Odoo-Software von einem der vielen Partner SaaS Variante in Anspruch genommen werden. Hierbei hat der Kunde die Möglichkeit bestimmte Funktionsbereiche einzeln abzuschalten oder hinzu-zubuchen. Je nach gebuchtem Funktionsumfang ist dann ein entsprechendes Entgelt zu entrichten. Auf der Internetseite des Herstellers finden sich zudem weitere freie und kostenpflichtige OpenSource Anwendungen. Zielgruppe dieser Produkte sind kleine und mittlere Unternehmen von fünf bis 2000 Mitarbeitern. Aktuelle Referenzkunden finden sich beispielwiese in Danone, Veolia und dem WWF. (Odoo, 2015) (Dittmann, 2009) (Yulia S., 2012 S. 7)

In Tabelle 21 sind alle wichtigen Seiten kurz zusammengefasst. Allgemeine Informationen zum ERP-System und zum Funktionsumfang sind im Anbieterverzeichnis unter Odoo zu finden.

Tabelle 21: Übersicht der wichtigsten Information zu Odoo (Eigene Darstellung)

Wichtige Informationen	Seiten
Anbieterseite	https://www.odoo.com/
Support Partner	https://www.odoo.com/partners?search=Germany
Customer Reviews	https://www.odoo.com/blog/customer-reviews-6
Pricing	https://www.odoo.com/pricing-online#num_users=1&custom_apps=0
Weitere Informationen	Anbieterverzeichnis

5.4.2 REFLEXION UND SWOT -ANALYSE

Für eine bessere Einordung und Abgrenzung des ERP-Systems speziell für die Firma Kakteen Haage empfiehlt sich nach Kurzvorstellung des Testsiegers eine Positionierungsanalyse die Chancen und Risiken des Anbieters klar hervorhebt. Hierzu kann die SWOT-Analyse verwendet werden. Die SWOT-Analyse, eine Abkürzung für Analysis of strengths, weakness, opportunities and threats übersetzt Stärken-Schwächen-Chancen-Risiken-Analyse und ist ein Instrument strategischer Planung. Sie dient zur Positionsbestimmung und listet klar spezifische Eigenschaften im Unternehmens-Umfeld auf.

(Wirtschaftslexikon, 2015) In Tabelle 22 ist die SWOT-Analyse für die Firma Kakteen Haage im Hinblick auf den Anbieter Odoo abgebildet.

Tabelle 22: SWOT-Analyse (Eigene Darstellung)

Stärken	Schwächen
<ul><li>Ausgeprägtes Supportnetzwerk</li><li>Sehr gute funktionale und nichtfunktionale Eigenschaften (Beispiel Einsatz durch PoS im Direktvertrieb möglich)</li><li>Testsieger im Bereich der objektiven Auswertung und Feinauswahl</li><li>Positiver Trendverlauf erkennbar, im Vergleich zu anderen Anbietern deutlich höher,</li></ul>	<ul><li>Standardsoftware, Prozesslogik müsste gegeben falls angepasst werden</li><li>Fehlende Erfahrung im Bereich Gärtnerei und Pflanzenproduktion, kein Verweis auf entsprechende Branche auffindbar</li><li>Schulung und Trainingsprogramme möglicherweise nötig</li></ul>
Chancen	Risiker
<ul><li>SaaS –Möglichkeiten vorhanden</li><li>Skalierbarkeit, Funktionen einzeln ab und zu buchbar, verschiedene Funktionsausprägungen möglich</li><li>Websitefunktion vorhanden, eCommerce Anbindung</li><li>systematische Anwendung statistischer Methoden auf Datenbestände mit dem Ziel, neue Querverbindungen und Trends zu erkennen möglich; BI und Data Mining</li></ul>	<ul><li>Funktionsumfang möglicherweise zu komplex</li><li>Möglicherweise hoher Individualisierungssaufwand notwendig</li></ul>

Auf den ersten Blick klar zu erkennen sind die positiven Bereiche Stärken und Chancen mit vier Nennungen mehr, in der Überzahl.

Mit 21 zertifizierten Systempartnern allein in Deutschland weißt Odoo ein hohes Maß an Servicequalität auf das bei den übrigen Anbieter im deutschsprachigen Raum so nicht vorzufinden ist. Es verfügt über sehr gute funktionale und nichtfunktionale Eigenschaften. Odoo konnte daher sowohl im ehr objektiv gehaltenen Testverfahren aus Kapitel vier als Spitzenkandidat ermittelt werden als auch in der sich anschließenden Feinauswahl der besten fünf ERP-Systeme als Testsieger hervorgehen. Im Bereich der Chancen bietet Odoo jede Menge zusätzlicher Möglichkeiten. So besteht die Aussicht mit Einführung des neuen Systems gleichzeitig die eigene Webpräzens durch moderne E-Commerce Funktionalitäten zu erhöhen. Beispielsweise können nun Webshop Funktionalitäten und Daten Mining durch BI genutzt werden. Hierdurch können Querverbindungen zwischen Vertrieb und Einkauf sowie Produktion ermöglicht werden umso möglicherweise die Prozess- und Servicequalität zu erhöhen. Trotz all der positiven Eigenschaften muss darauf hingewiesen werden, dass es sich bei Odoo um ein Open Source ERP-System handelt mit all den Stärken und Schwächen die in Kapitel drei speziell 3.1.3 herausgearbeitet wurden. Im Punkt 4.4.6 konnte in Bezug auf Open ERP Software im Allgemeinen ein fallender Trendverlauf festgestellt werden. Im Gegensatz hierzu weist Odoo aber einen komplett anderen Verlauf auf. So konnte in 5.3.3 sichtbar gemacht werden, dass vor allem Odoo im Vergleich zur Konkurrenz einen deutlich positiveren Anstieg des Graphen aufweist. Zusätzlich muss bei der hier zu Grunde liegenden Untersuchung darauf hingewiesen werden, dass nur Open-Source Software Anbieter in den Evaluationsprozess mitaufgenommen wurden. Eine ganzheitliche Betrachtung mit proprietäre Software kann daher nicht erfolgen. Somit ist es nicht möglich ohne Spekulation vorherzusehen, inwieweit sich der Faktor Open Source bei der Firma Kakteen Haage auswirkt. Aufgrund dieser divergierenden Feststellungen findet sich der Punkt Open Source Software nicht in der hier abgebildeten SWOT-Analyse und wird somit als neutral bewertet. Als eine mögliche Schwäche dagegen kann bei Odoo festgestellt werden, dass im Branchenverzeichnis kein Eintrag auf Gärtnerei beziehungsweise Pflanzenzuchtunternehmen zu finden ist. Dies könnten im System fehlende Prozessabläufe bedeuten, die gegebenenfalls nachprogrammiert werden müssten. Zusätzlich könnten auch Trainings und Schulungsprogramme notwendig werden.

Weiterhin handelt es sich bei Odoo um eine Standardsoftware. Standardsoftware sind Software-systeme die einen klar definierten Anwendungsbereich abdecken. (Vgl. Kapitel 3.2) Diese bedeutet aber nicht zwangsläufig, dass sie auf jede Geschäfts- und Prozesslogik im Unternehmen angewandt werden können beziehungsweise Anwendung finden. Diese lassen sich durch Anpassungs- und Individualisierungsarbeiten aber zumindest ein stückweit abändern. Dies kann beispielsweise durch einen der vielen Systemanbieter erfolgen. Inwieweit der Funktionsumfang somit als zu komplex angesehen werden kann muss die Firma Kakteen Haage individuell klären. Daher wird dieser Punkt als Risiko genannt.

5.4.3 WEITERES VORGEHEN

Wie in vorangegangenen Kapitel zu sehen ist, wird eine 100 prozentige Abdeckung durch das vorgeschlagene ERP-System nicht gegeben. Es ist daher zu empfehlen, dass von Seiten des Unternehmens eine eigene Auseinandersetzung mit dem Anbieter vollzogen werden sollte. Weiterhin gilt dass generell ein ERP-System nur dann zu einer Nutzensteigerungen für ein Unternehmen führt, wenn es im Vergleich zur aktuellen Situation einen höheren Beitrag zur Erreichung der Unternehmensziele leistet. (Systematisierung des Nutzens von ERP-Systemen in der Fertigungsindustrie, 2002 S. 109-116)

So sollte sich eine eigene Test und Evaluationsphase anschließen, in der bestimmte Funktionen und Geschäftsprozesse in der Live-Demo des ERP-Anbieters vom Unternehmen selber simuliert und kritisch geprüft werden. Auch sollten für die gesamte Phase der Einführung wesentliche Aspekte aus dem Change Management berücksichtigt werden (Doppler, et al., 2009 S. 189 ff.). Allgemeinhin empfiehlt Gronau für das weitere Vorgehen einen Maßnahmenkatalog aufzustellen der folgenden Aspekte als Maßnahmen zur Projektvorbereitung berücksichtigt. Hierzu zählen unteranderem: (Gronau N, 2010 S. 300 ff.)

- Risikoanalyse
  Berücksichtigung organisatorischer, technischer, terminlicher, personeller nutzerorientierter und psychologischen Kriterien.
- Projektdurchführungsstrategie
  Hierrunter entfallen wesentliche Aspekte des Change Managements.
- Aufstellen des Projektbudgets
  Bewertung hinsichtlich gegebenenfalls Lizenzkosten, Einführungsunterstützung (Migration, Beratung), Programmanpassungen, Schulungs- und Supportleistungen sowie Hardware und IT-Kosten oder SaaS Varianten.
- Einführungsphase und Projekt-Management
  Aufstellung eines Projektplanes sowie Zieldefinition und Feinspezifikation.

Auch sollte beim abschließenden Findungsprozess und schlussendlich beim Entscheidungsprozess Seitens des Unternehmens daraufhin gewissen werden, dass sich bei der hier geschilderten Ermittlung des Testsiegers Odoo nur um eine Empfehlung handelt.

Der Anbieter sollte daher bei der eigenen unternehmensinternen Auseinandersetzung kritische hinterfragt werden. So gilt es auch auf die typischen Fehler hinzuweisen, die bei einer komplexen Software in der Einführungsphase entstehen.

Hierzu zählen nach Gronau fehlende einheitliche Zielstellung, überzogene Erwartungshaltung, lückenhafte Anforderungsanalysen, falsche Budgetvorstellung sowie entstehende Unsicherheiten. Werden alle Punkte sorgfältig berücksichtigt kann Odoo als unternehmensweites Anwendungssystem einen wesentlichen Beitrag zum Unternehmenserfolg leisten.

5.5 Zusammenfassung

In Kapitel fünf wurde versucht eine Empfehlung eines Open Source ERP-System Hersteller für die Firma Kakteen Haage im operativen Geschäft auszustellen. Hierzu wurden die besten fünf Anbieter aus der der vergleichenden Gegenüberstellung aus Kapitel vier in einer Nutzwertanalyse bewertet. Diese Bewertung fand mittels Gewichtungskriterien statt die im Kundengespräch mit dem Unternehmen aufgestellt wurden. Aufgrund der relativ eng zusammenliegenden Ergebnisse dieser Feinauswahl wurden die Nutzwertanalyse mit einer speziellen Form, der Sensitivitätsanalyse nochmals überprüft und kritisch hinterfragt. Zur abschließenden Klärung der Auswertung wurde zusätzlich noch eine Trendanalyse der fünf Anbieter durchgeführt. Anschließend wurden die Ergebnisse zusammengetragen. Als Testsieger der Nutzwertanalyse und somit als Empfehlung für die Firma Kakteen Haage konnte so das Open-Source-ERP-System Odoo ermittelt werden. Es folgte eine Kurzvorstellung mit den wichtigsten Informationen zum Anbieter sowie eine kritische Reflexion und SWOT-Analyse. Zum Abschluss wurden die sich aus der Empfehlung anschließenden Prozesse dargelegt. Mit dieser Auswertung konnte somit gezeigt werden, das auch eine praktische Anwendung von Open Source ERP-System unter Berücksichtigung deren Leistungsfähigkeit und Einsatzgebietes durchaus sinnvoll ist. Somit kann auch ein praktischer Nutzen dieser Systeme nachgewiesen werden.

6. FAZIT UND ZUSAMMENFASSUNG

Ziel dieses Buches war es den Bereich der Open Source ERP-System im Hinblick auf deren Einsatz und Leistungsfähigkeit zu untersuchen. Es sollte eine aktuelle Marktübersicht möglicher potentieller Anbieter erfolgen sowie aufgezeigt werden inwieweit eine praktische Anwendung dieser Systeme sinnvoll ist. Hierzu wurden in Kapitel drei allgemeine Grundlagen vermittelt die zur Klärung der Problemstellung nötig waren. In Kapitel vier wurde versucht ein objektives Bewertungsmuster nach Görtz und Hessler auf den Bereich der Open Source ERP-Systeme anzuwenden umso eine Evaluation potentieller Anbieter vorzunehmen. Hierzu wurden 85 Anbieter identifiziert und in mehreren Evaluationsschritten mittels nichtfunktionaler und funktionaler Anforderungen kritisch durchleuchtet. Schlussendlich konnten 38 potentielle Anbieter ermittelt werden. In Kapitel fünf schließlich wurde eine Empfehlung eines Open Source ERP-System Hersteller für die Firma Kakteen Haage im operativen Geschäft ausgestellt. Hierzu wurden die besten fünf Anbieter aus der der vergleichenden Gegenüberstellung aus Kapitel vier in einer Nutzwertanalyse bewertet. Diese Bewertung fand mittels Gewichtungskriterien statt, die im Kundengespräch mit dem Unternehmen aufgestellt wurden. Zum Ende konnte ein Anbieter für diese Empfehlung ermittelt werden -Odoo. Dieser Anbieter erreicht in der objektiven Gegenüberstellung aus Kapital vier sowie in der Nutzwertanalyse aus Kapitel fünf jeweils die höchste Punktzahl. Die sich anschließende Sensitivitäts- und Trendanalyse festigten das Ergebnis. Vor- und Nachteile dieses Anbieters wurden in einer SWOT-Analyse gegenübergestellt.

Insgesamt kann das Projekt somit als positiv bewerten werden. Die Ausarbeitung hat gezeigt, dass es prinzipiell möglich ist Open Source ERP Software als Warenwirtschaftssysteme im operativen Geschäftsbereich einzusetzen. Durch die Empfehlung ist die Firma Kakteen Haage in der Lage sich genauer mit diesem ERP-Anbieter auseinanderzusetzen. Weitere mögliche Alternativsysteme wurden in einem Anbieterverzeichnis zusammengetragen.

Ein Vergleich in einer objektiven Gegenüberstellung zeigte, dass die Leistungsfähigkeit dieser Anbieter und deren Einsatz sich über ein breites Spektrum erstreckt. Allgemeinhin ergab die Gegenüberstellung signifikante Unterschiede im Bereich der Geschäftsmodelle und der Funktionsvielfalt. Die im Zuge der Erstellung des Anbieterverzeichnisses gewonnen Erkenntnisse zeigten zudem, dass die Open Source ERP System Welt sehr heterogen aufgestellt ist. So können für verschiedene Szenarien unterschiedliche System herangezogen werden. Vergleichend mit anderen Studien zum Themenkomplex Open Source ERP zeigte sich aber, dass Odoo vergleichsweise oft als Testsieger hervorgeht.

Trotz allem muss bei der Ausarbeitung daraufhin gewiesen werden, dass bei Untersuchung nur Open Source ERP Anbieter in den Evaluationsprozess aufgenommen wurden. Es kann daher nicht zweifelsfrei geklärt werden ob und inwieweit proprietäre Anbieter für die Firma Kakteen Haage in Betracht kommen könnten. Weiterhin kann somit auch kein Vergleich zwischen Open Source ERP-Systemen und kommerziellen Anbieter in einer direkten Gegenüberstellung erfolgen. In der Arbeit von Markus Kontschieder wird versucht diese Gegenüberstellung darzustellen.

Er geht der Fragestellung nach ob es möglich ist eine bestehendes kommerzielles ERP-System durch das damals noch OpenERP genannte System zu ersetzten und kommt zu dem Schluss, dass dies prinzipiell möglich ist. In seiner Auswertung heißt es aber weiter, dass es weniger die fehlenden beziehungsweise die geringeren Lizenzkosten sind die die Auswahl eines ERP-Systems begünstigen als vielmehr Funktion, Anpassungsfähigkeit und Branchenrelevanz. Folgt man seiner Feststellung müsste sich an die hierstattgefundene Untersuchung eine weitere anschließen in der vorrangig proprietäre Softwaresysteme miteinander vergleichen werden. Die Ergebnisse aus beiden Arbeiten müssten zusammengetragen werden umso ein ganzheitliches Bild zu vermitteln. Inwieweit Odoo das bestmögliche System für die Firma Kakteen Haage dargestellt kann somit nicht eindeutig geklärt werden. (Kontschieder, 2013 S. 91-95)

Weiterhin sei daraufhin gewiesen, dass in Kapitel 4.3 eine Vorauswahl möglicher Anbieter getroffen wurde. Die Kriterien für diese Vorauswohl wurden relativ hoch angesetzt sodass von 85 nur 38 Kandidaten übrig geblieben sind. Möglicherweise sind hierbei potentielle Kandidaten vorab aus dem Evaluationsprozess gefallen die später für die Firma Kakteen Haage relevant gewesen wären. Eine kurze Überprüfung dahingehend konnte dies nicht bestätigen. Trotz alldem sollte dies bei der abschließenden eigenen unternehmensinternen Entscheidung berücksichtigt werden. Hierfür kann das Anbieterverzeichnis genutzt werden. Rückblickend legt dies den Schluss nahe, dass das von Görtz und Hessler vorgestellte Konzept zur Auswahl eines ERP-Systems keine Allgemeingültigkeit besitzt. Sodass sich hier auch eine weitere Untersuchung anschließen könnte die die Problemstellung unter einem anderem Gesichtspunkt mit anderem Schwerpunkten untersucht ähnlich der Arbeit von MacFarlane (Vgl. Kapitel 4.7) Allgemeinhin dürfen die Ergebnisse der Untersuchung somit nicht verallgemeinert werden. Im Zuge wechselnder Anforderungen können mitunter andere Ergebnisse erzielt werden und sollten nur unter Berücksichtigung des hier erfolgten Verfahrens betrachtet werden. Der Anspruch auf Vollständigkeit muss somit auch ausgeschlossen werden. Allgemeinhin stellt diese Studie dadurch nur eine aktuelle Sicht auf die ERP Systeme dar. Inwieweit sich die Systeme in Zukunft entwickeln werden bleibt ungeklärt.

Spannend bleibt in diesem Zusammenhang auch zu beobachten inwieweit sich die SaaS Unterstützung für den ERP-Markt auswirkt. In Kapitel 4.6.4 war hierzu zu zunächst festgestellt worden, dass eine klassische Inhouse Inbetriebnahme einer SaaS Variante zumeist vorgezogen wird. Inwieweit dieser Service vor allem für kleiner Unternehmen relevant wird bleibt abzuwarten. Auch hierzu könnten sich weitere Untersuchungen anschließen.

In der Vergleichenden Gegenüberstellung lässt sich aber ein weiterer interessanter Punkt feststellen. So lässt das Endergebnis im Zusammenhang mit der geschilderten Vorauswahl in einer weitere Feststellung zu. Erweitert man nämlich die Einteilung aus Kapitel 4.5 mit den herausgefallenen Anbietern aus der Vorauswahl erhält man folgende Aufteilung:

Acht Anbieter entfallen hierbei in die Kategorie A, 14 in B und 63 in C.

Die hier aufgestellte Gruppeneinteilung ähnelt stark dem Bild einer klassischen A-B-C Verteilung der A-B-C Analyse. Die ABC-Analyse stellt normalerweise eine Programmstrukturanalyse dar die Mengeneinteilung von Objekten wie beispielsweise Kunden oder Produkten in Abhängigkeit zum Umsatz vornimmt. Diese Mengeneinteilung wird dann jeweils in die Klassen A, B und C aufgeteilt, die nach absteigender Bedeutung geordnet sind. Die Klassifizierung gestaltet sich dann meist wie folgt Gruppe A: hoher Ergebnisbeitrag, Gruppe B: mittelmäßiger Ergebnisbeitrag und Gruppe C: geringer Ergebnisbeitrag. Übertragen auf die erfolgte Untersuchung kann geschlussfolgert werden, dass nur etwa 5% der Open Source ERP-Anbieter enen hohen Ergebnisbeitrag aufweisen und somit wesentliche Anforderung erfüllen. Inwieweit solche eine Verteilung auch auf den proprietären Bereich zutrifft kann nur geschätzt werden. Insgesamt scheint dieser Bereich aber durch den kommerziellen Aspekt eine höhere Selektionsrate aufzuweisen, sodass wirtschaftliche schwache Anbieter schneller vom Markt aussortiert werden. Im Hinblick auf Open Source Software trifft dies nur indirekt zu. So schreibt Prof. Dr. Peter Henning, dass mehr als 70% der Open Source Entwickler als Motivation für ihre Arbeit das Erlernen und Teilen von Erkenntnissen und Fähigkeiten angeben. (Henning, 2012) Aufgrund fehlender wirtschaftlicher Abhängigkeit scheint Open Source Software hier beständiger. Allgemeinhin ist der Open Source ERP-Markt gegenüber dem kommerziellen Markt somit relativ schwierig einzuschätzen. Der Trend allerdings scheint wenig optimistisch zu sein. So konnte in Kapitel 4.6.6 und 5.3.3 aufgezeigt werden, dass für die einzelnen OSERP-Anbieter und der Open Source Bereich insgesamt größtenteils ein monoton fallender Trend verzeichnet wird. Inwieweit sich somit die zukünftige Entwicklung dieser Anbieter gestaltet bleibt fraglich. Insgesamt konnte aber für Odoo in diesem Zusammenhang insgesamt ein positiven Trend aufweist aufgezeigt werden. Allgemein weist Odoo einige besondere Eigenschaften auf die es als Empfehlung für die Firma Kakteen Haage schlussendlich prädestinierten. (Vgl. Kapitel 5.4)

Insgesamt wurden für eine erfolgreiche Inbetriebnahme für die Firma Kakteen Haage notwendige Schritte in Kapitel 5.4.3 aufgezeigt. Es bleibt daher zu hoffen, dass diese Studie einen kleinen Beitrag zum Unternehmenserfolg der Firma Kakteen Haage leisten konnte.

I. LITERATURVERZEICHNIS

Adaxa. 2015. http://adaxa.com/. *http://adaxa.com/.* [Online] 21. 07 2015. [Zitat vom: 06. 09 2015.] http://adaxa.com/.

Albers, F. und Rüschenbaum, F. 2002. *Wirtschaftsinformatik-Informationssysteme im Unternehmen.* Stuttgart : W. Kohlhammer GmbH , 2002.

Andreas Luszczak, Peter Singer. 2009. Microsoft Dynamics NAV 2009 - Grundlagen: Kompaktes Anwenderwissen zur Abwicklung von Geschäftsprozessen. Köln : Microsoft Press, 2009.

Bayer, Martin. 2013. Computerwoche. *Modernes ERP - eine Frage der Architektur.* [Online] 21. 02 2013. [Zitat vom: 08. 09 2015.] http://www.computerwoche.de/a/modernes-erp-eine-frage-der-architektur,2504748 .

BITKOM. 2006. Open Source Software. *Rechtliche Grundlagen und Hinweise -LEITFADEN.* [Online] 2006. [Zitat vom: 03. 09 2015.] https://www.bitkom.org/Publikationen/2006/Leitfaden/Leitfaden-Open-Source-Software_Rechtliche-Grundlagen-und-Hinweise/060601_Publikation_OSS_Version_1.0.pdf.

Brugger, Ralph. 2005. IT-Projekte strukturiert realisieren: Situationen analysieren, Lösungen konzipieren - Vorgehen systematisieren, Sachverhalte visualisieren - UML und EPKs nutzen. Wiesbaden : Vieweg+Teubner, 2005.

Bundesverwaltungsamt. 2015 . Bundesverwaltungsamt. *Open-Source-Lizenzen.* [Online] 2015 . [Zitat vom: 03. 09 2015.] http://www.bva.bund.de/SharedDocs/Bilder/DE/BIT/Grafiken/CCOSS_Software_Lizenzen.jpg%3F__blob%3Dnormal%26v%3D2.

—. 2015. Bundesverwaltungsamt. *Open-Source-Lizenzen.* [Online] 2015. [Zitat vom: 03. 09 2015.] http://www.bva.bund.de/DE/Organisation/Abteilungen/Abteilung_BIT/Leistungen/IT_Beratungs eist ungen/CCOSS/02_OSS/03_Open-Source-Lizenzen/node.html.

California, University of Southern. 2011. ERP System and Enterprise. [Online] 2011. [Zitat vom: 03. 09 2015.] http://web.calstatela.edu/faculty/pthomas/CIS301/Nitin.pdf.

Chancen und Risiken von Open Source - Geld ist nicht alles. **Schaffener S. 07/2015.** 07/2015. IT Administrator, S. 95.

Christian Leyh, Mark Neumann. 2012. Open-Source-ERP-Systeme für das Controlling eine vergleichende Systemevaluation. *Open Source - Konzepte, Risike, Trends.* Heft 283. 02 2012, S. 50-57.

Diedrich, Dr. Oliver. 2009. Trendstudie Open Source. *Wie Open-Source-Software in Deutschland eingesetzt wird.* [Online] Heise Open Source, 04. 02 2009. [Zitat vom: 03. 09 2015.] http://www.heise.de/open/artikel/Trendstudie-Open-Source-221696.html.

Dittmann, Holger Thorsten. 2009. Heise Open Source. *Quelloffene Kür Open-Source-ERP-Systeme im Vergleich.* [Online] 15. 09 2009. [Zitat vom: 22. 07 2015.] http://www.heise.de/open/artikel/Quelloffene-Kuer-Open-Source-ERP-Systeme-im-Vergleich-763963.html?view=print.

Doppler, Klaus und Lauterberg, Chritoph. 2009. *Change Management.* Frankfurt/Main : Campus Verlag GmbH, 2009.

eBusiness Software mit Enterprise Java Beans. **S., Trcek. 2000.** 1, Berlin : GITO mbH Verlag, 2000, Bd. PPS Management 5.

Eggert S., Eisbrenner T.,. 2015. Aktueller Marktüberblick zum Funktionsumfang von ERP-Systemen (2008). *http://industrie-management.de/.* [Online] 15. 07 2015. http://industrie-management.de/homepage/erp/erphp.nsf/0/2F27CE48BB3DEDCBC1257475006DAB9E/$FILE/RechercheERP1_08.pdf.

Enterprise Application Integration EAI und Middleware- Grundlagenarchitektur und Auswahlkriterien. **M., Schönherr. 2005.** 1, Berlin : GITO mbH Verlag, 2005, Bd. ERP Management.

Frederic M. 2012. *Open Source Enterprise-Ressource-Planning.* Hamburg : Diplomica Verlag, 2012.

Gemeinschaften, Europäische. 2006. Die neue KMU Definition. *Benutzerhandbuch und Mustererklärung.* [Online] 2006. [Zitat vom: 03. 09 2015.] http://ec.europa.eu/enterprise/policies/sme/files/sme_definition/sme_user_guide_de.pdf.

github.com. 2015. github.com/erp. *github.com.* [Online] 21. 07 2015. https://github.com/search?utf8=%E2%9C%93&q=erp.

Google. 2015. Google Trend Open Source. [Online] 2015. [Zitat vom: 03. 09 2015.] https://www.google.de/trends/explore#q=Open%20Source.

—. 2015. Google Trends. *Vergleich Anbieter Odoo, Dolibarr, OpenZ, Openbravo, Vienna ERP/CRM.* [Online] Google, 09 2015. [Zitat vom: 04. 09 2015.] https://www.google.de/trends/explore#q=%2Fm%2F0282xl1%2C%20Dolibarr%2C%20OpenZ%2C%20Openbravo%2C%20Vienna%20ERP%2FCRM&cmpt=q&tz=Etc%2FGMT-2.

Grohmann W. 2015. SaaS-Forum . *SaaS-Forum .* [Online] 15. 07 2015. http://www.saas-forum.net/blog/saas-forum-marktueberblick-software-as-a-service-loesungen-fuer-kleine-und-mittlere-unternehmen-kmu/20112013.

Gronau N, . 2010. *Enterprise Ressource Planning.* München : Oldenbourg Wissenschaftsverlag GmbH, 2010.

—. 2015. ERP-Systeme - Architektur und Funktionen. *ERP-Systeme - Architektur und Funktionen.* [Online] 21. 07 2015. http://wi.uni-potsdam.de/hp.nsf/0/5996B17E2C7754B6C1257147004BDFE4/$FILE/ERP-Systeme%20-%20Architektur%20und%20Funktionen.pdf.

Gronau, Norbert. 2013. Computerwoche. *10 Trends im ERP-Markt.* [Online] 21. 03 2013. [Zitat vom: 03. 09 2015.] http://www.computerwoche.de/a/10-trends-im-erp-markt,2529510.

Hammer, Alexander, et al. 2010. United States International Trade Commission. *Small and Medium - Sized Enterprises:Overview of Participation in U.S. Exports.* [Online] 01 2010. [Zitat vom: 04. 09 2015.] http://www.usitc.gov/publications/332/pub4125.pdf.

heise.de. 2015. Heise.de. *Open-Source-Lizenzen.* [Online] 09. 07 2015. http://heise.de/-221957.

heise.de/open/. 2015. heise.de/open/. *heise.de/open/.* [Online] 21. 07 2015. http://www.heise.de/open/.

Helmut B. 1998. Lehrbuch der Softwaretechnik. Band 2: Softwaremanagement, Software-Qualitätssicherung, Unternehmensmodellierung. Heidelberg : Spektrum Akademischer Verlag, 1998.

Henning, Peter A. 2012. If I like a programm I must share it. *Praxis der Wirtschaftsinformatik.* Februar, 2012, Bd. HMD, 283.

Hesseler, Martin /Görtz,Marcus. 2007. *Basiswissen ERP-Systeme.* Witten : W3l Verlag, 2007. S. 81.

Hessler M., Götz M. 2008. *Basiswissen ERP-Systeme.* Witten : W3L GmBH, 2008.

Hüttenegger, Georg. 2006. *Open Source Knowledge Management.* Heidelberg : Springer-Verlag Berlin, 2006. S. 4-5.

i2s-consulting. 2015. i2s-consulting. *Loeb Warenhaus AG.* [Online] 2015. [Zitat vom: 03. 09 2015.] http://www.i2s-consulting.com/wp-content/uploads/2015/03/24.jpg.

Initiative, Open Source. 2015. Open Source Initiative. *The Open Source Definition.* [Online] 2015. [Zitat vom: 03. 09 2015.] http://opensource.org/docs/osd.

—. **2008.** Open Source Initiative. *Licenses by Name.* [Online] Open Source Initiative, 2008. [Zitat vom: 03. 09 2015.] http://opensource.org/licenses/alphabetical.

inwt-statistics. 2015. inwt-statistics. *inwt-statistics.* [Online] 21. 07 2015. https://www.inwt-statistics.de/blog-artikel-lesen/Bestimmtheitsmass_R2-Teil2.html.

is report. 2015. is report. *is report.* [Online] 21. 07 2015. http://www.isreport.de/news/softtrend-studie-erp-software-2015/.

ISO. 2015. iso.org. *iso.org.* [Online] 21. 07 2015. http://www.iso.org/iso/catalogue_detail.htm?csnumber=22749.

ITWissen. 2015. ITWissen. *SaaS (software as a service).* [Online] 2015. [Zitat vom: 04. 09 2015.] http://www.itwissen.info/definition/lexikon/software-as-a-service-SaaS.html.

ITWissen.info. 2015. ITWissen.info. *Public-Domain-Software.* [Online] 2015. [Zitat vom: 03. 09 2015.] http://www.itwissen.info/definition/lexikon/Public-Domain-Software-PD-public-domain.html.

Kontschieder, Markus. 2013. *Open Source ERP-Software.* Hamburg : Diplomica Verlag, 2013.

Kohne, Joerg. 2015. GNU Betriebssystem. *Kategorien freier und unfreier Software.* [Online] Free Software Foundation, Inc., 23. 05 2015. [Zitat vom: 03. 09 2015.] http://www.gnu.org/philosophy/categories.de.html.

—. **2015.** GNU Betriebssystem. *Freie Software. Was ist das?* [Online] Free Software Foundation, Inc., 11. 07 2015. [Zitat vom: 03. 09 2015.] http://www.gnu.org/philosophy/free-sw.de.html.

Microsoft. 2015. Extending Microsoft Dynamics NAV Using Microsoft .NET Framework Interoperability. *Extending Microsoft Dynamics.* [Online] 21. 07 2015. https://msdn.microsoft.com/de-de/library/gg502499.aspx.

Nehmen und geben -Open-Source-Lizenzen und ihre Implikationen. **Lang, Mirco. 2014.** 15, Hannover : Heise Zeitschriften Verlag, 2014, Bd. c't 2014.

Odoo. 2015. Odoo. *A solid track record, a global footprint.* [Online] 2015. [Zitat vom: 22. 07 2015.] https://www.odoo.com/page/about-us.

—. **2015.** Odoo. *Grow your Business.* [Online] 2015. [Zitat vom: 22. 07 2015.] https://www.odoo.com/.

Orcale. 2002. Oracle9i Database Concepts. *Application Architecture.* [Online] Oracle, 2002. [Zitat vom: 08. 09 2015.] http://docs.oracle.com/cd/B10500_01/server.920/a96524/c07dstpr.htm.

Osterhage W. 2014. *ERP-Kompendium.* Heidelberg : Springer Verlag, 2014.

Pinckaers, Fabien. 2014. Linkedin. *How I Grew From 1 To 250 Employees In A Few Years.* [Online] 14. 08 2014. [Zitat vom: 22. 07 2015.] https://www.linkedin.com/pulse/20140818150823-57131497-how-i-grew-from-1-to-250-employees-in-5-years?trk=prof-post.

Potthof, Ingo. 1998. *Kosten und Nutzen der Informationsverarbeitung.* Wiesbaden : Deutscher Universitäts-Verlag, 1998.

Prof. Dr. Richard Vahrenkamp, Dr. Christoph Siepermann. 2015. Gabler Wirtschaftslexikon. *Enterprise-Resource-Planning-System.* [Online] Springer Gabler Verlag, 2015. [Zitat vom: 03. 09 2015.] http://wirtschaftslexikon.gabler.de/Archiv/17984/enterprise-resource-planning-system-v12.html.

Rechnergestütztes Produktionsmanagement. PPS-Systeme sind keine Managementinformationssysteme. **N., Gronau. 1992.** 4, Darmstadt : REFA, 1992, Bd. 41.

Robert A. Gehring, Bernd Lutterbeck. 2004. Open Source Jahrbuch 2004. *Zwischen Softwareentwicklung und Gesellschaftsmodell.* [Online] 2004. [Zitat vom: 03. 09 2015.] http://www.opensourcejahrbuch.de/download/jb2004/OpenSourceJahrbuch2004.pdf.

Saleck, T. 2005 . Chefsache Open Source: Kostenvorteile und Unabhängigkeit durch Open Source: Die erwachsene Alternative. Wiesbaden : Vieweg+Teubner Verlag, 2005 .

Schmidt, Alexander. 2012. it-economics. *Software-Lizenzen – ein Überblick* . [Online] 24. 07 2012. [Zitat vom: 03. 09 2015.] http://www.it-economics.de/blog/-/blogs/software-lizenzen-%E2%80%93-ein-uberblick.

Schwarze J. 1997. *Einführung in die Wirtschaftsinformatik.* Berlin : Neue Wirtschafts-Briefe, 1997.

SoftSelect. 2015. ERP-Software Zugpferd im ITK-Markt – doch Cloud ERP kommt nicht in Tritt. *ERP-Software Zugpferd im ITK-Markt – doch Cloud ERP kommt nicht in Tritt.* [Online] 21. 07 2015. http://www.softselect.de/softtrend-it-news/artikel/erp-software-zugpferd-im-itk-markt-doch-cloud-erp-kommt-nicht-in-tritt.

—. **2015.** ERP-Trends und Entwicklungen im Unternehmenssoftware Markt. *ERP-Trends und Entwicklungen im Unternehmenssoftware Markt.* [Online] 21. 07 2015. http://www.softselect.de/wissenspool/erp-trends-entwicklungen-unternehmenssoftware-markt.

SoftSelect GmbH. 2015. SoftTrend Studie 280 - ERP Software Studie 2015: ERP Software - Marktübersicht der ERP-Systeme in Deutschland, Österreich und der Schweiz. Hamburg : SoftSelect Gmbh, 2015.

SoftSelect. 2015. Open Source ERP gescheitert? *Softselect.* [Online] 21. 07 2015. http://www.softselect.de/wissenspool/open-source-erp-gescheitert.

sourceforge.net. 2015. sourceforge.net. *sourceforge.net.* [Online] 21. 07 2015. http://sourceforge.net/about.

sourceforge.net/erp. 2015. sourceforge.net. *sourceforge.net.* [Online] 21. 07 2015. http://sourceforge.net/directory/os:windows/freshness:recently-updated/?q=erp.

Stahlknecht, Peter und Ulrich, Hasekamp. 2005. *Einführung in die Wirtschaftsinformatik.* Berlin : Springer, 2005.

Statista. 2015. Anteil der großen Unternehmen mit Nutzung einer ERP-Software, nach Wirtschaftszweig im Januar 2014. [Online] 2015. [Zitat vom: 03. 09 2015.] http://de.statista.com/statistik/daten/studie/272377/umfrage/einsatz-firmeninterner-erp-software-in-unternehmen-nach-wirtschaftszweigen/.

—. **2015.** Statista Das Statistik-Portal. Marktanteile der führenden Anbieter am Umsatz mit Enterprise-Resource-Planning-Software (ERP) in Deutschland von 2011 bis 2013. [Online] Statista , 2015. [Zitat vom: 03. 09 2015.] http://de.statista.com/statistik/daten/studie/262275/umfrage/marktanteile-der-anbieter-von-erp-software-in-deutschland/.

—. **2015.** Umsatz mit Enterprise-Resource-Planning-Software (ERP) weltweit von 2010 bis 2012 und Prognose bis 2017 (in Milliarden US-Dollar) . [Online] 2015. [Zitat vom: 03. 09 2015.] http://de.statista.com/statistik/daten/studie/271721/umfrage/umsatz-mit-enterprise-resource-planning-software-weltweit/.

statista.com. 2015. statista.com. *statista.com.* [Online] 21. 07 2015. http://de.statista.com/statistik/lexikon/definition/113/regressionsanalyse/.

Staud J. 2001. Geschäftsprozessanalyse. Ereignisgesteuerte Prozesskettrn und objektorientierte Geschäftsprozessmodellierung für Betriebswirtschaftliche Standardsoftware. Berlin : Springer, 2001.

Stein T. 1996. PPS-Systeme und organisatorische Veränderungen. Ein Vorgehensmodell zum wirtschaftlichen Systemeinsatz. New York : Berlin Heidelberg, 1996.

Synerpy. 2015. synerpy.de. *synerpy.de.* [Online] 21. 07 2015. http://www.synerpy.de/cm/.

Systematisierung des Nutzens von ERP-Systemen in der Fertigungsindustrie. **Martin, R., Mauterer, H. und Gemünden, H. 2002.** 2, Berlin : Wirtschaftsinformatik, 2002, Bd. 44.

Teil5, inwt-statistics. 2015. inwt-statistics.de. *inwt-statistics.de.* [Online] 21. 07 2015. https://www.inwt-statistics.de/blog-artikel-lesen/Bestimmtheitsmass_R2-Teil5.html.

Thomas Renner, Michael Vetter, Sascha Rex, Holger Ket. 2005. Open Source Software. *Einsatzpotenziale und Wirtschaftlichkeit.* [Online] 2005. [Zitat vom: 03. 09 2015.] http://wiki.iao.fraunhofer.de/images/6/63/Fraunhofer-Studie-Open-Source-Software.pdf.

Torsten C. 2010. *Basiswissen Testen von Software.* Witten : Herdecke, 2010.

Trends, Google. 2015. Google Trends. *Google Trends.* [Online] 21. 07 2015. https://www.google.de/trends/?hl=de.

—. 2015. Google Trends - Open Source ERP. *Google Trends - Open Source ERP.* [Online] 21. 07 2015. https://www.google.de/trends/explore#q=Open%20Source%20ERP.

Wirtschaftslexikon, Gabler. 2015. Gabler Wirtschaftslexikon. *SWOT-Analyse.* [Online] Springer Gabler Verlag, 2015. [Zitat vom: 04. 09 2015.] http://wirtschaftslexikon.gabler.de/Archiv/326727/swot-analyse-v3.html.

Yulia S. 2012. Zusammenfassung der wichtigsten Ergebnisse der Umfrage im Rahmen der Masterarbeit zum Thema Open-Source-ERP-Systeme bei kleinen und mittleren Unternehmen in Berlin-Brandenburg. Berlin : Beuth Hochschule für Technik Berlin, 2012.

Zalewski, Stefan. 2009. *Open Source - Der Weg in das Unternehmen .* München : Grin Verlag, 2009.

Zangemeister, Christof. 1970. Nutzwertanalyse in der Systemtechnik – Eine Methodik zur multidimensionalen Bewertung und Auswahl von Projektalternativen. Berlin : München: Wittemann, 1970.

II. ANHANG

Anhang I: Grundsätze von Open Source Software

Grundsätze von Open Source Software in Anlehnung an http://opensource.org/osd abgerufen am 03.09.2015

Freie Weitergabe

Die Lizenz darf niemanden darin hindern, die Software zu verkaufen oder sie mit anderer Software zusammen in einer Software-Distribution weiterzugeben. Die Lizenz darf keine Lizenzgebühr verlangen.

Verfügbarer Quellcode

Die Software muss im Quellcode für alle Nutzer verfügbar sein.

Abgeleitete Arbeiten

Die Lizenz muss von der Basissoftware abgeleitete Arbeiten und deren Distribution unter derselben Lizenz wie die Basissoftware erlauben.

Integrität des Autoren-Quellcodes

Die Lizenz muss explizit das Verteilen von Software erlauben, die auf einer modifizierten Version des Originalquellcodes beruhen. Die Lizenz kann verlangen, dass solche Änderungen zu einem neuen Namen oder einer neuen Versionsnummer der Software führen und solche Änderungen dokumentiert werden. Die Lizenz darf verlangen, dass nur Patches zum Originalcode verteilt werden dürfen, wenn diese mit dem Quellcode verteilt werden dürfen.

Keine Diskriminierungen von Personen oder Gruppen

Die Lizenz darf nicht einzelnen Personen oder Gruppen die Nutzung der Software verweigern, z. B. den Bürgern eines bestimmten Staates.

Keine Nutzungseinschränkung

Die Lizenz darf den Verwendungszweck der Software nicht einschränken, z. B. kein Ausschluss militärischer oder kommerzieller Nutzung o. ä.

Lizenzerteilung

Die Lizenz muss für alle zutreffen, welche die Software erhalten, ohne z. B. eine Registrierung oder eine andere Lizenz erwerben zu müssen.

Produktneutralität

Die Lizenz muss produktneutral gestaltet sein und darf sich z. B. nicht auf eine bestimmte Distribution beziehen.

Die Lizenz darf andere Software nicht einschränken

Sie darf zum Beispiel nicht verlangen, dass sie nur mit Open Source Software verbreitet werden darf.

Die Lizenz muss Technologie-neutral sein

Sie darf z. B. nicht verlangen, dass die Distribution nur via Web/CD/DVD verteilt werden darf.

Anhang II: Ergebnis des Selektionsprozesses

Legende vgl. Kapitel 4.3

- Kriterium a – Open Source
- Kriterium b – Eigene Webseite
- Kriterium c – Deutsch oder Englische Sprache
- Kriterium d – Downloadbare Dateien
- Kriterium e – Skalierbarkeit für KMU

Nr.	Anbieter	K a	K b	K c	K d	K e	Ergebnis	Identifiziert über	Webseite
1	ABC ERP	x	x				nicht bestanden	http://sourceforge.net/projects/abc-erp/?source=directory	http://www.abc-erp.com/
2	Adaxa Suite		x	x		x	nicht bestanden	https://www.google.de	http://adaxa.com/
3	Adempiere ERP	x	x	x	x	x	bestanden	https://github.com/adempiere/adempiere	http://www.adempiere.com/ADempiere_ERP
4	Apache OFBiz	x	x	x	x	x	bestanden	https://github.com/apache/ofbiz	http://ofbiz.apache.org/
5	AvERP		x	x		x	nicht bestanden	https://www.google.de	http://www.synerpy.de/cm/
6	BlueERP	x					nicht bestanden	http://sourceforge.net/projects/blueerp/	
7	BYDAN-ERP	x					nicht bestanden	http://sourceforge.net/projects/bydanerp/	
8	CAO Faktura		x	x		x	nicht bestanden	http://www.cao-wawi.ce/download/cao-faktura	http://www.cao-wawi.de/
9	Capella ERP Indonesia	x					nicht bestanden	http://sourceforge.net/projects/capella/?source=directory	
10	CK-ERP	x	x	x	x	x	bestanden	http://sourceforge.net/projects/ck-erp/	http://ck-erp.net/drupal/
11	cncerp	x	x				nicht bestanden	http://sourceforge.net/projects/cncerp/?source=directory	http://www.cncerp.com/

#	Name	Marks	Status	URL	Website
12	Compiere	x x x x x	bestanden	http://sourceforge.net/projects/compiere/	http://www.compiere.com/
13	Compracam ERP	x	nicht bestanden	http://sourceforge.net/projects/compracamerp/	
14	conceptERP	x x	nicht bestanden	http://www.pro-linux.de/news/1/16267/warenwirtschaftssystem-concepterp-als-open-source-version.html	http://www.concepterp.de/
15	Custom-ERP	x	nicht bestanden	http://sourceforge.net/projects/customerpcya/	
16	Dolibarr	x x x x x	bestanden	http://sourceforge.net/projects/dolibarr/?source=directory#reviews	http://www.dolibarr.org/
17	EasyERP	x x x x x	bestanden	http://sourceforge.net/projects/easyerp/	http://easyerp.com/
18	EEG/ERP Data Processor	x	nicht bestanden	http://sourceforge.net/projects/eegprocessor/	
19	Ekylibre	x x x x x	bestanden	https://github.com/ekylibre/ekylibre	http://ekylibre.org/#head
20	Epesi	x x x x x	bestanden	http://sourceforge.net/projects/epesi/?source=directory	http://epe.si/
21	ERP Societe	x	nicht bestanden	http://sourceforge.net/projects/erpsociete/?source=directory	
22	ERP5	x x x x x	bestanden	http://sourceforge.net/projects/erp5/?source=directory	http://www.erp5.org/
23	ERPel	x x	nicht bestanden	http://www.heise.de/download/erpel-1167071.html	http://www.davaosoft.com
24	ERPNext	x x x x x	bestanden	https://github.com/frappe/erpnext	https://erpnext.com/
25	ERPRock	x	nicht bestanden	http://sourceforge.net/projects/erprock/	
26	Evaristo	x	nicht bestanden	http://sourceforge.net/projects/evaristo/?source=directory	
27	Fedena	x x x x x	bestanden	http://sourceforge.net/projects/fedena.mirror/?source=directory	http://www.fedena.com/
28	FrontAccounting	x x x x x	bestanden	http://sourceforge.net/projects/frontaccounting/?source=directory	http://frontaccounting.com/

2 9	Gea.Net Small	x x	nicht bestan den	http://sourceforge.net/projects/g eanet/?source=directory	http://www.geanetw eb.com/
3 0	Gnue	x x x x x	bestan den	http://sourceforge.net/projects/g nue/?source=directory	http://www.gnu.org/s oftware/gnue/gnue.ht ml
3 1	GO Gestionale Open - Open Source ERP	x	nicht bestan den	http://sourceforge.net/projects/g ogestionale/?source=directory	
3 2	Grass CRM	x	nicht bestan den	http://sourceforge.net/projects/g rasscrm/	
3 3	Grow ERP, The ERP which can grow!	x x x x	nicht bestan den	http://sourceforge.net/projects/g rowerptheopens/files/?source=na vbar	http://www.growerp. com/
3 4	hd-erp	x	nicht bestan den	http://sourceforge.net/projects/h derp/	
3 5	heliumv	x x x x x	bestan den	https://github.com/heliumv/heliu mv	http://www.heliumv.c om/
3 6	iDempiere	x x x x x	bestan den	http://sourceforge.net/projects/i dempiere/?source=navbar	http://www.idempier e.org/
3 7	inoerp	x x x x x	bestan den	http://sourceforge.net/projects/i noerp/?source=directory	http://inoideas.org/
3 8	IntarS	x x x x x	bestan den	http://sourceforge.net/projects/i ntars/	http://www.intars.de/
3 9	Jfire	x x x x x	bestan den	http://sourceforge.net/projects/p roject-jfire/?source=directory	http://www.jfire.net/ de_DE/
4 0	Kivitendo	x x x x x	bestan den	https //github.com/kivitendo	http://www.kivitendo .de/
4 1	KKE Manage ERP	x x x x	nicht bestan den	http://sourceforge.net/projects/k kemanage/?source=directory	http://www.kkemana ge.com/
4 2	Kuali	x x x x x	bestan den	https://github.com/kuali/kc	https://www.kuali.org /
4 3	KwaMoja	x x x x x	bestan den	http://sourceforge.net/projects/k wamoja/?source=directory	http://www.kwamoja. com/
4 4	LedgerSMB	x x x x x	bestan den	http://sourceforge.net/projects/le dger-smb/?source=directory	http://ledgersmb.org/
4 5	Libertya ERP	x x	nicht bestan den	http://sourceforge.net/projects/li bertya/?source=directory	http://www.libertya.o rg/
4 6	MaxOn Accounting Software	x x	nicht bestan den	http://sourceforge.net/projects/ maxon/?source=directory	http://www.talagasof t.com/

#	Name						Status	Link 1	Link 2
47	MixERP	x	x	x	x	x	bestanden	https://github.com/mixerp/mixerp/releases	http://mixerp.org/erp/
48	neogia	x	x				nicht bestanden	https://www.google.de	http://www.neogia.org
49	NEXUS - small ERP	x					nicht bestanden	http://sourceforge.net/projects/sro2/?source=directory	
50	NPSYS	x					nicht bestanden	http://sourceforge.net/projects/npsys/	
51	Odoo	x	x	x	x	x	bestanden	https://github.com/odoo	https://www.odoo.com/
52	Onix ERP/CRM	x	x				nicht bestanden	http://sourceforge.net/projects/onixerpcrm/?source=directory	http://www.getonix.com/index.php
53	openaguila	x					nicht bestanden	https://www.google.de	http://www.openaguila.org/
54	Openbig	x	x		x		nicht bestanden	https://www.google.de	https://www.openbig.org/
55	Openbravo	x	x	x	x	x	bestanden	http://sourceforge.net/projects/openbravo/	http://www.openbravo.com/
56	OpenConcerto	x					nicht bestanden	https://www.google.de	http://www.openconcerto.org/fr/index.html
57	Openpro ERP it	x					nicht bestanden	http://sourceforge.net/projects/openpro/?source=directory	
58	Openpro us	x	x				nicht bestanden	https://www.google.de	http://openpro.com/solutions.html
59	Open-Source-ERP	x	x	x	x	x	bestanden	http://sourceforge.net/projects/opensourceerp/	http://www.nelson-it.org/home/
60	Opentabs	x	x	x	x	x	bestanden	https://github.com/unhosted/Opentabs.net	http://www.opentaps.org/
61	OpenZ	x	x	x	x	x	bestanden	http://sourceforge.net/projects/openz/?source=directory	http://www.openz.de/
62	PhreeBooks Accounting	x	x	x	x	x	bestanden	http://sourceforge.net/projects/phreebooks/?source=recommended	http://www.phreebooks.com/
63	Phreedom ERP	x	x	x	x	x	bestanden	http://sourceforge.net/projects/phreedom/?source=directory	http://www.phreebooks.com/

	Name						Status	SourceForge	Website
64	Priority Software - ERP Software	x	x	x		x	nicht bestanden	http://sourceforge.net/projects/prioritysoftware/?source=directory	http://www.priority-software.com/
65	Promet-Erp	x	x	x	x	x	bestanden	http://sourceforge.net/projects/prometerp/?source=directory	http://www.free-erp.de/
66	RISO ERP	x					nicht bestanden	http://sourceforge.net/projects/risoerp/	
67	RyA ERP	x	x				nicht bestanden	http://sourceforge.net/projects/ryaerp/?source=directory	http://www.elyon.com.py/
68	SalonERP	x					nicht bestanden	http://sourceforge.net/projects/salonerp/	
69	SALT OS	x	x	x	x	x	bestanden	http://sourceforge.net/projects/saltos/?source=directory	http://www.saltos.org/portal/er/home
70	Sistema Nano ERP	x					nicht bestanden	http://sourceforge.net/projects/nanogsm/?source=directory	
71	Sooth ERP		x				nicht bestanden	https://www.google.de	http://www.sootherp.fr/
72	SQL-Legder	x	x	x	x	x	bestanden	http://sourceforge.net/projects/sql-ledger/?source=directory	http://www.sql-ledger.com/
73	Trython	x	x	x	x	x	bestanden	https://github.com/tryton/tryton	http://www.tryton.org/de/
74	utilitarios ERP	x					nicht bestanden	http://sourceforge.net/projects/utilitarioserp/	
75	VIENNA ERP/CRM	x	x	x	x	x	bestanden	http://sourceforge.net/projects/erp-crm-advant/	http://www.viennaadvantage.com/
76	webERP	x	x	x	x	x	bestanden	http://sourceforge.net/projects/web-erp/	http://www.weberp.org/
77	Xendra	x	x				nicht bestanden	http://sourceforge.net/projects/xendra/?source=directory	http://www.xendra.org/
78	Xristal ERP	x					nicht bestanden	http://sourceforge.net/projects/xristal/	
79	xTubel	x	x	x	x	x	bestanden	http://sourceforge.net/projects/postbooks/?source=directory	https://www.xtuple.com/
80	z9	x					nicht bestanden	http://sourceforge.net/projects/zeronove/	

#	Name	Marks	Status	URL 1	URL 2
81	Zion-IT-ERP	x x x	nicht bestanden	http://sourceforge.net/projects/zierp/?source=directory	http://wacko.zion-it.com/ZionITERP
82	faves-ERP Manufacturing	x	nicht bestanden	http://sourceforge.net/projects/faves-erp/?source=navbar	
83	Limbas	x x x x x	bestanden	http://sourceforge.net/projects/limbas/?source=directory	http://www.limbas.org/wiki/Hauptseite
84	Nuclos	x x x x	nicht bestanden	https://www.google.de	http://www.nuclos.de/de.html
85	Keen CRM/ERP	x x	nicht bestanden	http://sourceforge.net/projects/keengest/?source=recommended	

Anhang III: Ergebnis nichtfunktionale Test

Hersteller	Forum	Einträge	Forum aktualität	Forum gesamt	Service & Support	Wiki	Qualität Wiki	Wiki gesamt	Demo	Informationsgehalt	Plattform	letzte Release	Trend	Summe
Phreedom ERP				0				0				0		0
CK-ERP	5	0	0	1,66666667	0	5	0	2,5	5	5		0	0	-5	9,16666667
Gnue	5	5	10	6,66666667	0	5	0	2,5	0	5	5	0	-5	14,16666667
Kuali	0	0	0	0	5	5	10	7,5	0	0	5	10	-5	22,5
EasyERP	5	0	10	5	0	0	0	0	10	5	5	5	-5	25
SQL-Legder	5	0	10	5	5	5	0	2,5	5	5	5	5	-5 (m=-0,112)	27,5
KwaMoja	5	0	0	1,66666667	0	5	10	7,5	10	5	5	5	-5	29,16666667
inoerp	5	0	10	5	0	5	0	2,5	10	5	5	10	-5	32,5
Jfire	0	0	0	0	10	10	0	5	10	5	5	5	-5 (m=-0,6029)	35
Promet-Erp	10	0	10	6,66666667	0	10	10	10	5	5	5	10	-5	36,66666667
ERP5	5	0	0	1,66666667	10	5	10	7,5	5	10	5	5	-5 (m=-0,1366)	39,16666667
Opentabs	5	5	10	6,66666667	5	5	10	7,5	10	10	5	0	-5 (m=-0,0259)	39,16666667
PhreeBooks Accounting	5	5	10	6,66666667	5	5	10	7,5	10	5	5	5	-5	39,16666667
Open-Source-ERP	0	0	0	0	10	10	10	10	5	5	5	10	-5	40

Apache OFBiz	5	10	10	8,33333333		5	5	10	7,5	5	5	5	5	0	m=-0,0086	40,8333333
Compiere	5	10	10	8,33333333		10	5	10	7,5	5	10	5	0	-5	m=-0,0163	40,8333333
Ekylibre	5	0	10	5		0	5	10	7,5	10	5	10	10	-5		42,5
MixERP	5	0	10	5		5	5	10	7,5	10	5	5	10	-5		42,5
Fedena	5	5	10	6,66666667		5	5	10	7,5	10	5	10	5	-5		44,1666667
heliumv	0	0	0	0	1	10	0	10	10	5	10	10	5	-5		45
SALT OS	5	0	10	5		5	5	10	7,5	10	5	10	10	-5		47,5
LedgerSMB	5	5	10	6,66666667		5	5	10	7,5	10	10	5	10	-5	m=-0,6168	49,1666667
Limbas	10	0	10	6,66666667	1	10	0	10	10	10	10	0	10	-5		51,6666667
Epesi	5	5	10	6,66666667		5	5	10	7,5	10	5	5	10	5	m=1,4944	54,1666667
FrontAccounting	5	5	10	6,66666667		5	5	10	7,5	10	5	5	10	5	m=0,65056	54,1666667
xTubel	10	5	10	8,33333333		10	5	10	7,5	10	5	10	5	0	R^2<0,4	55,8333333
IntarS	10	0	10	6,66666667	1	10	0	10	10	10	10	5	5	0	R^2<0,4	56,6666667
Kivitendo	10	0	10	6,66666667	1	10	0	10	10	10	10	5	10	-5	m=-0,2175	56,6666667
ERPNext	5	0	10	5		5	5	10	7,5	10	10	5	10	5	m=0,0316	57,5
webERP	5	0	10	5		5	5	10	7,5	10	10	5	10	5	m=-0,0126	57,5
iDempiere	10	5	10	8,33333333		10	5	10	7,5	10	10	5	5	5	m=0,0342	60,8333333
Trython	10	5	10	8,333		10	5	10	7,5	10	10	5	10	0	R^2<	60,83

	A	B	C	D	D2	E	F	G	H	I	J	K	L	M	m	Total
				333333											0,4	333333
VIENNA ERP/CRM	10	0	10	6,66666667	1	10	0	10	10	10	10	10	10	-5		61,6666667
Adempiere ERP	10	10	10	10		10	5	10	7,5	10	10	10	10	-5	m=-0,0198	62,5
Openbravo	10	10	10	10		10	5	10	7,5	10	10	10	10	-5	m=-0,0293	62,5
OpenZ	10	0	10	6,66666667	1	10	0	10	10	10	10	5	10	5	m=C,5433	66,6666667
Dolibarr	10	10	10	10		10	5	10	7,5	10	10	10	10	5	m=0,0214	72,5
Odoo	10	10	10	10		10	5	10	7,5	10	10	10	10	5	m=0,021	72,5

Anhang IV: Gesamtergebnis

Anbieter	Ergebnis Teil A	Ergebnis Teil B	Gesamtergebnis	Grad
Odoo	72,5	25	97,5	A
Dolibarr	72,5	20	92,5	A
OpenZ	66,67	25	91,67	A
Openbravo	62,5	25	87,5	A
VIENNA ERP/CRM	61,67	25	86,67	A
iDempiere	60,83	25	85,83	A
Adempiere ERP	62,5	20	82,5	A
IntarS	56,67	25	81,67	A
ERPNext	57,5	20	77,5	B
Trython	60,83	15	75,83	B
xTubel	55,83	15	70,83	B
FrontAccounting	54,17	15	69,17	B
webERP	57,5	10	67,5	B
Kivitendo	56,67	10	66,67	B
Ekylibre	42,5	20	62,5	B
heliumv	45	15	60	B
Limbas	51,67	5	56,67	B
Epesi	54,17	0	54,17	B
LedgerSMB	49,17	5	54,17	B
inoerp	32,5	20	52,5	B
MixERP	42,5	10	52,5	B
SALT OS	47,5	5	52,5	B
Opentabs	39,17	10	49,17	C
PhreeBooks Accounting	39,17	10	49,17	C
KwaMoja	29,17	15	44,17	C
Fedena	44,17	0	44,17	C
Apache OFBiz	40,83	0	40,83	C
Compiere	40,83	0	40,83	C
Open-Source-ERP	40	0	40	C
ERP5	39,17	0	39,17	C
Promet-Erp	36,67	0	36,67	C
Jfire	35	0	35	C
SQL-Legder	27,5	0	27,5	C
EasyERP	25	0	25	C
Kuali	22,5	0	22,5	C
Gnue	14,17	0	14,17	C
CK-ERP	9,17	0	9,17	C
Phreedom ERP	0	0	0	C

Anforderung	Gewichtung W	Odoo W	Odoo P	Dolibarr W	Dolibarr P	OpenZ W	OpenZ P	OpenBravo W	OpenBravo P	Vienna ERP/CRM W	Vienna ERP/CRM P
Nichtfunktionale Anforderungen											
Forum und Forumsqualität	2	5	10	5	10	4	8	5	10	3	6
Support & Service	3	5	15	4	12	4	12	5	15	4	12
Professioneller Support	9	5	45	3	27	4	36	2	18	4	36
Dokumentation	6	4	24	4	24	5	30	4	24	4	24
Testbetrieb	5	4	20	4	20	4	20	4	20	4	20
Informationsgehalt	3	5	15	5	15	4	12	3	9	4	12
Plattformunabhängigkeit	5	5	25	5	25	3	15	5	25	5	25
letztes Release der Software	4	5	20	5	20	5	20	5	20	5	20
Trendverlauf	4	5	20	4	16	3	12	2	8	1	4
Einarbeitungszeit	4	4	16	3	12	5	20	3	12	4	16
Summe nichtfunktionale Anforderungen			210		181		185		161		175
Funktionale Anforderungen	Gewichtung W										
CRM	6	4	24	3	18	4	24	4	24	4	24
DMS	6	0	0	3	18	3	18	0	0	3	18
PMS	5	3	15	0	0	3	15	3	15	4	20
BI	3	3	9	3	9	4	12	3	9	4	12
HRM	4	5	20	4	16	4	16	4	16	5	20
WflM	6	3	18	0	0	0	0	0	0	0	0
Reporting	5	5	25	4	20	5	25	4	20	5	25
Auftragsbearbeitung	10	5	50	4	40	4	40	4	40	4	40
Bestandsführung	9	3	27	4	36	4	36	5	45	3	27
Einkauf & Vertrieb	8	5	40	3	24	3	24	4	32	3	24
Finanzwesen	8	4	32	5	40	3	24	5	40	4	32
Fertigungssteuerung & Produktion	9	4	36	4	36	5	45	4	36	4	36
Disposition & Logistik	9	3	27	5	45	4	36	4	36	4	36
Summe funktionale Anforderungen			323		302		315		313		314
Gesamtpunktewert		Summe	533	Summe	483	Summe	500	Summe	474	Summe	489

IV. ANBIETERVERZEICHNIS

Open Source ERP Systeme für KMU – Leistungsfähigkeit und Einsatz

B.Sc. A. Hendrich

ANBIETERVERZEICHNIS 2015
38 Open Source ERP-System im Überblick

Abkürzungen

Abkürzung	Erklärung
BI	Business Intelligence
Contr	Controlling
CRM	Customer-Relationship-Management
DMS	Dokument-Management-System
EDM	Electronic Dokument Management
ERP	Enterprise Resource Plan ng
FiBu	Finanz Buchhaltung
GuV	Gewinn und Verlustrechrung
HRM	Human Resource Management
OS	Open Source
POS	Point of Sale
QS	Qualitätssicherung
RMA	Return Merchandise Autorisation
SCM	Supply Chain Management
WflM	Workflow Managment

INHALT

1. Leistungsverzeichnis

Alle erhoben Daten beziehen sich einschließlich auf den 01.08.2015.

1.1 Klasse 1 Anbieter

Zur Klasse 1 Anbieter gehören ERP System die die geforderten Anforderungen zur besten Zufriedenheit erfüllen.

1.1.1 ADEMPIERE

Das ADempiere-Projekt wurde im September 2006 gegründet. Meinungsverschiedenheit zwischen der Open-Source-Entwickler-Community von Compiere und Unternehmenssponsor ComPiere Inc. führten letztlich zur Schaffung von ADempiere. Die Gemeinschaft glaubte, dass das Unternehmen Compiere Inc. zu viel Wert auf die rein formale Open-Source-Struktur des Projekts legte und die Bedürfnisse sowie Beiträge der Gemeinschaft außer Acht ließ. Daraufhin wurde die Trennung von Compiere und gleichzeitig die Gründung des neuen ADempiere-Projekts beschlossen. Innerhalb weniger Wochen nach der Abspaltung erreichte ADempiere Platz fünf der SourceForge.net Ranglisten und wurde als ein Top-Ten-Open-Source-Projekt für lange Zeit gelistet. Im Jahr 2011 begannen die Kern-Entwickler neue Technologien in das bestehende System einzubauen. (Dittmann, 2009)Nach einer erneuten Auseinandersetzung folgte eine weitere Abspaltung die heute als iDempiere bekannt ist. Das Ziel des Adempiere Projekts ist die Schaffung einer Entwickler-gemeinschaft die Open-Source-Business-Lösung unterstützt. ADempiere baut auf der Java EE-Architektur auf. Aktuelle wird als DBM-System Oracle und PostgreSQL unterstützt. Lizensiert ist es unter der GPLv2. (ERP, 2015) (New@ADempiere, 2013)

Seit Anfang 2008 gibt es mit ADempiere Deutschland e.V. eine Organisation die den deutschsprachigen Raum betreut. Dies ist ein Verein der sich zum Ziel gesetzt hat, dass Projekt weiterzuentwickeln. Zusätzlich betreibt dieser Öffentlichkeitsarbeit und sorgt für die Sicherstellung der freien Rechte des Systems. Unterstützt wird er Verein von acht deutschen Vertriebspartnern die Serviceleistung rund um das ADempire Projekt anbieten, so beispielsweise Schulungs- Trainings- und Beratungsleistungen. (ADempiere, 2015) (Yulia S., 2012 S. 4;10)

Übersicht

Merkmal	Ausprägung
ERP-System	Adempiere ERP
Anbieter bzw. Trademark-Besitze	Adempiere
Standort	USA
Webseite	http://www.adempiere.com/ADempiere_ERP
Quellcode	https://github.com/adempiere/adempiere
Lizenz	GPLv2
Programmiersprache	Java J2EE
Unterstützte Datenbanken	Oracle, PostgreSQL
Plattform	webbasiert, Mobile Version
Forum	http://sourceforge.net/p/adempiere/discussion/
	mehrsprachig, aktuell und schnelle Antwortzeiten
Forumseinträge	über 6000
Testbetrieb	http://adempiere.net/demo/
	komplette Live Demo und virtuelle Demo, ansprechende Benutzeroberflächen, einfache Menüführung
Funktionenbereiche	Vertriebsmanagement
	Beschaffungswesen
	Materialwirtschaft
	Rechnungswesen
	Produktionsmanagement
	Berichtswesen
	Projektmanagement
	Aktionen und Preisermittlung
	Auftragsverwaltung
Branchen	Anlagenbau
	Handel und Dienstleistung
	Technischer Großhandel
	Verband
	Handel, Verlag
Projektstart	2006
Letzte Version	02.03.2015
Aktuelle Version	Version 3.8
Geschäftsmodell	Partnernetzwerk
Support	Support über einen der 7 deutschen Systemhäuser beziehbar , SaaS, Implementierung, Entwicklung, technisches und User Support ,Migration, Individualprogrammierung
Dokumentation	http://www.adempiere.com/index.php/Category:Documentation
	Sehr umfangreiche Dokumentation Anwender und Entwickler, FAQ, Bücher

Training	Tutorial, Schulung durch Systemhäuser
Kunden	Auswahl:
	Wilhelm Jung Unternehmensgruppe
	http://www.jung-siegen.de
	FontShop AG
	http://www.fontshop.de/
Trend	https://www.google.de/trends/explore#q=Adempie re&cmpt=q&tz=Etc%2FGMT-2

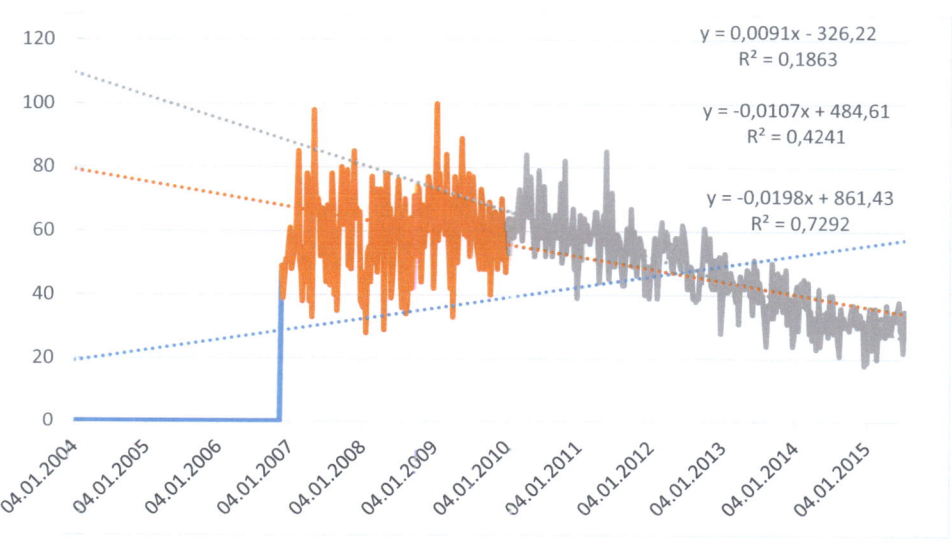

alle Werte	y = 0,0091x - 326,22	m=0,0091	Anstieg positiv
	R² = 0,1863		
Ab größer 0	y = -0,0107x + 484,61	m=-0,0107	Anstieg negativ
	R² = 0,4241		
2010	y = -0,0198x + 861,43	m=-0,0198	Anstieg negativ
	R² = 0,7292		

Anforderungskatalog

Funktionsübersicht	Vorhanden
CRM	X
DMS	
PMS	X
BI	X
HRM	
WflM	X
Reporting	X
Weitere	

Erfüllungsquote
85,00%

Auftragsbearbeitung

Funktionen	Ja	Nein	Bemerkung
Angeboten	X		
Kundenaufträge	X		
Versand	X		
Weitere			

Bestandsführung

Funktionen	Ja	Nein	Bemerkung
Bestandsverwaltung	X		
Warenbewegung	X		
Inventur	X		
Weitere	Ausschreibung		

Einkauf & Vertrieb

Funktionen	Ja	Nein	Bemerkung
Lieferantenbewertung		X	
Bestellungen	X		
Weitere			

Finanzwesen

Funktionen	Ja	Nein	Bemerkung
Rechnungserfassung	X		
FIBU und Contr	X		
Weitere	Steuerverwaltung		
	Bank und Kassenbuch		
	Anlagevermögen		
	Statistik und Berichte		
	Finanzberichte		

Fertigungssteuerung & Produktion

Funktionen	Ja	Nein	Bemerkung
Auftrags- oder Produktionsplanung	X		
Steuerung	X		
Weitere	Stücklistenverwaltung		
	Ressourcenfertigung		
	Fertigungsworkflow erstellen		

Disposition & Logistik

Funktionen	Ja	Nein	Bemerkung
Bedarfsermittlung & Wareneingang	X		Bestellvorschlagsliste inkl. Produktion
Weitere	Kapazitätsplanung		

1.1.2 DOLIBARR

Dolibarr ERP/CRM ist eine moderne, Web-basierende Open Source Software für kleine und mittlere Unternehmen lizensiert unter GPLv3. Es ist komplett in PHP geschrieben und verwendet ein PostgrSQL-DBM-System. Das Dolibarr-Projekt wurde 2002 von Rodolphe Quiedeville gestartet. Schon im darauffolgenden Jahr wurde die erste Version veröffentlicht. Durch zahlreiche Weiterentwicklungen wurde die Software immer bekannter. Vor allem im französischsprachigen Raum erfreut sich Dolibarr großer Beliebtheit. 2008 übernahm Laurent Destailleur die Projektleitung. Er war vor dem Projekt an der Entwicklung einer freien Webanalyse-Software maßgeblich beteiligt. Unter seiner Führung erfolgte der Ausbau weiterer Funktionalitäten und des angebotenen Umfangs. (Destailleur, 2014)

Im April 2015 wurde eine deutschsprachige, rechtsfähige Gruppe als eingetragener Verein gegründet. Der Zweck des Vereins Dolibarr e.V. ist die Unterstützung von Wissenschaft und Forschung im Bereich freier Software. Dabei stehen unteranderem der freie Wissensaustausch und die Chancengleichheit beim Zugang zu Software durch die Förderung und Verbreitung freier CRM und ERP Module im Vordergrund. (Deutschland, 2015) Der Verein fördert und unterstützt zusätzlich die Verbreitung von Dolibarr ERP im deutschsprachigen Raum. Vertreten wird dieser durch die in Deutschland ansässige Firma modula71 GmbH. Supportlösungen, Anpassungen und Hosting für den Bereich Dolibarr ERP können über modula71 bezogen werden. (modula71, 2011) Über die französische Seite kann ebenfalls auf ein SaaS-Angebot zurückgegriffen werden. Dort findet sich auch ein Addon-Market in dem Zusatzmodule, Erweiterungen und Anwenderhandbücher erworben werden können. (Dolistore, 2015)

Übersicht

Merkmal	Ausprägung
ERP-System	Dolibarr
Anbieter bzw. Trademark-Besitze	Laurent Destailleur
Standort	Frankreich
Webseite	http://www.dolibarr.org/
Quellcode	http://sourceforge.net/projects/dolibarr/?source=directory#reviews
Lizenz	GPLv3
Programmiersprache	PHP
Unterstützte Datenbanken	PostgreSQL
Plattform	webbasiert, Mobile Version
Forum	http://www.dolibarr.org/forum
	mehrsprachig, aktuell und schnelle Antwortzeiten
Forumseinträge	über 6000

Testbetrieb	https://www.on.dolicloud.com/signUp/index?origin=dolibarronlinedemo&planCode=basic
	komplette Live Demo mit allen Funktionen, ansprechende Benutzeroberflächen, einfache Menüführung
Funktionenbereiche	CRM
	Lieferanten-Verzeichnis
	Produkte und Dienstleistungen
	Bankkonten -Management
	Auftragsverwaltung
	POS
	Rechnung
	Vertrieb und Einkauf
	HRM
	SCM
Branchen	Einzelhandelsunternehmen
	Großhandelsunternehmen
	Maschinenbaubetrieb
	Maschinenringe
	Internet-Shop Anbieter
	Klassischer Ladenshop
	Fleischerei
	Systemhäuser
	Verlagswesen
Projektstart	2002
Letzte Version	01.06.2015
Aktuelle Version	Version 3.7.1
Geschäftsmodell	Support, Entwicklung, Hosting, Addon Markt
Support	17 offiziel bevorzugte Systemhäuser weltweit und weiter Provider so auch zwei Deutsche Supportdienstleister und ein eigetragener Verein,SaaS, Implementierung, Entwicklung, technisches und User Support ,Migration, Individualprogrammierung
Dokumentation	http://wiki.dolibarr.org/index.php/Main_Page#Users_documentation
	Online Doku Anwender und Entwickler, Video, zusätzliche eBooks uim Shop erhältich, FAQ
Training	Schulung können über Systemhäuser bezogen werden
Kunden	Auswahl:
	AEVALOR - Ingenieurbüro
	http://aevalor.com/
	Adqa - IT-Dienstleister
	http://www.adqa.com/
Trend	https://www.google.de/trends/explore#q=Dolibarr&cmpt=q&tz=Etc%2FGMT-2

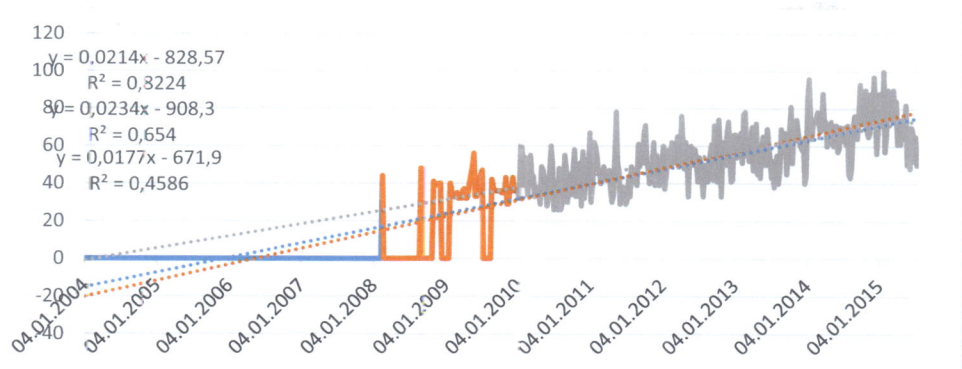

alle Werte	$y = 0{,}0214x - 828{,}57$ $R^2 = 0{,}8224$	m=0,0214	Anstieg positiv
Ab größer 0	$y = 0{,}0234x - 908{,}3$ $R^2 = 0{,}654$	m=0,0234	Anstieg positiv
2010	$y = 0{,}0177x - 671{,}9$ $R^2 = 0{,}4586$	m=0,0177	Anstieg positiv

Anforderungskatalog

Funktionsübersicht	Vorhanden
CRM	X
DMS	X
PMS	
BI	X
HRM	X
WflM	
Reporting	X
Weitere	Data Export/Import
	POS

Erfüllungsquote
80,00%

Auftragsbearbeitung

Funktionen	Ja	Nein	Bemerkung
Angeboten	X		
Kundenaufträge	X		
Versand	X		
Weitere			

Bestandsführung

Funktionen	Ja	Nein	Bemerkung
Bestandsverwaltung	X		
Warenbewegung	X		
Inventur	X		
Weitere	Ausschreibung		

Einkauf & Vertrieb

Funktionen	Ja	Nein	Bemerkung
Lieferantenbewertung		X	
Bestellungen	X		
Weitere			

Finanzwesen

Funktionen	Ja	Nein	Bemerkung
Rechnungserfassung	X		
FIBU und Contr	X		
Weitere	X		
	GuV		
	Bilanz		
	Cashflow		
	Allgemeine Kontenbilanz		

Fertigungssteuerung & Produktion

Funktionen	Ja	Nein	Bemerkung
Auftrags- oder Produktionsplanung	X		
Steuerung		X	
Weitere			

Disposition & Logistik

Funktionen	Ja	Nein	Bemerkung
Bedarfsermittlung & Wareneingang	X		
Weitere			

1.1.3 IDEMPIERE

iDempiere auch als OSGi + ADempiere bekannt ist eine moderne OSERP Anwendung. Die Software enthält alle wichtigen Funktionen eines typischen ERP-Systems und ist darüber hinaus stark erweiterbar. So erlaubt das System die Konfiguration für ganz spezielle Geschäftsfälle und kann vor allem von kleineren und mittelständischen Unternehmen ohne größere Anpassungen genutzt werden. (iDempiere) Die Ursprünge von iDempiere gehen bis ins Jahr 1999 zurück. Den Grundstein für die Entwicklung legte das Compire Projekt aus diesem sich das ADempiere System ableitete. Aufgrund von Meinungsverschiedenheiten in der ehemaligen ADempiere Entwickler-Community beschloss die Mehrheit der aktiven Nutzer 2011 ein neues Projekt mit neuer Architektur zu begründen. Das entstandene System wurde iDempiere genannt. Aktuell wird es nur durch eine Gemeinschaft von Anhängern angetrieben und betreut. Den größten Unterschied zwischen iDempiere und ADempiere markiert das Plattform-Technologie Upgrade auf das OSGi-Framework. Mit diesem ist es möglich iDempiere durch verschiedene Plugins zu erweitern. Das OSGi Framework ist das Kernelement eines Java-Komponentensystems für sogenannte Service Gateways. Es dient als Laufzeitumgebung für Softwarekomponenten und orientiert sich stark an den Prinzipien der serviceorientierten Architektur. Durch das Framework ist iDempiere im Vergleich zu seinen Vorgängern besonders modular, dynamisch und erweiterbar. Im Zuge dieser Umstellungen wurden weitere neue Technologien in das Projekt integriert. So wurden beispielsweise Webserver, Build-System und GUI modernisiert. (Kai Hackbarth, 2014)Als DBM-Systeme werden Oracle und PostgreSQL unterstützt. Lizensiert ist es unter der GPLv2. Rund um das Projekt finden sich 18 Service Anbieter und Sponsoren. Diese bieten Consulting, Hosting, Support und andere Serviceleistungen an. Auf eine deutschsprachige Firma wird ebenfalls verwiesen, hierzu finden sich aber keinerlei weitere Vermerke oder Verlinkungen. (IDempiere, 2015)

Übersicht

Merkmal	Ausprägung
ERP-System	iDempiere
Anbieter bzw. Trademark-Besitze	
Standort	USA
Webseite	http://www.idempiere.org/
Quellcode	http://sourceforge.net/projects/idempiere/?source=navbar
Lizenz	GPLv2
Programmiersprache	Java
Unterstützte Datenbanken	Oracle,PostgreSQL
Plattform	webbasiert
Forum	http://www.idempiere.org/forums
	Verschiedene Mailinglisten und Foren mehrsprachig, aktuell, schnelle Antwortzeiten
Forumseinträge	3000 und 6000
Testbetrieb	https://test.idempiere.org/
	komplette Live Demo mit Testdaten, ansprechende Benutzeroberflächen, einfache Menüführung
Funktionenbereiche	Buchhaltung
	Produktionsmanagement
	Vertrieb
	Beschaffung
	Materialwirtschaft
	Geschäftspartner
Branchen	KMU
Projektstart	2011
Letzte Version	31.10.2014
Aktuelle Version	Version 2.1
Geschäftsmodell	Partnernetzwerk
Support	15 Systemhäuser weltweit, eins in Deutschland ,SaaS, Implementierung, Entwicklung, technisches und User Support
Dokumentation	http://www.idempiere.org/documentation

	umfangreiche Online Dokumentation für Anwender und Entwickler
Training	Schulungen können über Systemhäuser bezogen werden
Kunden	Auswahl:
	Gesundheit
	http://www.ncor.org.uk/
	Private Security
	http://www.psira.co.za/psira/
Trend	https://www.google.de/trends/explore#q=iDempiere&cmpt=q&tz=Etc%2FGMT-2

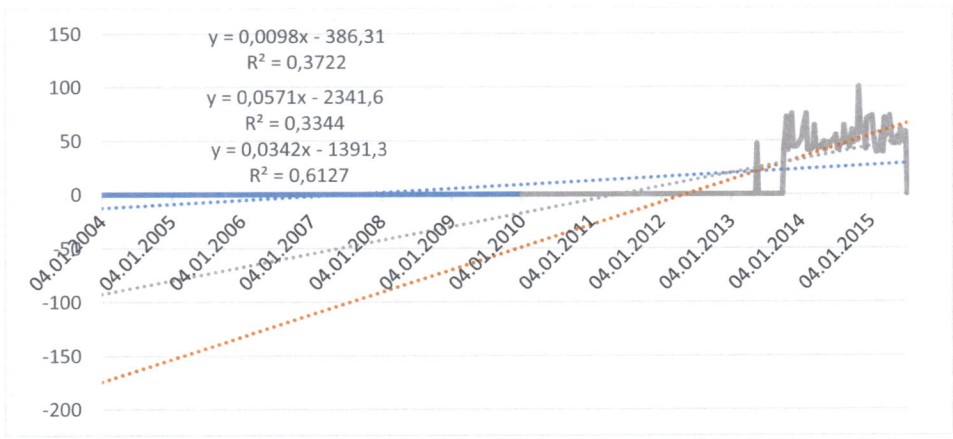

alle Werte	$y = 0{,}0098x - 386{,}31$	$m = 0{,}0098$	Anstieg positiv
	$R^2 = 0{,}3722$		
Ab größer 0	$y = 0{,}0571x - 2341{,}6$	$m = 0{,}0571$	Anstieg positiv
	$R^2 = 0{,}3344$		
2010	$y = 0{,}0342x - 1391{,}3$	$m = 0{,}0342$	Anstieg positiv
	$R^2 = 0{,}6127$		

Anforderungskatalog

Funktionsübersicht	Vorhanden
CRM	X
DMS	
PMS	X
BI	X
HRM	
WflM	X
Reporting	X
Weitere	E-Commerce

Erfüllungsquote
90,00%

Auftragsbearbeitung

Funktionen	Ja	Nein	Bemerkung
Angeboten	X		
Kundenaufträge	X		
Versand	X		
Weitere			

Bestandsführung

Funktionen	Ja	Nein	Bemerkung
Bestandsverwaltung	X		
Warenbewegung	X		
Inventur	X		
Weitere			

Einkauf & Vertrieb

Funktionen	Ja	Nein	Bemerkung
Lieferantenbewertung	X		Lieferantendetails
Bestellungen	X		
Weitere			

Finanzwesen

Funktionen	Ja	Nein	Bemerkung
Rechnungserfassung	X		
FIBU und Contr	X		
Weitere	Steuerverwaltung		
	Bank und Kassenbuch		
	Anlagevermögen		
	Statistik und Berichte		
	Finanzberichte		

Fertigungssteuerung & Produktion

Funktionen	Ja	Nein	Bemerkung
Auftrags- oder Produktionsplanung	X		
Steuerung	X		
Weitere	Stücklistenverwaltung		
	Ressourcenfertigung		

Disposition & Logistik

Funktionen	Ja	Nein	Bemerkung
Bedarfsermittlung & Wareneingang	X		Bestellvorschlagsliste inkl. Produktion
Weitere	Kapazitätsplanung		
	Materialbedarfsplanung		

1.1.4 INTARS

IntarS ist eine webbasierende, freie Unternehmenssoftware für kleinere bis mittlere Unternehmen. Zielgruppe sind Handels-, Fertigungs- und Dienstleistungsorientiere Unternehmen mit individuellen Anforderungen. (Baader, 2013)Entstanden ist IntarS 2004 als Zusammenschluss von zwei ERP-Systemlösungen für den Bereich Handel und Fertigung. Diese zwei Branchenlösungen setzten sich wiederum aus anderen Entwicklungsleistungen zusammen. Ausgangspunkt für die gesamte Entwicklung bildete ein datenbankorientiertes Kundenprojekt in Objective-C. Objective-C, erweitert die Programmiersprache C um Sprachmittel zur objektorientierten Programmierung. Das Grundsystem ist somit wie seine Vorgänger in Objective-C und IntarScript geschrieben. (IntarS, 2014)Lizensiert ist es unter der GPLv2. Aktuell existiert IntarS in zwei Varianten, wobei keine funktionale Einschränkungen zwischen Community- und Professional-Version besteht. Treibende Kraft hinter der Weiterentwicklung von IntarS ist das deutsche Unternehmen IntarS Unternehmenssoftware GmbH. Das Unternehmen selbst gibt an das weit über 100 produktive Installationen in Deutschland von IntarS existieren. (IntarS, 2014)Darüber hinaus gibt es weitere zertifizierte Partner die die Entwicklung des ERP-Systems beeinflussen. All diese Unternehmen bieten für den Kunden kostenpflichtige Service- und Supportleistungen an. Zusätzlich werden komplett Integrationen und Wartungsverträge angeboten auch SaaS-Modelle stehen zur Verfügung. (IntarS, 2014)

Übersicht

Merkmal	Ausprägung
ERP-System	IntarS
Anbieter bzw. Trademark-Besitze	IntarS Unternehmenssoftware GmbH
Standort	Deutschland
Webseite	http://www.intars.de/
Quellcode	http://sourceforge.net/projects/intars/
Lizenz	GPLv2
Programmiersprache	Objective-C
Unterstützte Datenbanken	MariaDB,MySQL
Plattform	webbasiert
Forum	http://sourceforge.net/p/intars/discussion/
	deutsch und englisch, letzter Eintrag länger als 6 Monate, Schnelle Antwortzeiten
Forumseinträge	unter 200
Testbetrieb	http://www.intars.de/demo
	komplette Live Demo für Administrator und User, ansprechende Benutzeroberflächen, einfache Menüführung
Funktionenbereiche	Auftragsverwaltung
	Angebotserstellung
	Lagerwesen, Inventur, Mehrlager
	Rechnungslegung
	Projektabwicklung
	Bestellwesen
	Arbeitsvorbereitung

	Content-Management
	Document-Management
	Fertigungsplanung
	Fertigungssteuerung, Leitstand
	Prozesssteuerung durch Barcode-Scanner
	CRM
	Statistik-Auswertungen
	Datev- und EuroFibu-Schnittstelle
	Fuhrpark
	Variantentechnik
Branchen	Verlage
	Metall
	Automobilzulieferer
	Fahrradhandel und Produktion
	Schneidwaren
	Anlagenbau
	Seminarveranstalter
	Möbel und Holz
	Versandhandel
	IT-Dienstleister
	Bogensport
Projektstart	1998
Letzte Version	2014
Aktuelle Version	IntarS 7
Geschäftsmodell	Support, Entwicklung, Hosting
Support	Eigener Support und neun Partner 3 in Deutschland, SaaS, Implementierung, Entwicklung, technisches und User Support ,Migration, Individualprogrammierung
Dokumentation	http://www.intars.de/Downloads/ERP_IntarS_Handbuch.pdf
	Online Doku und Handbuch
Training	Schulung / Workshop
Kunden	Auswahl
	GHOST Mountainbikes
	http://www.ghost-bikes.com/
	Möbel und Design
	http://www.finori.com/
Trend	https://www.google.de/trends/explore#q=IntarS&cmpt=q&tz=Etc%2FGMT-2

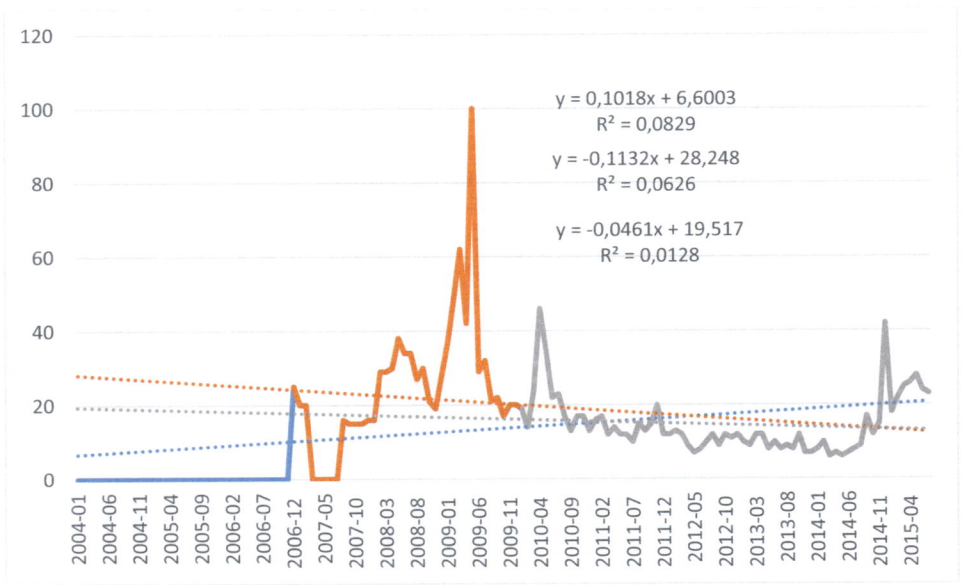

alle Werte	$y = 0,1018x + 6,6003$		$m=0,1018$	Anstieg positiv
	$R^2 = 0,0829$			
Ab größer 0	$y = -0,1132x + 28,248$		$m=-0,1132$	Anstieg negativ
	$R^2 = 0,0626$			
2010	$y = -0,0461x + 19,517$		$m=-0,0461$	Anstieg negativ
	$R^2 = 0,0128$			

Anforderungskatalog

Funktionsübersicht	Vorhanden
CRM	X
DMS	X
PMS	X
BI	X
HRM	
WflM	
Reporting	X
Weitere	POS
	CMS
	E-Commerce

Erfüllungsquote
90,00%

Auftragsbearbeitung

Funktionen	Ja	Nein	Bemerkung
Angeboten	X		
Kundenaufträge	X		
Versand	X		
Weitere			

Bestandsführung

Funktionen	Ja	Nein	Bemerkung
Bestandsverwaltung	X		Materialanforderungen, Lieferschein,Seriennummer
Warenbewegung	X		
Inventur	X		
Weitere	Lagerbuch		

Einkauf & Vertrieb

Funktionen	Ja	Nein	Bemerkung
Lieferantenbewertung	X		
Bestellungen	X		
Weitere	Bestellwesen		
	Lieferantenangebot		

Finanzwesen

Funktionen	Ja	Nein	Bemerkung
Rechnungserfassung	X		Ausgangsrechnung & Eingangsrechnung
FIBU und Contr	X		Hauptbuch & Journaleintrag
Weitere	Allgemeine Kontenbilanz		
	Forderungen		
	Kreditoren		
	GuV / Finanzielle Analyse		
	Kontenplan		

Fertigungssteuerung & Produktion

Funktionen	Ja	Nein	Bemerkung
Auftrags- oder Produktionsplanung	X		
Steuerung	X		
Weitere	Arbeitsvorbereitung		
	Fertigungsplanung		
	Fertigungssteuerung		

Disposition & Logistik

Funktionen	Ja	Nein	Bemerkung
Bedarfsermittlung & Wareneingang	X		
Weitere			

1.1.5 ODOO

Odoo ist ein OSERP-System das 2005 von Fabian Pinckares unter dem Namen TinyERP ins Leben gerufen wurde. Aktuell ist Fabian Pinckares CEO von Odoo S.A. einer Aktiengesellschaft mit Unternehmenssitz in Belgien die das ERP-System betreut und weiterentwickelt. Im Unternehmen sind 250 Angestellte beschäftigt. Das Projekt besitzt derweil über 550 Partner in über 120 Ländern. In Deutschland finden sich circa 22 registrierte Supportdienstleister. Die Community verzeichnet weit über 1500 aktive Nutzer die dazu beitragen, dass das System stetig verbessert und optimiert wird. Allein im deutschen Forum sind über 700 Einträge verzeichnet. Mittlerweile nutzen weit mehr als Zwei Millionen Nutzer die in über 30 Sprachen übersetzte Unternehmenssoftware. (Odoo, 2015) Anfänglich bestand die Motivation darin, ein konkurrenzfähiges Produkt neben SAP am ERP-Markt zu etablieren. Doch anderes als beim Markführer sollte das System komplett quelloffen sein. Dieser Ansatz legte den Grundstein für das heutige ERP-System. Während der Entwicklungsphase beschloss die Projektleitung 2008 von der damals noch unter dem Titel TinyERP bekannten Software den Namen in OpenERP umzuwandeln. Dieser Schritt war notwendig geworden um neue Kunden und Investoren zu akquirieren. 2010 entschied sich die Firmenleitung des Unternehmens das sich rund um OpenERP gebildet hatte und schon über 100 Mitarbeiter zählte die Geschäftsbereiche umzustrukturieren. Der Fokus von einem stark serviceorientierten Unternehmen wurde auf ein softwareproduzierendes Unternehmen gelegt. Die Kernkompetenzen im Bereich Forschung & Entwicklung sowie dem Vertrieb wurden ausgebaut. Durch die ständige Weiterentwicklung am Produkt entstanden im Lauf der Zeit weitere quelloffene Anwendungen und Funktionen so auch ein CMS und E-Commerce Module sowie Point of Sale und Business Anwendungen. 2014 beschloss die Unternehmensführung nicht nur das eigens entwickelte ERP-System im Portfolio anzubieten sondern auch die entstanden Module und Erweiterung separat. Deshalb wurde der Name des Projektes nochmals von OpenERP in Odoo umgewandelt. So soll auch im Name die die Neu-ausrichtung des Unternehmens kenntlich gemacht. Die Geschäftsbereiche umfassen somit aktuell weit mehr als nur das eigene ERP-System. Zurzeit kann jeder frei am quelloffenen Rahmengerüst von OdooERP mitentwickeln. (Pinckaers, 2014) Dieser Programmteil kann kostenlose heruntergeladen und als rudimentäres ERP-System verwendet, eigenmächtig weiterentwickelt oder an eigene Bedürfnisse angepasst werden. Externe Partner bieten rum das Produkt Wartungs-, Schulungs- und andere Supportleistungen gegen ein entsprechendes Entgelt an. Zusätzlich kann die Odoo-Software von einem der vielen Partner SaaS Variante in Anspruch genommen werden. Hierbei hat der Kunde die Möglichkeit bestimmte Funktionsbereiche einzeln abzuschalten oder hinzuzubuchen. Je nach gebuchtem Funktionsumfang ist dann ein entsprechendes Entgelt zu entrichten. Auf der Internetseite des Herstellers finden sich zudem weitere freie und kostenpflichtige OpenSource Anwendungen. Zielgruppe dieser Produkte sind kleine und mittlere Unternehmen von fünf bis 2000 Mitarbeitern. Aktuelle Referenzkunden finden sich beispielwiese in Danone, Veolia und dem WWF. (Odoo, 2015) (Dittmann, 2009) (Yulia S., 2012 S. 7)

Übersicht

Merkmal	Ausprägung
ERP-System	Odoo
Anbieter bzw. Trademark-Besitze	Odoo S.A.
Standort	Belgien
Webseite	https://www.odoo.com/
Quellcode	https://github.com/odoo
Lizenz	AGPLv3
Programmiersprache	Python
Unterstützte Datenbanken	PostgreSQL
Plattform	webbasiert, Mobile Version
Forum	https://www.odoo.com/forum/help-1
	mehrsprachig, aktuell und schnelle Antwortzeiten
Forumseinträge	über 10000
Testbetrieb	https://www.odoo.com/page/start
	komplette Live Demo mit allen Funktionen, moderne und ansprechende Benutzeroberfläche, einfache Menüführung
Funktionenbereiche	CRM
	Beschaffungswesen
	Produktionsmanagement
	Lagerverwaltung
	Projektmanagement
	Rechnungswesen
	Personalverwaltung
	Marketing
	HRM
	POS
	BI
Branchen	Auswahl:
	Alumni
	Beratungsunternehmen / Consulting
	Einzelhandel
	Fertigung
	Großhandel / Distributor
	Handwerk / Service / Wartung
	Ingenieurbüro
	IT Dienstleister
	Restaurant/Cafe
	Schiffswartung
	Schulungen / Seminare / Veranstaltungen
	Softwarehersteller
	Universität

	Verein
	Versandhandel / Lebensmittel / Fulfillment
	Werbeagentur
Projektstart	2005
Letzte Version	19.10.2014
Aktuelle Version	Version 8.0.0
Geschäftsmodell	Support, Entwicklung, Hosting, Zusatzmodule
Support	561 Support-Partner davon 32 Gold und 55 Silber in Deutschland 21 davon 2 Gold und 2 Silber, SaaS, Implementierung, Entwicklung, technisches und User Support ,Migration, Individualprogrammierung
Dokumentation	https://www.odoo.com/page/community
	Online Doku Anwender und Entwickler, Bücher, FAQ, Video
Training	Schulung über Systemhäuser
Kunden	Auswahl:
	Walberg Urban Electrics GmbH
	http://www.my-egret.com/de/
	WWF
	http://wwf.org/
	danone
	http://www.danone.de/home/
Trend	https://www.google.de/trends/explore#q=%2Fm%2F0282xl1&cmpt=q&tz=Etc%2FGMT-2

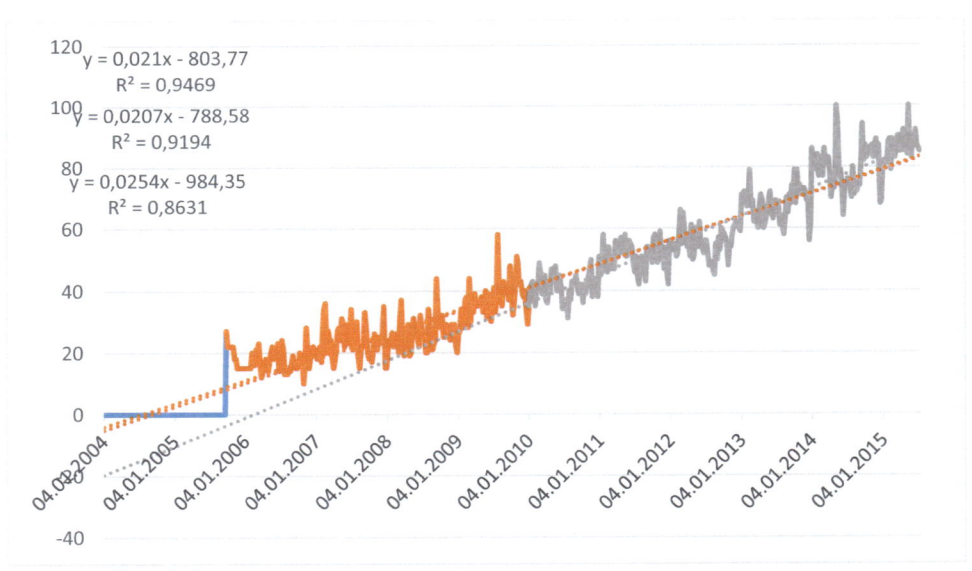

alle Werte	y = 0,021x - 803,77	m= 0,021	Anstieg positiv
	R² = 0,9469		
Ab größer 0	y = 0,0207x - 788,58	m= 0,0207	Anstieg positiv
	R² = 0,9194		

2010   y = 0,0254x - 984,35   m=0,0254   Anstieg positiv
R^2 = 0,8631

Anforderungskatalog

Funktionsübersicht	Vorhanden
CRM	X
DMS	
PMS	X
BI	X
HRM	X
WflM	X
Reporting	X
Weitere	POS
	E-Commerce
	Marketing

Erfüllungsquote
90,00%

Auftragsbearbeitung

Funktionen	Ja	Nein	Bemerkung
Angeboten	X		
Kundenaufträge	X		
Versand	X		
Weitere			

Bestandsführung

Funktionen	Ja	Nein	Bemerkung
Bestandsverwaltung	X		
Warenbewegung	X		
Inventur	X		
Weitere			

Einkauf & Vertrieb

Funktionen	Ja	Nein	Bemerkung
Lieferantenbewertung		X	
Bestellungen	X		
Weitere			

Finanzwesen

Funktionen	Ja	Nein	Bemerkung
Rechnungserfassung	X		
FIBU und Contr	X		
Weitere	Hauptbuch		
	Debitoren und Kreditoren		
	Kontenabstimmung		
	Finanzberichterstattung		

Fertigungssteuerung & Produktion

Funktionen	Ja	Nein	Bemerkung
Auftrags- oder Produktionsplanung	X		
Steuerung	X		
Weitere	Fertigungsaufträge		
	Arbeitsaufträge		
	Stücklisten		

Disposition & Logistik

Funktionen	Ja	Nein	Bemerkung
Bedarfsermittlung & Wareneingang	X		
Weitere			

1.1.6 OPENBRAVO ERP

Openbravo ist ein webbasiertes in Java geschriebenes OSERP-System. Als Datenbanken kann der Anwender PostgreSQL oder Oracle einsetzen. Die Software ist quelloffen und steht unter der Openbravo Public License. Diese Lizenz entspricht im Wesentlichen der Mozialla Public License. Openbravo entstand ursprünglich aus einer Abspaltung von Compiere ERP und sollte mit Fertigstellung 2001 nur an der Universität von Navarra in Spanien zum Einsatz kommen. Doch durch seine Funktionsvielfalt und dem starken weborientierten Fokus konnte das Produkt zahlreiche Auszeichnungen gewinnen und Kunden überzeugen. Federführend wird Openbravo von dem spanisch Unternehmen Openbravo S.L. entwickelt. (Openbravo, 2015) Durch ein stark ausgebautes Partnernetzwerk sind Implementierungen weltweit möglich. Auch ein deutsches Systemhaus findet sich unter den Anbietern wieder. So lassen sich auch in Deutschland produktive Installationen vorweisen wie beispielsweise einen Online Vertriebshändler für Spraydosen und Grafikartikel.

Openbravo wird als frei verfügbaren Community Edition angeboten. Zusätzlich stehen zwei kostenpflichtige Versionen mit unterschiedlich ausgeprägtem Funktionsumfang und Support-Level zur Verfügung. Diese können auch als gehostete Cloud Variante erworben werden. (Obenbravo, 2015) (Dittmann, 2009)

Übersicht

Merkmal	Ausprägung
ERP-System	Openbravo
Anbieter bzw. Trademark-Besitze	Openbravo, S.L.U.
Standort	Spanien
Webseite	http://www.openbravo.com/
Quellcode	http://sourceforge.net/projects/openbravo/
Lizenz	Openbravo Public License
Programmiersprache	Java
Unterstützte Datenbanken	PostgreSQL, Oracle

Plattform	webbasiert, Mobile Version
Forum	http://forums.openbravo.com/
	mehrsprachig, aktuell und schnelle Antwortzeiten
Forumseinträge	über 20000
Testbetrieb	http://www.openbravo.com/demo/
	komplette Live Demo, ansprechende Benutzeroberflächen, einfache Menüführung
Funktionenbereiche	Supply Chain Management
	Web Point of Sale
	Mobile, Web und Cloud Platform
	Reporting und Analytics
	Multi-channel Management
	Sachdatenverwaltung
	Beschaffungswesen
	Lagerverwaltung
	Projektmanagement
	Produktionsmanagement
	Vertriebsmanagement
	CRM
	Finanz- und Rechnungswesen
	Business Intelligence
Branchen	Einzelhandel
	Automotive
	Bau
	Konsumgüter
	Essen & Getränke
	Weiterbildung
	Gesundheit & Soziale Dienste
	Hi-Tech
	Industrial Equipment
	IT Dienstleistungen
	öffentlicher Sektor
	professionelle Dienstleistungen
	Transportleistungen und Logistik
Projektstart	2001
Letzte Version	21.05.2015
Aktuelle Version	3.0
Geschäftsmodell	Support, Entwicklung, Hosting
Support	Eigener Support und über 140 Partner weltweit davon 14 mit Gold Zertifizierung, Einen in Deutschland, SaaS, Implementierung, Entwicklung, technisches und User Support ,Migration, Individualprogrammierung
Dokumentation	http://wiki.openbravo.com/wiki/Getting_started_with_Openbravo
	Online Doku Anwender und Entwickler, FAQ, Video, Webinar

Training	Über Systemhäuser beziehbar, Seminare Anwender und Entwickler
Kunden	Auswahl:
	Canpire -Spraydosen
	http://www.canpire.com/
	Decathlon Sports India
	http://www.decathlon.in/
Trend	https://www.google.de/trends/explore#q=Openbravo&cmpt=q&tz=Etc%2FGMT-2

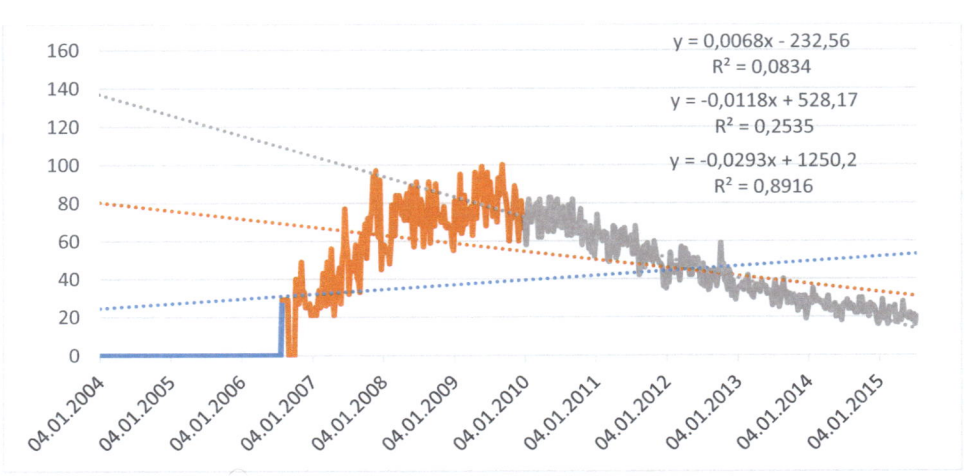

alle Werte	$y = 0{,}0068x - 232{,}56$ $R^2 = 0{,}0834$	m= 0,0068	Anstieg positiv
Ab größer 0	$y = -0{,}0118x + 528{,}17$ $R^2 = 0{,}2535$	m= -0,0118	Anstieg negativ
2010	$y = -0{,}0293x + 1250{,}2$ $R^2 = 0{,}8916$	m=-0,0293	Anstieg negativ

Anforderungskatalog

Funktionsübersicht	Vorhanden
CRM	X
DMS	
PMS	X
BI	X
HRM	X
WflM	
Reporting	X
Weitere	POS

Erfüllungsquote
90,00%

Auftragsbearbeitung

Funktionen	Ja	Nein	Bemerkung
Angeboten	X		
Kundenaufträge	X		
Versand	X		
Weitere			

Bestandsführung

Funktionen	Ja	Nein	Bemerkung
Bestandsverwaltung	X		
Warenbewegung	X		
Inventur	X		
Weitere			

Einkauf & Vertrieb

Funktionen	Ja	Nein	Bemerkung
Lieferantenbewertung	X		
Bestellungen	X		
Weitere			

Finanzwesen

Funktionen	Ja	Nein	Bemerkung
Rechnungserfassung	X		
FIBU und Contr	X		
Weitere			

Fertigungssteuerung & Produktion

Funktionen	Ja	Nein	Bemerkung
Auftrags- oder Produktionsplanung	X		
Steuerung	X		
Weitere			

Disposition & Logistik

Funktionen	Ja	Nein	Bemerkung
Bedarfsermittlung & Wareneingang	X		
Weitere			

1.1.7 OPENZ

OpenZ ist ein webbasiertes OS ERP-System. Es ist quelloffen und steht unter der Mozilla Public License. Die freie Software-Anwendung beinhaltet unteranderem Bereiche wie Warenwirtschaft, Finanzbuchhaltung, Lagerhaltung und Produktion. Das Projekt OpenZ wurde im August 2010 ins Leben gerufen. OpenZ bildet den deutschen Fork zu Openbravo. In der aktuellen Version berücksichtigt die Software spezifische deutsche Gegebenheiten wie Standardkontenrahmen, DATEV-

Schnittstelle und Umsatzsteuervoranmeldung. Serverseitig basiert OpenZ auf der Datenbank PostgreSQL. Geschrieben ist es in Java. Hauptsächliche betreut wird das OpenZ Projekt von Inhaber Stefan Zimmermann. OpenZ steht als gehostete kostenpflichtige SaaS-Lösung und zur lokalen Installation zur Verfügung. Bei den SaaS Variante existieren zwei Modelle. Diese unterschieden sich hinsichtlich Funktionsumfang und Service. Über Partnerfirmen können zusätzliche Support und Schulungsleistungen bezogen werden. Als Zielgruppe werden vorrangig Unternehmen in den Branchen Anlagenbau, Elektronik, Chemie, High-Tech- und Betriebslogistik, Industrieanlagenwartung sowie Strukturvertrieb angesprochen. (OpenZ, 2015)2014 erhielt OpenZ die deutsche Auszeichnung ERP System des Jahres in der Kategorie Open Source. (Gronau, 2014)

Übersicht

Merkmal	Ausprägung
ERP-System	OpenZ
Anbieter bzw. Trademark-Besitze	Dipl.-Ing. Stefan Zimmermann
Standort	Deutschland
Webseite	http://www.openz.de/
Quellcode	http://sourceforge.net/projects/openz/?source=directory
Lizenz	MPLv2
Programmiersprache	Java
Unterstützte Datenbanken	PostgreSQL
Plattform	webbasiert, Mobile Unterstützung
Forum	http://www.openz.de/index.php/oonlinehilfem/openz-forum.html
	deutsch, aktuell, schnelle Antwortzeiten
Forumseinträge	unter 400
Testbetrieb	http://www.openz.de/index.php/home-mainmenu-1/demosysteme.html
	komplette Live Demo für Administrator & User sowie Programmierer & Entwickler, ansprechende Benutzeroberflächen, einfache Menüführung
Funktionenbereiche	Artikelverwaltung
	CRM
	Kundenverwaltung
	Einsatzplanung
	Vertrieb
	Einkauf
	Finanzbuchhaltung
	Lagerverwaltung
	Produktion
	Projektmanagement
	Auswertungen
Branchen	Anlagenbau
	Elektronikfertiger
	Chemieindustrie

	High-Tech- und Betriebslogistik
	Industrieanlagenwartung
	Strukturvertrieb
Projektstart	2010
Letzte Version	02.04.2015
Aktuelle Version	3.0.08
Geschäftsmodell	Support, Entwicklung, Hosting
Support	Eigener Support und deutschlandweit 6 Systemhäuser, SaaS, Implementierung, Entwicklung, technisches und User Support, Datenmigration
Dokumentation	http://www.openz.de/index.php/oonlinehilfem/sonlinehandbm.html
	Onlinehandbuch, FAQ
Training	Über Systemhäuser beziehbar, Anwenderschulung
Kunden	Auswahl:
	ELREHA Kälte- und Klimatechnik
	http://www.elreha.de/
	T.I.M.E. Service Catalyst Handling GmbH
	http://ts-cat.com/xist4c/web/katalysator-handling-_id_1702_.htm
Trend	https://www.google.de/trends/explore#q=OpenZ&cmpt=q&tz=Etc%2FGMT-2

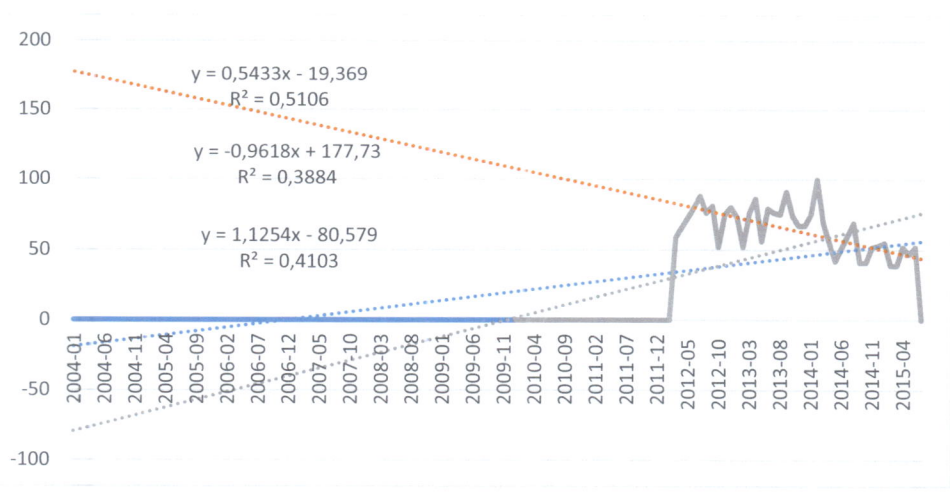

alle Werte	y = 0,5433x - 19,369	m=0,5433	Anstieg positiv
	R² = 0,5106		
Ab größer 0	y = -0,9618x + 177,73	m-0,9618	Anstieg negativ
	R² = 0,3884		
2010	y = 1,1254x - 80,579	m=1,1254	Anstieg positiv
	R² = 0,4103		

Anforderungskatalog

Funktionsübersicht	Vorhanden
CRM	X
DMS	X
PMS	X
BI	X
HRM	X
WflM	
Reporting	X
Weitere	POS

Erfüllungsquote
90,00%

Auftragsbearbeitung

Funktionen	Ja	Nein	Bemerkung
Angeboten	X		
Kundenaufträge	X		Direktverkauf möglich
Versand	X		
Weitere	Kostenvoranschlag		

Bestandsführung

Funktionen	Ja	Nein	Bemerkung
Bestandsverwaltung	X		Anzeige von lieferbaren und nicht lieferbaren Lageraufträgen
Warenbewegung	X		Lagerbestands- und Bewegungslisten
Inventur	X		
Weitere	Seriennummernverfolgung und Chargennummernverfolgung (Verwendungsnachweis, Rückverfolgung) Mindesthaltbarkeits- und Garantie-Datum		

Einkauf & Vertrieb

Funktionen	Ja	Nein	Bemerkung
Lieferantenbewertung		X	
Bestellungen	X		
Weitere	Rahmenverträge Verkaufsprognose		

Finanzwesen

Funktionen	Ja	Nein	Bemerkung

	Ja	Nein	Bemerkung
Rechnungserfassung	X		Ausgangsrechnung & Eingangsrechnung
FIBU und Contr	X		Hauptbuch & Journaleintrag
Weitere	Betriebswirtschaftliche Auswertungen		
	Dimensionsanalyse Verkauf		
	Dimensionsanalyse Verkaufsrechnungen		
	Dimensionsanalyse Einkauf		
	Kostenstellenauswertung		

Fertigungssteuerung & Produktion

Funktionen	Ja	Nein	Bemerkung
Auftrags- oder Produktionsplanung	X		
Steuerung	X		
Weitere	Produktions-Plan		
	Geplante Arbeitsgänge		

Disposition & Logistik

Funktionen	Ja	Nein	Bemerkung
Bedarfsermittlung & Wareneingang	X		
Weitere	Kritische Vorgänge Einkauf		

1.1.8 VIENNAADVANTAGE

VIENNA Advantage ist ein Softwareanbieter für ERP-System. 2005 wurde das Unternehmen aus einem Team von ehemaligen SAP Beratern und ehemaligen Consulting Vertretern aus dem Bereich Open-Source ERP gegründet. Man setzte sich zur Aufgabe ein eigenes ERP zu schaffen und dabei auf das verfügbare Knowhow aus beiden Bereichen zurückzugreifen. Entstanden ist ein platt-formunabhängiges, modulares ERP System mit OS Verison - VIENNA Advantage. Es basiert auf C# mit einer HTML5-UI[18]. Zudem existiert eine Andriod und Iphone Adaptation. Als DBMS wird Oracle und PostgreSQL unterstützt. Das deutschsprachige Unternehmen VIENNA bietet verschiedene Modellvarianten ihres ERP Systeme an. So gibt es eine Enterprise, Professional und Community Edition. Nur die letztgenannte ist unter der EPL 19als Open-Source Version kostenlos erhältlich. So können neue Module die später hinzugefügt werden, unter einer anderen – evtl. auch proprietären – Lizenz wieder vertrieben werden. Die beiden anderen Versionen, Enterprise und Professional unterscheiden sich hinsichtlich Support und Funktionsumfang. Für alle drei Varianten existiert ein SaaS Modell und Zugang zum Markplatz. Dort können kostenpflichtige Module erworben werden. (SellMoreNow, 2015) (Advantage, 2015)

---

[18] UI steht für UserInterface und bedeutet übersetzt so viel wie Benutzerschnittstelle. Es legt die Stelle fest in der der Mensch mit der Maschine in Kontakt tritt.

[19] Die Eclipse Public License ist eine Freie-Software-Lizenz und gewährt das Recht zur freien Nutzung, Weiterverbreitung und auch Veränderung der Software.

Übersicht

Merkmal	Ausprägung
ERP-System	VIENNA ERP/CRM
Anbieter bzw. Trademark-Besitze	VIENNA Advantage
Standort	Deutschland
Webseite	http://www.viennaadvantage.com/
Quellcode	http://sourceforge.net/projects/erp-crm-advant/
Lizenz	EPL
Programmiersprache	C#
Unterstützte Datenbanken	Oracle ,PostgreSQL
Plattform	webbasiert, Mobile Version
Forum	http://www.viennaadvantage.com/dev/index.php/community/forums.html
	deutsch und englisch
Forumseinträge	unter 200
Testbetrieb	http://softwareonthecloud.com/register/register.aspx
	komplette Live Demo mit allen Funktionen und Testdaten, ansprechende Benutzeroberfläche, einfache Menüführung
Funktionenbereiche	Finanzen
	Inventar
	Einkauf
	Order Management
	Helpdesk & Service
	CRM
	Time & Expense
	Projektmanagement
	Dienstleistungen
	HR & Gehaltsabrechnung
	Lager
	Herstellung
	Vermögensverwaltung
	DMS
Branchen	Textilien und Bekleidung
	Bau und Immobilien
	E- Governance
	Telecom
	Bildung
	Einzelhandel
	Distribution
	diskrete Fertigung
	E-Commerce
Projektstart	2005

Letzte Version	19.06.2015
Aktuelle Version	Version 5.3
Geschäftsmodell	Support, Entwicklung, Hosting, Addon Markt
Support	17 IT-Partner weltweit, auch eigene Supportleistung Implementierung, Entwicklung, technisches und User Support
Dokumentation	http://www.viennaadvantage.com/dev/index.php/viennaadvantage-web/cat_view/40-technical-utilities-and-tools-in-vienna-advantage-erp-crm.html
	umfangreiche Dokumentation für Entwickler und Anwender, Video Tutorials & Webinars
Training	Training und zusätzlicher Service über eigenen Webshop beziehbar
Kunden	Auswahl:
	HC Meditech
	Infovision Europe
Trend	nicht ermittelbar

Anforderungskatalog

Funktionsübersicht	Vorhanden
CRM	X
DMS	X
PMS	X
BI	X
HRM	X
WflM	
Reporting	X
Weitere	POS

Erfüllungsquote
90,00%

Auftragsbearbeitung

Funktionen	Ja	Nein	Bemerkung
Angeboten	X		
Kundenaufträge	X		
Versand	X		
Weitere	Kostenvoranschlag		

Bestandsführung

Funktionen	Ja	Nein	Bemerkung
Bestandsverwaltung	X		
Warenbewegung	X		Lagerbestands- und Bewegungslisten
Inventur	X		

Weitere			

Einkauf & Vertrieb

Funktionen	Ja	Nein	Bemerkung
Lieferantenbewertung		X	
Bestellungen	X		
Weitere	Rahmenverträge		
	Verkaufsprognose		

Finanzwesen

Funktionen	Ja	Nein	Bemerkung
Rechnungserfassung	X		
FIBU und Contr	X		Hauptbuch & Journaleintrag
Weitere	Betriebswirtschaftliche Auswertungen		
	Kostenstellenauswertung		

Fertigungssteuerung & Produktion

Funktionen	Ja	Nein	Bemerkung
Auftrags- oder Produktionsplanung	X		
Steuerung	X		
Weitere	Produktionsplan		

Disposition & Logistik

Funktionen	Ja	Nein	Bemerkung
Bedarfsermittlung & Wareneingang	X		
Weitere			

1.2 Klasse 2 Anbieter

Zur Klasse 2 gehören Anbieter von prinzipiell guten ERP-Systemen, es fehlen aber entsprechende Anforderungen.

1.2.1 EKYLIBRE

Ekylibre ist ein webbasiertes OSERP-System für Farmer und kleinere landwirtschaftlich orientierte Unternehmen. Lizensiert ist Ekylibre unter der AGPLv3. Es baut auf einem Ruby on Rails Framework auf. Ruby on Rails ist ein von David Heinemeier Hansson in der Programmiersprache Ruby geschriebenes und quelloffenes Web Application Framework. Es wurde 2004 erstmals veröffentlicht. Es basiert auf den Prinzipien "Don't repeat yourself" und "Convention over Configuration". Das Konzept hinter dieser Programmiersprache ist so aufgebaut das Wiederholungen vermieden werden. Zusätzlich wird versucht anderes als wie sonst üblich statt einer variablen Konfiguration,

Konventionen zu verwenden. Aus diesen Konventionen für die Namensgebung von Objekten, ergibt sich das Zusammenspiel der einzelnen Komponenten automatisch. (Webmasterpro, 2015)Ekylibre wurde im 2005 von Michel Gil Antoli Präsident des Verbands Software Bordeaux und Studenten der französischen Ingenieurschule ENSEIRB-MATMECA entwickelt. Das ehrgeizige Ziel bestand anfänglich darin, freie und innovative Werkzeuge zu erstellen, um landwirtschaftliche Betriebe und ihre Partner effizienter und einfacher zu vernetzen. Aus diesen Überlegungen entstand schlussendlich ein fertiges ERP-System für die Verwaltung und Organisation von landwirtschaftlichen Betrieben. Diese Prozess wurde von der Europäische Union begleitet und ko-finanziert. Mit Fertigstellung 2014 wurde das Unternehmen Ekylibre gegründet um das Projekt weiterzuentwickeln und Dienstleistungen rund um das ERP-System anbieten zu können. In der neusten Version sind neben Buchhaltung, Einkauf-Verkauf und Lagerfunktionalitäten auch spezielle Module für die tierische und pflanzliche Produktion enthalten. Aktuell existiert nur die kostenlose Version als Download-Variante. Informationen über SaaS Modelle oder Supportleistungen sind nicht bekannt. (Ekylibre, 2015)

Übersicht

Merkmal	Ausprägung
ERP-System	Ekylibre
Anbieter bzw. Trademark-Besitze	Ekylibre
Standort	Frankreich
Webseite	http://ekylibre.org
Quellcode	https://github.com/ekylibre/ekylibre
Lizenz	AGPLv3
Programmiersprache	Ruby on Rails Framework
Unterstützte Datenbanken	PostgreSQL
Plattform	webbasiert. Mobile Version
Forum	http://forum.ekylibre.org/
	französisch und englisch
Forumseinträge	unter 200
Testbetrieb	https://demo.ekylibre.farm/backend
	komplette Live Demo mit allen Funktionen und Testdaten, moderne und ansprechende Benutzeroberfläche, einfache Menüführung
Funktionenbereiche	CRM
	Buchhaltung
	Vertrieb, Enkauf und Aktien
	Produktionsmanagement und Rückverfolgbarkeit
Branchen	landwirtschaftliche Betriebe
	Farmer
Projektstart	2004
Letzte Version	03.04.2015
Aktuelle Version	Version 1.1.3
Geschäftsmodell	nicht ermittelbar
Support	Community
Dokumentation	https://github.com/ekylibre/ekylibre/wiki

	Anwender und Entwicklerdokumentation
Training	nicht ermittelbar
Kunden	nicht ermittelbar
Trend	nicht ermittelbar

Anforderungskatalog

Funktionsübersicht	Vorhanden
CRM	X
DMS	
PMS	X
BI	X
HRM	X
WflM	
Reporting	X
Weitere	QS

Erfüllungsquote
85,00%

Auftragsbearbeitung

Funktionen	Ja	Nein	Bemerkung
Angeboten	X		
Kundenaufträge	X		
Versand	X		
Weitere			

Bestandsführung

Funktionen	Ja	Nein	Bemerkung
Bestandsverwaltung	X		
Warenbewegung	X		
Inventur	X		
Weitere			

Einkauf & Vertrieb

Funktionen	Ja	Nein	Bemerkung
Lieferantenbewertung		X	
Bestellungen	X		
Weitere			

Finanzwesen

Funktionen	Ja	Nein	Bemerkung
Rechnungserfassung	X		
FIBU und Contr	X		
Weitere	X		
	GuV		
	Bilanz		

Fertigungssteuerung & Produktion

Funktionen	Ja	Nein	Bemerkung
Auftrags- oder Produktionsplanung	X		Pflanzen und Tierproduktion
Steuerung	X		
Weitere	Produktionsana yse		
	Anbauflächen		
	Weather Forecast		

Disposition & Logistik

Funktionen	Ja	Nein	Bemerkung
Bedarfsermittlung & Wareneingang	X		
Weitere			

1.2.2 EPESI

Epesi ist ein unter der MIT -Lizenz veröffentlichte CRM-Anwendung die durch Integration externer und kostenpflichtiger Module zu einem ERP-System erweitert werden kann. Betreut wird das System von der amerikanischen Firma Telaxus LLC. Über diese kann zudem ein kostenpflichten Support erworben werden. (Epesi, 2015) (Epesi, 2014)

Übersicht

Merkmal	Ausprägung
ERP-System	Epesi
Anbieter bzw. Trademark-Besitze	Telaxus LLC
Standort	USA
Webseite	http://epe.si/
Quellcode	http://sourceforge.net/projects/epesi/?source=directory
Lizenz	MIT -Lizenz
Programmiersprache	PHP
Unterstützte Datenbanken	MySQL, PostgreSQL
Plattform	webbasiert
Forum	http://forum.epesibim.com/
	englisch, aktuell
Forumseinträge	zwischen 2000 und 2500
Testbetrieb	http://epe.si/demos-and-screenshots
	komplette Live Demo, ansprechende Benutzeroberflächen, einfache Menüführung
Funktionenbereiche	CRM

Branchen	KMU
Projektstart	2012
Letzte Version	24.03.2015
Aktuelle Version	Version 1.6.5
Geschäftsmodell	Webstore mit Zusatzmodulen, Support
Support	Premium Technical Support
Dokumentation	http://www.epesi.org/Main_Page
	User Manual und Administrators Manual, Entwickler Tutorial
Training	keine Angaben
Kunden	keine Angaben
Trend	https://www.google.de/trends/explore#q=epesi&cmpt=q&tz=Etc%2FGMT-2

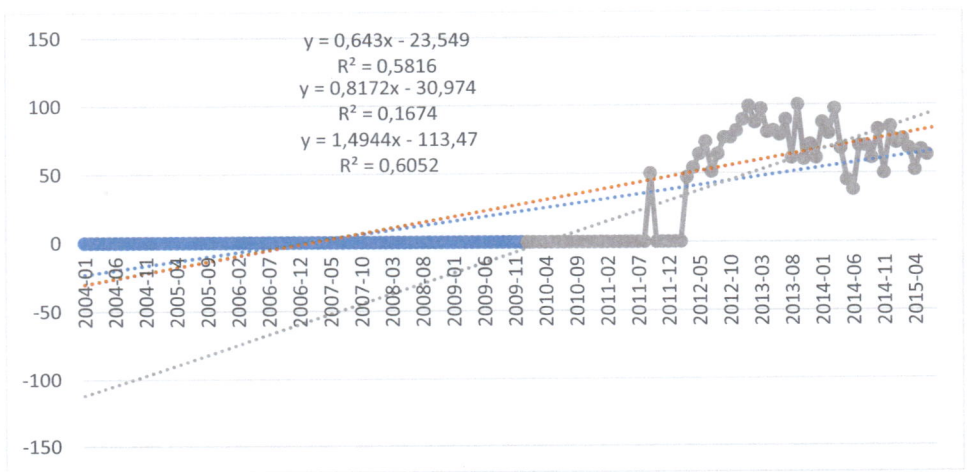

$y = 0{,}643x - 23{,}549$
$R^2 = 0{,}5816$
$y = 0{,}8172x - 30{,}974$
$R^2 = 0{,}1674$
$y = 1{,}4944x - 113{,}47$
$R^2 = 0{,}6052$

alle Werte	$y = 0{,}643x - 23{,}549$ $R^2 = 0{,}5816$	m=0,643	Anstieg positiv
Ab größer 0	$y = 0{,}8172x - 30{,}974$ $R^2 = 0{,}1674$	m=0,8172	Anstieg positiv
2010	$y = 1{,}4944x - 113{,}47$ $R^2 = 0{,}6052$	m=1,4944	Anstieg positiv

Anforderungskatalog

Funktionsübersicht	Vorhanden
CRM	X
DMS	
PMS	X
BI	
HRM	
WflM	
Reporting	X
Weitere	Service-Management-Systeme

Erfüllungsquote
40,00%

Auftragsbearbeitung

Funktionen	Ja	Nein	Bemerkung
Angeboten	X		
Kundenaufträge	X		
Versand	X		
Weitere			

Bestandsführung

Funktionen	Ja	Nein	Bemerkung
Bestandsverwaltung		X	
Warenbewegung		X	
Inventur		X	
Weitere			

Einkauf & Vertrieb

Funktionen	Ja	Nein	Bemerkung
Lieferantenbewertung		X	
Bestellungen		X	
Weitere			

Finanzwesen

Funktionen	Ja	Nein	Bemerkung
Rechnungserfassung	X		
FIBU und Contr	X		
Weitere	GuV / Finanzielle Analyse		
	Kontenplan		

Fertigungssteuerung & Produktion

Funktionen	Ja	Nein	Bemerkung
Auftrags- oder Produktionsplanung		X	
Steuerung		X	

Weitere			

Disposition & Logistik			
Funktionen	Ja	Nein	Bemerkung
Bedarfsermittlung & Wareneingang		X	
Weitere			

1.2.3 ERPNEXT

ERPNext ist ein von der indischen Firma Frappé Technologies Pvt. Ltd, 2008 veröffentlichtes OS-ERP System. Lizensiert ist es unter der GPLv3. ERPNext nutzt eine moderne Model-View-Controller-Architektur und ist komplett in Phyton und JavaScript geschrieben. Als DBM-System wird eine MySQL Datenbank verwendet. Die Kommunikation zwischen Datenbankebene und Programmteil erfolgt über JSON-Objekte[20] und einem REST[21]API-Framework. Dadurch soll ein möglichst modulares und plattformunabhängiges Gesamtsystem geschaffen werden. Durch beigefügte Modellierungs-werkzeuge ist es zudem möglich, die Software flexibel auch ohne größeren Programmieraufwand an eigene Bedürfnisse anzupassen. (Frappé, 2015) Als Vertriebsmodelle werden von der Firma Frappé Technologies zahlreiche Optionen geboten. So existiert beispielsweise eine kostenlose auf 5 User und 500 MB Webspace beschränkt SaaS Variante. Komplexere Modelle und eine selfhosted Versionen sind ebenfalls möglich. Support-, Training-, Beratungs- und Individualprogrammierungsleistungen können zusätzlich von dem Unternehmen kostenpflichtig bezogen werden. ERPNext kommt mit einem frischen Design daher und richtet sich vor allem an KMU im englischsprachigen Raum. (Frappé, 2015)

Übersicht

Merkmal	Ausprägung
ERP-System	ERPNext
Anbieter bzw. Trademark-Besitze	Frappé Technologies Pvt. Ltd
Standort	Indien
Webseite	https://erpnext.com/
Quellcode	https://github.com/frappe/erpnext
Lizenz	GPLv2
Programmiersprache	Phyton
Unterstützte Datenbanken	MySQL
Plattform	webbasiert, mobile browser support
Forum	https://discuss.frappe.io/
	englisch, aktuell, schnelle Antwortzeiten
Forumseinträge	unter 300
Testbetrieb	https://erpnext.com/signup?plan=P5

---

[20] Ein JSON-Objekt (JavaScript Object Notation) ist ein kompaktes Datenformat in einer einfach lesbaren Textform zum Zweck des Datenaustauschs zwischen Anwendungen.
[21] Das Representational State Transfer bezeichnet einen bestimmten Programmierstil für verteilte Systeme.

	komplette Live Demo mit Testdaten, modernes und ansprechende Benutzeroberflächen, mit Anfangstutorial
Funktionenbereiche	Buchhaltung
	Vermögensverwaltung
	Customer Relationship Management CRM
	Personalmanagement Zukunft Personal .
	Herstellung
	Point of Sale POS
	Projektmanagement
	Einkauf
	Verkaufsleitung
	Lagerverwaltungssystem
Branchen	Kleinunternehmen
Projektstart	2008
Letzte Version	01.05.2015
Aktuelle Version	Version 5.5
Geschäftsmodell	Support, Entwicklung, Hosting
Support	SaaS, Implementierung, Entwicklung, technisches und User Support
Dokumentation	https://manual.erpnext.com/
	umfangreiche Online Doku für Anwender und Entwickler
Training	Tutorail für Entwickler
Kunden	Auswahl
	Ägypten Vertrieb für Gläser
	http://cityglassware.com/
	Möbelhaus Portugal und Brazil
	http://www.realizemodulados.com.br/
Trend	https://www.google.de/trends/explore#q=ERPNext&cmpt=q&tz=Etc%2FGMT-2

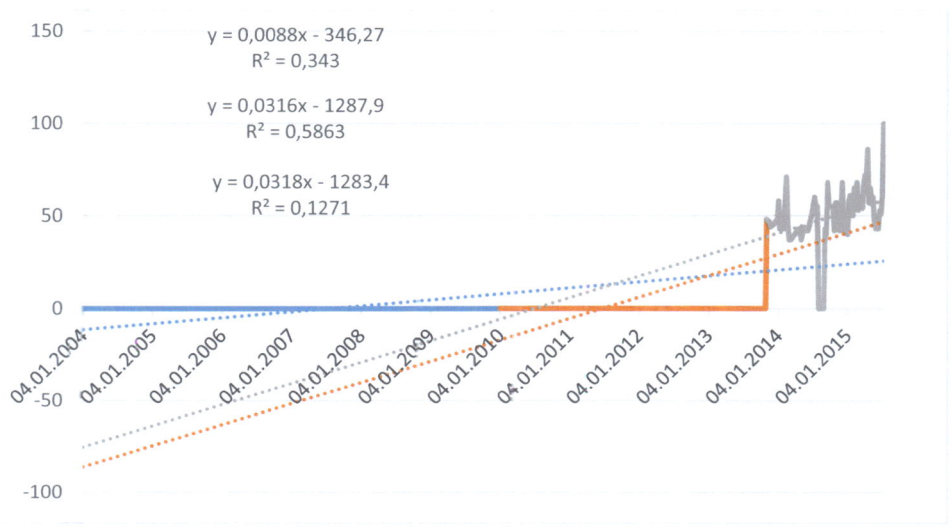

alle Werte	$y = 0{,}0088x - 346{,}27$	m=0,0088	Anstieg positiv
	$R^2 = 0{,}343$		
Ab größer 0	$y = 0{,}0316x - 1287{,}9$	m=0,0316	Anstieg positiv
	$R^2 = 0{,}5863$		
2010	$y = 0{,}0318x - 1283{,}4$	m=0,0318	Anstieg positiv
	$R^2 = 0{,}1271$		

Anforderungskatalog

Funktionsübersicht	Vorhanden
CRM	X
DMS	
PMS	X
BI	X
HRM	X
WflM	
Reporting	X
Weitere	POS
	E-Commerce

Erfüllungsquote
85,00%

Auftragsbearbeitung

Funktionen	Ja	Nein	Bemerkung
Angeboten	X		
Kundenaufträge	X		direkt aus Angebot erstellbar
Versand	X		Lieferung, Versandregeln
Weitere			

Bestandsführung

Funktionen	Ja	Nein	Bemerkung
Bestandsverwaltung	X		Materialanforderungen, Lieferschein, Seriennummer
Warenbewegung	X		
Inventur	X		
Weitere	Lagerbuch		

Einkauf & Vertrieb

Funktionen	Ja	Nein	Bemerkung
Lieferantenbewertung		X	

Bestellungen	X		
Weitere	Lieferantenauftrag		
	Lieferantenangebot		

Finanzwesen

Funktionen	Ja	Nein	Bemerkung
Rechnungserfassung	X		Ausgangsrechnung & Eingangsrechnung
FIBU und Contr	X		Hauptbuch & Journaleintrag
Weitere	Allgemeine Kontenbilanz		
	Forderungen		
	Kreditoren		
	GuV / Finanzielle Analyse		
	Kontenplan		

Fertigungssteuerung & Produktion

Funktionen	Ja	Nein	Bemerkung
Auftrags- oder Produktionsplanung	X		Zeitprotokoll
Steuerung	X		Stückliste, Fertigungsauftrag
Weitere	Arbeitsstation, Betrieb		
	Fertigung		

Disposition & Logistik

Funktionen	Ja	Nein	Bemerkung
Bedarfsermittlung & Wareneingang	X		
Weitere	Bestandsbilanz		
	Bestandsanalyse		

1.2.4 FRONTACCOUNTING

FrontAccounting ist ein OSS ERP des gleichnamigen US-amerikanischen Unternehmens Front-Accounting, LLC[22]. Das Unternehmen stellt einen kostenpflichtigen Support und Hosting bereit. Die in PHP geschriebene Software ist für kleine und mittelständische Firmen ausgelegt. Als Datenbanksystem wird MySQL verwendet. Für die Software stehen mehrere Partner weltweit zur Verfügung, die lokale Installationen und Add-Ons anbieten. Einige Partner bieten FrontAccounting als SaaS-Modell an. FrontAccounting ist unter den Bedingungen der GPLv3 veröffentlicht. (SoftwareInsider, 2013) (FrontAccounting, 2015)

---

[22] Die Limited Liability Company (LLC) ist eine Rechtsform in den USA, vergleichbar einer Corporation oder Partnership.

Übersicht

Merkmal	Ausprägung
ERP-System	FrontAccounting
Anbieter bzw. Trademark-Besitze	FrontAccounting, LLC
Standort	USA
Webseite	http://frontaccounting.com/
Quellcode	http://sourceforge.net/projects/frontaccounting/?source=directory
Lizenz	GPLv3
Programmiersprache	PHP
Unterstützte Datenbanken	MySQL
Plattform	webbasiert
Forum	http://frontaccounting.com/punbb/
	englisch
Forumseinträge	zwischen 4000 und 5000
Testbetrieb	http://demo.frontaccounting.eu/index.php?application=AP
	komplette Live Demo mit allen Funktionen
Funktionenbereiche	Bestellungen
	Kreditorenbuchhaltung Debitorenbuchhaltung
	Einzelteile und Inventar
	Fertigung
	Kunden Rechnungen / Gutschriften
	Abmessungen
	Hauptbuch mit Budget
Branchen	KMU
Projektstart	2003
Letzte Version	14.05.2015
Aktuelle Version	Version 2.4
Geschäftsmodell	Partnernetzwerk
Support	8 Systempartner weltweit, Implementierung, Entwicklung, technisches und User Support
Dokumentation	http://frontaccounting.com/fawiki/
	Anwender und Entwicklerdokumentation, FAQ
Training	Über Systempartner beziehbar
Kunden	keine Angaben
Trend	https://www.google.de/trends/explore#q=FrontAccounting&cmpt=q&tz=Etc%2FGMT-2

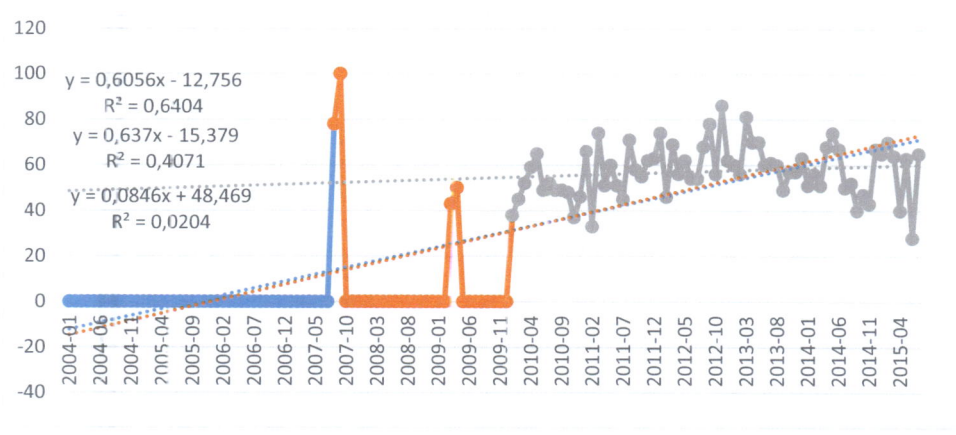

alle Werte	y = 0,6056x - 12,756	m=0,65056	Anstieg posit v
	R² = 0,6404		
Ab größer 0	y = 0,637x - 15,379	m=0,637	Anstieg positiv
	R² = 0,4071		
2010	y = 0,0846x + 48,469	m=0,0846	Anstieg positiv
	R² = 0,0204		

Anforderungskatalog

Funktionsübersicht	Vorhanden
CRM	X
DMS	
PMS	X
BI	
HRM	
WflM	
Reporting	X
Weitere	POS

Erfüllungsquote
70,00%

Auftragsbearbeitung

Funktionen	Ja	Nein	Bemerkung
Angeboten	X		
Kundenaufträge	X		
Versand	X		
Weitere			

Bestandsführung

Funktionen	Ja	Nein	Bemerkung
Bestandsverwaltung	X		
Warenbewegung	X		
Inventur	X		

Weitere			

Einkauf & Vertrieb

Funktionen	Ja	Nein	Bemerkung
Lieferantenbewertung		X	
Bestellungen	X		
Weitere			

Finanzwesen

Funktionen	Ja	Nein	Bemerkung
Rechnungserfassung	X		
FIBU und Contr	X		
Weitere	GuV		
	Bilanz		
	Cashflow		

Fertigungssteuerung & Produktion

Funktionen	Ja	Nein	Bemerkung
Auftrags- oder Produktionsplanung	X		
Steuerung	X		
Weitere			

Disposition & Logistik

Funktionen	Ja	Nein	Bemerkung
Bedarfsermittlung & Wareneingang		X	
Weitere			

1.2.5 HELIUM V

Helium V ist eine unter der AGPL lizenziertes ERP System für KMU das seit 2010 als Open Source Variante verfügbar ist. Die Software ist in Java geschrieben und basiert auf einer J2EE – Architektur. Dies macht es plattformunabhängig und skalierbar, sodass Helium V auf Linux, Mac und Windows Rechnern eingesetzt werden kann. Als zentrale Datenbank wird PostgrSQL verwenden. Anpassungen für Oracel und Microsoft SQL Server existieren zusätzlich. Die eigentliche Businesslogik wird durch einen Applikationsserver zur Verfügung gestellt. Alternative GUIs können dank JSON-API separate entwickelt werden, was zusätzliche Modularität und Flexibilität schafft.

Entwickelt wird die Software von der in Deutschland ansässigen HELIUM V IT-Solutions GmbH. Das Unternehmen setzt auf eine enge Zusammenarbeit mit akademischen Einrichtungen. So werden beispielsweise um die Produktqualität zu optimieren, Kooperationen mit der technische Universität Darmstadt und der FH Kufstein in Österreich gepflegt.

Helium V kann über verschiedene Vertriebspartner auch als SaaS Modell genutzt werden. Der Download der Software ist kostenlos. Support – Trainings- und Schulungsangebot sind kostenpflichtig zu erwerben. Es finden sich auf Herstellerseite aber keinerlei Informationen zu öffentlichen Foren. Einzige Möglichkeit mit der Community zu kommunizieren ist ein E-Mail Support. (HeliumV. 2015) (Osterhage W., 2014 S. 219-229)

Übersicht

Merkmal	Ausprägung
ERP-System	Helium V
Anbieter bzw. Trademark-Besitze	HELIUM V IT-Solutions GmbH
Standort	Deutschland
Webseite	http://www.heliumv.com/
Quellcode	https://github.com/heliumv/heliumv
Lizenz	AGPLv3
Programmiersprache	Java/ J2EE
Unterstützte Datenbanken	PostgrSql, Oracle, Microsoft SQL Server
Plattform	webbasiert
Forum	nicht ermittelbar
Forumseinträge	
Testbetrieb	http://www.heliumv.com/heliumv-Testsystem-20.html
	Anmeldung konnte nicht vollzogen werden
Funktionenbereiche	Kostenvoranschlag
	Kauf
	Fertigungsplanung
	Beschaffung
	Kapazitätsplanung
	Warenwirtschaft (ERP)
	Artikelstamm
	Zeiterfassung
	Herstellung
	Lieferung
	Nachkalkulation
	Buchhaltung
	Zahlungsmanagement
Branchen	Metallverarbeitung
	Maschinenbau
	Elektronik
	Elektrotechnik
	Kunststofftechnik
	Lebensm. / Kosmetik
	Handel
	Dienstleister
	Agenturen
	Gemeinden
	Küche / Catering

Projektstart	2010
Letzte Version	05.11.7000
Aktuelle Version	07.04.2014
Geschäftsmodell	Support, Entwicklung, Hosting
Support	12 Systempartner in Deutschland, Eigener Support, Implementierung, Entwicklung, technisches und User Support
Dokumentation	http://docs.heliumv.org/
	FAQ, Anwender Online Hilfe, Schulungsvideos
Training	Standard- und Expertenschulungen
Kunden	Auswahl
	AXIS Flight Training Systems GmbH
	AUTOLUX Handels- und Produktion GmbH
Trend	nicht ermittelbar

Anforderungskatalog

Funktionsübersicht	Vorhanden
CRM	X
DMS	
PMS	
BI	
HRM	
WflM	
Reporting	X
Weitere	QS

Erfüllungsquote
75,00%
Angaben entnommen auf ERP-Kompendium

Auftragsbearbeitung

Funktionen	Ja	Nein	Bemerkung
Angeboten	X		
Kundenaufträge	X		
Versand	X		
Weitere			

Bestandsführung

Funktionen	Ja	Nein	Bemerkung
Bestandsverwaltung	X		
Warenbewegung	X		
Inventur	X		
Weitere			

Einkauf & Vertrieb

Funktionen	Ja	Nein	Bemerkung
Lieferantenbewertung	X		

Bestellungen	X		
Weitere			

Finanzwesen

Funktionen	Ja	Nein	Bemerkung
Rechnungserfassung	X		
FIBU und Contr	X		
Weitere	Steuerverwaltung		
	Bank und Kassenbuch		
	Anlagevermögen		
	Statistik und Berichte		
	Finanzberichte		

Fertigungssteuerung & Produktion

Funktionen	Ja	Nein	Bemerkung
Auftrags- oder Produktionsplanung	X		
Steuerung	X		
Weitere	Stücklistenverwaltung		
	Ressourcenfertigung		
	Produktionsmanagement		

Disposition & Logistik

Funktionen	Ja	Nein	Bemerkung
Bedarfsermittlung & Wareneingang	X		
Weitere			

1.2.6 INO ERP

Ino Erp ist ein unter der MPL Lizenz veröffentlichtes OS ERP-System. Die Software verfolgt eine komplett objekteorientierte Architektur, ist modular aufgebaut, webbasiert und größtenteils in PHP geschrieben. Die Basis bildet eine MariaDB [23] oder MySQL Datenbank zur persistenten Datenspeicherung. Die GUI kann mittels JQuery verändert und individuell angepasst werden, wirkt frisch und modern. Das Projekt befindet sich aktuell noch in der Betaphase sodass noch keinerlei Informationen zu Service und Supportleistungen bereitgestellt werden. (inoERP, 2015)

Übersicht

Merkmal	Ausprägung
ERP-System	InoErp
Anbieter bzw. Trademark-Besitze	
Standort	

---

[23] MariaDB ist ein relationales Open-Source-Datenbankverwaltungssystem.

Webseite	http://www.inoideas.org/
Quellcode	http://sourceforge.net/projects/inoerp/?source=directory
Lizenz	MPL 2.0
Programmiersprache	PHP, JavaScript
Unterstützte Datenbanken	MariaDB, MySQL
Plattform	webbasiert
Forum	http://www.inoideas.org/content.php?pageno=13&content_type=forum&category_id=1
	englisch, aktuell, schnelle Antwort
Forumseinträge	unter 200
Testbetrieb	http://inoideas.org/content/demo
	komplette Live Demo mit allen Funktionen und Testdaten, moderne und ansprechende Benutzeroberfläche, einfache Menüführung
Funktionenbereiche	Organisationsstruktur
	Finanzen
	Bestandsführung
	Vertrieb
	Einkauf und Verkauf
	Mitarbeiterverzeichnis (HR)
	eCommerce
	CMS
	Prozessplanung
Branchen	KMU
Projektstart	05.05.2014
Letzte Version	12.03.2015
Aktuelle Version	0.2.1
Geschäftsmodell	keine Angaben
Support	keine Angaben
Dokumentation	http://www.inoideas.org/content.php?content_type=documentation&category_id=30
	Nur FAQ
Training	keine Angaben
Kunden	keine Angaben
Trend	nicht ermittelbar

Anforderungskatalog

Funktionsübersicht	Vorhanden		Erfüllungsquote
CRM	X		80,00%
DMS	X		
PMS	X		

BI	X
HRM	X
WfIM	
Reporting	X
Weitere	POS
	E-Commerce

Auftragsbearbeitung

Funktionen	Ja	Nein	Bemerkung
Angeboten	X		
Kundenaufträge	X		
Versand	X		
Weitere			

Bestandsführung

Funktionen	Ja	Nein	Bemerkung
Bestandsverwaltung	X		
Warenbewegung	X		
Inventur	X		
Weitere			

Einkauf & Vertrieb

Funktionen	Ja	Nein	Bemerkung
Lieferantenbewertung		X	
Bestellungen	X		
Weitere			

Finanzwesen

Funktionen	Ja	Nein	Bemerkung
Rechnungserfassung	X		
FIBU und Contr	X		
Weitere			

Fertigungssteuerung & Produktion

Funktionen	Ja	Nein	Bemerkung
Auftrags- oder Produktionsplanung		X	
Steuerung		X	
Weitere			

Disposition & Logistik

Funktionen	Ja	Nein	Bemerkung
Bedarfsermittlung & Wareneingang	X		

1.2.7 KIVITENDO

Kivitendo ist ein Open Source ERP System speziell für den deutschsprachigen Raum. Ursprünglich als Lx-Office bezeichnet, entstand Kivitendo als Abspaltungsprojekt von dem in Kanada entwickelten SQL-Ledger. Aufgrund der zahlreichen Unterschiede zwischen dem nordamerikanischen und dem deutschen Markt mussten Anpassungen an das System vorgenommen werden, um einen reibungslosem Umgang in Deutschland zu ermöglichen. Das Unternehmen Lx-System das dieses Projekt bis zu diesem Zeitpunkt betreute versuchte dabei vorrangig SQL-Ledger auf die deutschen Bestimmungen und Gesetze zuzuschneiden. Dies gestaltete sich im Hinblick auf die Kommunikation und Abstimmung innerhalb der Entwicklung als zunehmend schwieriger. 2003 beschloss Lx-Systems in Zusammenarbeit mit LINET Services eine Abschaltung von SQL-Ledger vorzunehmen. Es entstand ein neues eigenes Open-Source-Projekt unter dem Namen Lx-Office. In der Zeit von 2003 bis 2012 entstanden zahlreiche Neuerungen und Erweiterungen rund um das Projekt. In Abstimmung mit den aktiven Projektbeteiligten wurde Lx-Office Anfang 2012 neu positioniert. Ziel dieser Neupositionierung war es die freie Software zu stärken und auf dem Markt bekannter zu machen. Von Auftraggebern finanzierte Anpassungen sollten ab diesem Zeitpunkt in den öffentlichen Programmcode mit einfließen können. Auch die Programmqualität wurde durch ein besseres Updatesystem erhöht. Im Zuge dieser Entwicklungen wurde der Name von Lx-Office in Kivitendo umbenannt. Seit dem 1. Januar 2014 liegt die alleinige Projektverantwortung bei der Bonner Firma Richardson & Büren GmbH. (Kivitendo, 2014) Diese bietet rund um die Kivitendo Software kostenpflichtige Zusatzleistungen an. Dazu gehören unteranderem Support, Hosting und Schulungen. Aktuell ist das Projekt für kleine und mittlere Unternehmen ausgelegt. Für den Betrieb von Kivitendo wird ein Linux-Server mit PostgreSQL-Datenbanksystem benötigt. Programmiersprache ist Perl. Der Zugriff auf das System erfolgt über einen Webbrowser. Lizensiert ist Kivitendo unter der GPLv2 und einer Erweiterung die das Logo und Marke schützen sollen. (Kivitendo, 2014) (Yulia S., 2012 S. 6)

Übersicht

Merkmal	Ausprägung
ERP-System	Kivitendo
Anbieter bzw. Trademark-Besitze	Richardson & Büren GmbH
Standort	Deutschland
Webseite	http://www.kivitendo.de/
Quellcode	https://github.com/kivitendo
Lizenz	GPLv2
Programmiersprache	Perl
Unterstützte Datenbanken	PostgreSQL
Plattform	webbasiert
Forum	http://redmine.kivitendo-premium.de/projects/forum/boards/
	deutsch, aktuell, schnelle Antwortzeiten
Forumseinträge	unter 100
Testbetrieb	https://steigmann.kivitendo-premium.de/controller.pl

	komplette Live Demo m t Testdaten, ansprechende Benutzeroberflächen, einfache Menüführung
Funktionenbereiche	Kontakte
	Waren
	Einkauf
	Verkauf
	Finanzen
Branchen	Handwerk
	Beratung, Planung, Forschung
	Telekommunikation
	Softwareentwicklung und IT-Beratung
	Einzelhandel
	Großhandel
	Baugewerbe
Projektstart	2003
Letzte Version	01.03.2015
Aktuelle Version	Version 3.2
Geschäftsmodell	Support, Entwicklung, Hosting
Support	Eigener Support und ein Partner in Deutschland, SaaS, Implementierung, Entwicklung, technisches und User Support ,Migration, Individualprogrammierung
Dokumentation	https://steigmann.kivitendo-premium.de/doc/html/
	Entwicklerdokumentation, Online FAQ, Anwenderdokumentation in Fcrm von Videos
Training	Schulungen möglich
Kunden	Auswahl:
	Ersatzteilhandel
	lxcars.de
	Bürotechnik
	http://www.hap-bb.de
	Büroeinrichter
	http://www.officeprojekt.de
	Handelsgesellschaft
	www.coulmann.de
Trend	https://www.google.de/trends/explore#q=Kivitendo%2C%20Lx-Office&cmpt=q&tz=Etc%2FGMT-2

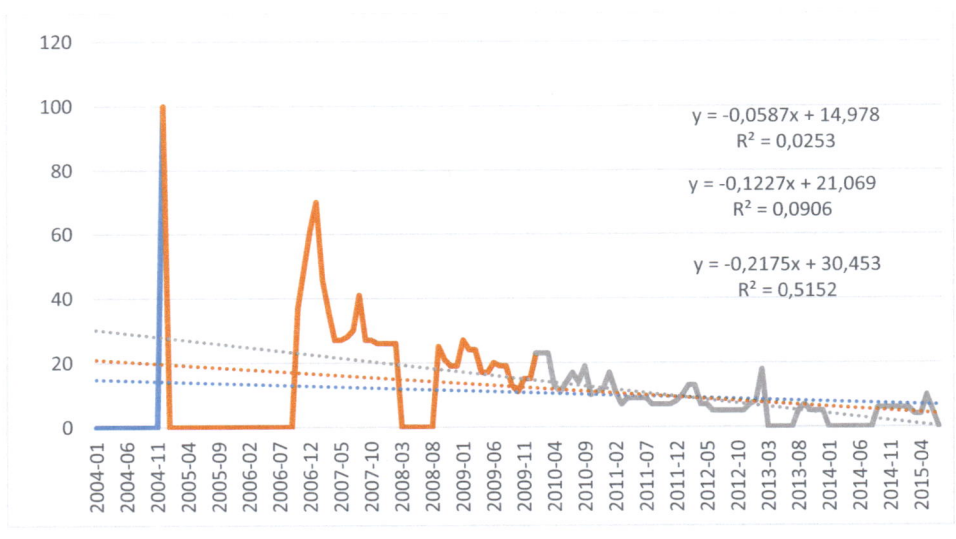

alle Werte	$y = -0,0587x + 14,978$	$m = -0,0587$	Anstieg positiv
	$R^2 = 0,0253$		
Ab größer 0	$y = -0,1227x + 21,069$	$m = -0,1227$	Anstieg negativ
	$R^2 = 0,0906$		
2010	$y = -0,2175x + 30,453$	$m = -0,2175$	Anstieg negativ
	$R^2 = 0,5152$		

Anforderungskatalog

Funktionsübersicht	Vorhanden
CRM	X
DMS	
PMS	X
BI	
HRM	
WflM	
Reporting	X
Weitere	E-Commerce

Erfüllungsquote
60,00%

Auftragsbearbeitung

Funktionen	Ja	Nein	Bemerkung
Angeboten	X		
Kundenaufträge	X		
Versand	X		
Weitere	Zahlungsverkehr		

Bestandsführung

Funktionen	Ja	Nein	Bemerkung
Bestandsverwaltung	X		
Warenbewegung	X		
Inventur	X		
Weitere			

Einkauf & Vertrieb

Funktionen	Ja	Nein	Bemerkung
Lieferantenbewertung		X	Eigenständige Lieferantenverwaltung
Bestellungen	X		
Weitere	Lieferplan		
	SEPA-Schnittstelle		

Finanzwesen

Funktionen	Ja	Nein	Bemerkung
Rechnungserfassung	X		
FIBU und Contr	X		
Weitere	Bilanz, GuV, u.a. Berichte		
	Mahnwesen		

Fertigungssteuerung & Produktion

Funktionen	Ja	Nein	Bemerkung
Auftrags- oder Produktionsplanung		X	
Steuerung		X	
Weitere			

Disposition & Logistik

Funktionen	Ja	Nein	Bemerkung
Bedarfsermittlung & Wareneingang		X	
Weitere			

1.2.8 LEDGERSMB

LedgerSMB ist ein OSERP-System lizensiert unter der GPLv3. Die Entwicklung des Systems begann als Zweig und Abspaltungsprojekt von SQL-Ledger. Im Gegensatz zum Vorgänger sollten die Schwerpunkte in der Entwicklungsperiode verstärkte auf Sicherheit und Datenintegrität gesetzt werden. Das Projekt erhielt einen raschen Aufschwung. Dies lag zum einen an der anderes als bei SQL-Ledger besser ausgebauten Zusammenarbeit mit Community und zum anderen an dem offene-en

Informationsaustausch. Die vorherrschende Programmiersprache ist Perl. Zur persistenten Datenspeicherung wird ein PostgreSQL Datenbanksystem verwendend, dass mittels Schnittstellen-modul angesprochen werden kann. Ein Standard Web-Browser kann als Benutzerschnittstelle verwendet werden. Das System kann frei heruntergeladen werden und lebt durch die starke Zusammenarbeit mit der Community. (Blackduck, 2015) Es existieren zudem sechs Systemhäuser die einen kostenpflichtigen Support und Service Leistungen anbieten. Eine SaaS-Variante kann über einen der Systemanbieter ebenfalls erworben werden. (LedgerSMB, 2015)

Übersicht

Merkmal	Ausprägung
ERP-System	LedgerSMB
Anbieter bzw. Trademark-Besitze	Dieter Simader
Standort	Kanada
Webseite	http://ledgersmb.org/
Quellcode	http://sourceforge.net/projects/ledger-smb/?source=directory
Lizenz	GPLv2
Programmiersprache	Perl
Unterstützte Datenbanken	PostgreSQL
Plattform	webbasiert, mobile Browser Support
Forum	http://forums.ledgersmb.org/perl/lsmb/forum_show.pl
	englisch, aktuell, schnelle Antwortzeiten
Forumseinträge	zwischen 3000 und 6000
Testbetrieb	https://demo.cloud.efficito.com/erp/1.3/login.pl
	komplette Live Demo mit Testdaten, ansprechende Benutzeroberflächen
Funktionenbereiche	Hauptbuch und Journaleintrag
	Vertrieb
	Einkauf
	Contact Management
	Cash Management
	Anlagespiegel
	Bestandsführung und Licht Herstellung
	Kasse
	Berichterstattung
Branchen	KMU
Projektstart	2006
Letzte Version	23.06.2015
Aktuelle Version	Version 1.4.12
Geschäftsmodell	Partnernetzwerk
Support	SaaS, Implementierung, Entwicklung, technisches und User Support durch 6 Systemhäuser
Dokumentation	http://ledgersmb.org/documentation
	Online Dokumentation und Videomaterial, FAQ

Training	Über Systemhäuser beziehbar
Kunden	Auswahl:
	Bibliothek
	http://www.kcls.org/
	Designer Büro
	http://www.houseind.com/
	Internationale Zusammenarbeit /Lernen
	http://de.blackboard.com/sites/international/globalmaster/
Trend	https://www.google.de/trends/explore#q=LedgerSMB&cmpt=q&tz=Etc%2FGMT-2

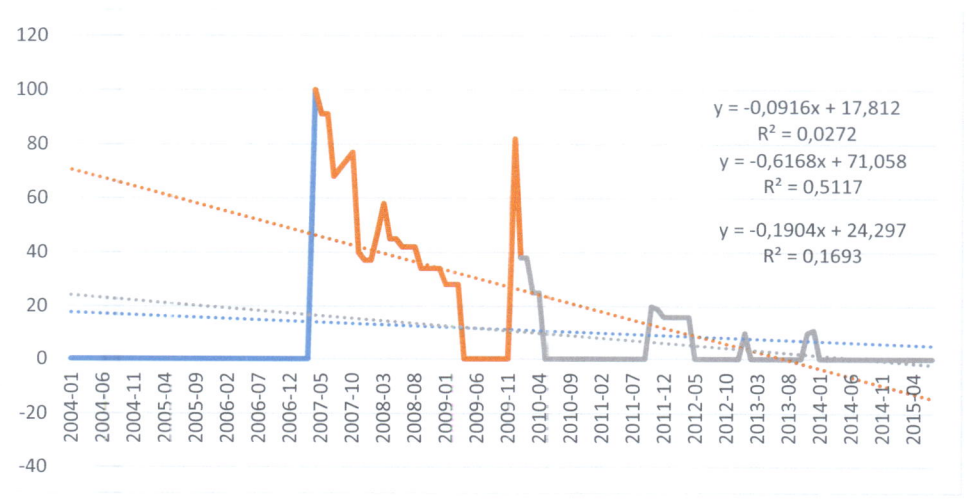

$$y = -0,0916x + 17,812$$
$$R^2 = 0,0272$$
$$y = -0,6168x + 71,058$$
$$R^2 = 0,5117$$
$$y = -0,1904x + 24,297$$
$$R^2 = 0,1693$$

alle Werte	$y = -0,0916x + 17,812$	$m=-0,0916$	Anstieg negativ
	$R^2 = 0,0272$		
Ab größer 0	$y = -0,6168x + 71,058$	$m=-0,6168$	Anstieg negativ
	$R^2 = 0,5117$		
2010	$y = -0,1904x + 24,297$	$m=-0,1904$	Anstieg negativ
	$R^2 = 0,1693$		

Anforderungskatalog

Funktionsübersicht	Vorhanden
CRM	
DMS	
PMS	X
BI	
HRM	
WflM	
Reporting	X
Weitere	POS

Erfüllungsquote
55,00%

Auftragsbearbeitung

Funktionen	Ja	Nein	Bemerkung
Angeboten	X		
Kundenaufträge	X		
Versand	X		
Weitere			

Bestandsführung

Funktionen	Ja	Nein	Bemerkung
Bestandsverwaltung	X		
Warenbewegung	X		
Inventur	X		
Weitere			

Einkauf & Vertrieb

Funktionen	Ja	Nein	Bemerkung
Lieferantenbewertung		X	
Bestellungen	X		
Weitere			

Finanzwesen

Funktionen	Ja	Nein	Bemerkung
Rechnungserfassung	X		
FIBU und Contr	X		
Weitere	Kontenübersicht		
	Bilanz		
	G & V		

Fertigungssteuerung & Produktion

Funktionen	Ja	Nein	Bemerkung
Auftrags- oder Produktionsplanung		X	
Steuerung		X	
Weitere			

Disposition & Logistik

Funktionen	Ja	Nein	Bemerkung
Bedarfsermittlung & Wareneingang		X	
Weitere			

1.2.9 LIMBAS

Limbas ist ein OpenSource Framework lizensiert unter der GPLv2 zur Modellierung von Datenbankbasierten Webanwendungen. Die Fähigkeiten eines Webframeworks sind darauf ausgelegt, sehr schnell lauffähige Webanwendungen zu erstellen Im Hinblick auf eine Fähige Online Demo oder Testbetrieb muss hierbei erst ein lauffähiges ERP-System zusammengestellt werden. Das Framework selbst besteht aus einer klassischen Client-Server-Architektur. Als DBM-Systeme werden Ingres, Maxdb, MySQL, PostgreSQL, Microsoft SQL Server und Oracle unterstütz. Die vorherrschende Programmiersprache ist PHP. Der Funktionsumfang reicht von der einfachen Tabellenverwaltung über die Generierung von Formularen und Berichten bis zur Erstellung komplexer Geschäftsprozesse. So kann das Limbas Framework auch zur Erstellung von ERP-Systeme eingesetzt werden. Betreut wird das Projekt von der deutschen Firma LIMBAS GmbH. Dieses Unternehmen bietet fertige Lösungen für die Branchen Logistik, Bildungswesen, Medienproduktion, Verlagswesen, Autozulieferer, Luft- und Raumfahrt, Holz-/Möbelindustrie, Erneuerbare Energien, Chemie, Pharma und Wasserversorgung. Zusätzlich werden rund um die Software Service und Supportleistung angeboten. Dazu zählen Consulting, Hosting und Schulungen. (Yulia S., 2012 S. 5) (Limbas, 2015)

Übersicht

Merkmal	Ausprägung
ERP-System	Limbas
Anbieter bzw. Trademark-Besitze	LIMBAS GmbH
Standort	Deutschland
Webseite	http://www.limbas.org
Quellcode	http://sourceforge.net/projects/limbas/?source=navbar
Lizenz	GPLv2
Programmiersprache	PHP
Unterstützte Datenbanken	Ingres, Maxdb, MySQL, PostgreSQL, Microsoft SQL Server und Oracle
Plattform	Linux
Forum	http://sourceforge.net/p/limbas/discussion/
	deutsch und englisch
Forumseinträge	unter 200
Testbetrieb	https://demo13.limbas.com
	komplette Live Demo mit allen Funktionen, einfache Menüführung, modernes Design
Funktionenbereiche	Tabellenverwaltungen
	CRM
	DMS
	Produktkataloge
	Faktura
	Konzernverwaltungen
	Workflows
	Service-Management-Systeme
Branchen	Logistik
	Bildungswesen

	Medienproduktion
	Verlagswesen
	Autozulieferer
	Luft- und Raumfahrt
	Holz-/Möbelindustrie
	Erneuerbare Energien
	Chemie, Pharma
	Wasserversorgung
Projektstart	2006
Letzte Version	10.03.2015
Aktuelle Version	2.9.11.1161
Geschäftsmodell	Support, Entwicklung, Hosting
Support	Consulting, Hosting, Support, Remote Betreuung
Dokumentation	http://www.limbas.org/wiki/Hauptseite
	Anwender-, Administrator- und Entwicklerdokumentation, Kurzanleitungen
Training	Administrator Schulung, User Schulung, Programmierer - Schulung
Kunden	Auswahl:
	music support group GmbH
	Trinkwasserversorgung Magdeburg GmbH
Trend	nicht ermittelbar

Anforderungskatalog

Funktionsübersicht	Vorhanden
CRM	X
DMS	X
PMS	X
BI	
HRM	
WflM	X
Reporting	X
Weitere	

Erfüllungsquote
50,00%

Auftragsbearbeitung

Funktionen	Ja	Nein	Bemerkung
Angeboten	X		
Kundenaufträge	X		
Versand	X		
Weitere	CSV-Export		

Bestandsführung

Funktionen	Ja	Nein	Bemerkung
Bestandsverwaltung		X	
Warenbewegung		X	
Inventur		X	
Weitere			

Einkauf & Vertrieb

Funktionen	Ja	Nein	Bemerkung
Lieferantenbewertung		X	
Bestellungen		X	
Weitere			

Finanzwesen

Funktionen	Ja	Nein	Bemerkung
Rechnungserfassung	X		
FIBU und Contr	X		
Weitere	Allgemeine Kontenbilanz		
	GuV		

Fertigungssteuerung & Produktion

Funktionen	Ja	Nein	Bemerkung
Auftrags- oder Produktionsplanung		X	
Steuerung		X	
Weitere			

Disposition & Logistik

Funktionen	Ja	Nein	Bemerkung
Bedarfsermittlung & Wareneingang		X	
Weitere			

1.2.10 MIXERP

MixERP ist ein webbasiertes OSERP-System. Es ist plattformunabhängig und vielschichtig aufgebaut. Es werden mehrere Währungen und Sprachen unterstützt. Die deutsche Übersetzung ist noch nicht komplett umgesetzt. Zusätzlich existiert eine zentrale Datenbank die für den Mehrbenutzerbetrieb genutzt werden kann. So ist es möglich mit einer einzigen Instanz von MixERP mehrere Office-Gruppen und Büros zu betreiben. Lizensiert ist MixERP unter der Mozilla Public License 2.0. Entwickelt wurde die ERP-Lösung auf Basis von ASP.net WebForms und dem PostgreSQL Server. Neben der Community Version die frei zum Download angeboten wird gibt es drei weitere funktionsgleiche SaaS Modelle. Die Modelle unterscheiden sich, jeweils preislich unterschiedlich gestaffelt, hinsichtlich Supportumfang und Anzahl an verfügbaren Nutzern. Diese Services können im

Moment nicht in Anspruch genommen werden da entsprechende Weiterleitungsfunktionen nicht funktionieren. Ebenfalls auf der Seite findet sich ein Verweis auf die Firma MixERP Inc. Hierzu konnten aber keinen weiteren Informationen ermittelt werden. Zur Verfügung gestellt wird es seit 2013 bei sourceforge.net und github.com. (binodnp, 2015) (MixERP, 2015)

Übersicht

Merkmal	Ausprägung
ERP-System	MixERP
Anbieter bzw. Trademark-Besitze	MixERP Inc.
Standort	USA
Webseite	http://mixerp.org
Quellcode	https://github.com/mixerp/mixerp/releases
Lizenz	Mozilla Public License Version 2
Programmiersprache	ASP.net, C#
Unterstützte Datenbanken	PostgreSQL
Plattform	webbasiert
Forum	http://mixerp.org/erp/forum/index.html
	englisch
Forumseinträge	unter 200
Testbetrieb	http://nemjung.mixerp.org/Dashboard/Index.aspx
	komplette Live Demo mit allen Funktionen und Testdaten, moderne und ansprechende Benutzeroberfläche, einfache Menüführung
Funktionenbereiche	Finanzen
	Office Module
	Kaufen & Inventar
	Sales-Module
	CRM
Branchen	KMU
Projektstart	2013
Letzte Version	27.05.2015
Aktuelle Version	Version 1.2
Geschäftsmodell	Support, Entwicklung, Hosting
Support	verschiedene SaaS Modelle mit unterschiedlich Ausgeprägten Support
Dokumentation	http://docs.mixerp.org/
	FAQ, Anwender und Entwickler Dokumentation
Training	keine Angaben
Kunden	nicht ermittelbar
Trend	nicht ermittelbar

Anforderungskatalog

Funktionsübersicht	Vorhanden
CRM	X
DMS	
PMS	X
BI	X
HRM	X
WflM	
Reporting	X
Weitere	

Erfüllungsquote
65,00%

Auftragsbearbeitung

Funktionen	Ja	Nein	Bemerkung
Angeboten	X		
Kundenaufträge	X		
Versand	X		
Weitere			

Bestandsführung

Funktionen	Ja	Nein	Bemerkung
Bestandsverwaltung	X		
Warenbewegung	X		
Inventur		X	
Weitere			

Einkauf & Vertrieb

Funktionen	Ja	Nein	Bemerkung
Lieferantenbewertung		X	
Bestellungen	X		
Weitere			

Finanzwesen

Funktionen	Ja	Nein	Bemerkung
Rechnungserfassung	X		
FIBU und Contr	X		
Weitere	End of Day Abrechnung		
	Wechselkurse		
	GuV		
	Bilanz		
	Cashflow		

Fertigungssteuerung & Produktion

Funktionen	Ja	Nein	Bemerkung
Auftrags- oder Produktionsplanung		X	
Steuerung		X	
Weitere			

Disposition & Logistik

Funktionen	Ja	Nein	Bemerkung
Bedarfsermittlung & Wareneingang		X	
Weitere			

1.2.11 SALTOS

SaltOS ist ein Webbasiertes unter der GPLv3 lizensiertes OS ERPSystem. Im Jahr 2007 gründeten die Entwickler Josep Sanz Campderrós und Alex Müller die Firma Wide „Spectrum Software Solutions". Ziel war es Softwaresysteme für kleine und mittlere Unternehmen anzubieten und zu entwickeln. Bei der Suche nach einem geeigneten ERP System für interne Zweck entschieden sich die Entwickler ein eigenes ERP-System zu entwerfen. Die Herausforderung dabei bestand darin das das neue System ohne komplexe Java-Technologien auskommen und im Hosting deutlich billiger als Konkurrenzprodukte operieren sollte. Das entstandene System wurde deshalb nur mit PHP, XML, XSLT und Javascript entwickelt. Die Datenbank bildet das freie DBM-System MariaDB. Lizensiert wurde das Projekt unter der GPLv3. Aktuell existieren fünf zumeist spanische und katalanische Firmen, die sich Support und die Entwicklungsleistungen rund um SaltOS anbieten. So beispielsweise Hosting und Anpassungsaufgaben. Der Funktionsumfang ist beschränkt auf CRM und HRM Module. (CMS, 2015) (SaltOS, 2015)

Übersicht

Merkmal	Ausprägung
ERP-System	SaltOS
Anbieter bzw. Trademark-Besitze	Spectrum Software Solutions
Standort	Spanien
Webseite	http://www.saltos.org/portal/en/home
Quellcode	http://sourceforge.net/projects/saltos/?source=directory
Lizenz	GPLv3
Programmiersprache	PHP, XML, XSLT und Javascript
Unterstützte Datenbanken	MariaDB
Plattform	webbasiert, Mobile Version
Forum	http://www.saltos.org/portal/en/forum
	englisch und spanisch
Forumseinträge	unter 300
Testbetrieb	http://www.saltos.org/portal/en/demo
	komplette Live Demo, ansprechende Benutzeroberfläche

Funktionenbereiche	Business
	Project Management
	Accounting
	CRM
	E-mail Manager
	Application Management
Branchen	KMU
Projektstart	27.09.2010
Letzte Version	21.06.2015
Aktuelle Version	Version 3.1
Geschäftsmodell	Partnernetzwerk
Support	spanischer kostenpflichtig Support und Hosting über IT-Service-Provider
Dokumentation	http://www.saltos.org/portal/en/wiki
	FAQ, Umfangreiches User Manual
Training	keine Angabe
Kunden	Auswahl
	Menvie Software
	AB Custom Transport & Logistics
Trend	nicht ermittelbar

Anforderungskatalog

Funktionsübersicht	Vorhanden
CRM	X
DMS	X
PMS	X
BI	
HRM	
WflM	
Reporting	X
Weitere	

Erfüllungsquote
50,00%

Auftragsbearbeitung

Funktionen	Ja	Nein	Bemerkung
Angeboten	X		
Kundenaufträge	X		
Versand	X		
Weitere			

Bestandsführung

Funktionen	Ja	Nein	Bemerkung
Bestandsverwaltung		X	
Warenbewegung		X	

Inventur		X	
Weitere			

Einkauf & Vertrieb			
Funktionen	Ja	Nein	Bemerkung
Lieferantenbewertung		X	
Bestellungen	X		
Weitere			

Finanzwesen			
Funktionen	Ja	Nein	Bemerkung
Rechnungserfassung	X		
FIBU und Contr	X		
Weitere	GuV		
	Bilanz		
	Cashflow		

Fertigungssteuerung & Produktion			
Funktionen	Ja	Nein	Bemerkung
Auftrags- oder Produktionsplanung		X	
Steuerung		X	
Weitere			

Disposition & Logistik			
Funktionen	Ja	Nein	Bemerkung
Bedarfsermittlung & Wareneingang		X	
Weitere			

1.2.12 TRYTON

Tryton ist eine freies ERP-System lizensiert unter der GPLv3. Es entstand 2008 als Abspaltung von Tiny ERP. Den Entwicklern ging es um einen stärker technikorientierten Fokus als beim Vorgänger-projekt. Aktuelle richtet sich das Projekt speziell an kleinere und mittlere Unternehmen. Es wird von der belgischen Organisation Tryton Fondation Privée betrieben. Dies ist eine private Stiftung nach belgischem Recht mit dem Zweck, den Schutz und die Förderung der freien Software Tryton voran-zutreiben. Hauptaufgabe der Stiftung ist die Organisation und Verwaltung im Bereich der Infra-struktur rund um das Projekt. Für die Weiterentwicklung und den Support existieren weltweit mehrere externe Dienstleister. Hauptantriebskraft hierbei ist die belgische Firma B2CK. Sie ist maßgeblich für das Design, Architektur und Implementierung von Tryton Modulen verantwortlich. Im Bereich Development und Schulung bietet das Unternehmen kostenpflichtige Dienstleistungen an. In Deutschland existieren zwei unabhängige Dienstleister die einen ähnlichen Service bieten. Das deutsche Forum verfügt über 55 aktive Mitglieder. (Tryton, 2014)

In der aktuellen Version 3.6 die im April 2015 veröffentlicht wurde besteht die Tryton Architektur aus einem klassischen, dreischichtigen Software-Framework. Die drei Schichten unterteilen sich in Client, Server und Datenbankmanagementsystem. Client und Server sind in Python geschrieben. Der Client greift für die grafische Darstellung auf die Komponentenbibliothek GTK+[24] zurück. Dadurch ist Tryton so gut wie auf jeder Plattform eingesetzt. Das Datenbankmanagementsystem wird durch ein PostgreSQL-System gestellt. Dieser modulare Aufbau ermöglicht einen unabhängigen Einsatz. So sind Teile der Tryton Architektur auch im GNU Health Projekt[25] integriert. (Dittmann, 2009) (Yulia S., 2012 S. 8)

Übersicht

Merkmal	Ausprägung
ERP-System	Trython
Anbieter bzw. Trademark-Besitze	Tryton Fondation Privée
Standort	Belgien
Webseite	http://www.tryton.org/de/
Quellcode	https://github.com/tryton/tryton
Lizenz	GPLv3
Programmiersprache	Python
Unterstützte Datenbanken	PostgreSQL
Plattform	Windows, Linux, MAC
Forum	http://www.tryton.org/de/community.html
	Verschiedene Mailinglisten Mehrsprachig (auch deutsch),aktuell, schnelle Antwortzeiten
Forumseinträge	zwischen 2000 und 6000
Testbetrieb	http://demo3.6.tryton.org/
	komplette Live Demo mit Testdaten, ansprechende Benutzeroberflächen, einfache Menüführung
Funktionenbereiche	Buchhaltung
	Fakturierung
	Verkauf
	Einkauf
	Kostenstellen
	Lagerverwaltung
	Produktion
	Projektmanagement
	Interessenten und Verkaufschancen
Branchen	KMU
Projektstart	2008
Letzte Version	19.05.2015
Aktuelle Version	Version 2.8.14
Geschäftsmodell	Partnernetzwerk

---

[24] Das GIMP-Toolkit abgekürzt GTK+ ist eine freie Komponentenbibliothek unter der LGPL, mit der grafische Benutzeroberflächen für Software erstellt werden können.
[25] GNU Health ist ein freies Gesundheits- und Krankenhaus-Informationssystem.

Support	17 Systemhäuser weltweit 2 davon in Deutschland, SaaS, Implementierung, Entwicklung, technisches und User Support
Dokumentation	http://doc.tryton.org/3.6/
	Online Dokumentation
Training	Schulungen können über Systemhäuser bezogen werden
Kunden	Auswahl
	Netzwerk
	https://graduitnetwork.com/
	Vergleichsportal Flugzeug Steuern
	http://www.advocatetax.com/
	GNU Health Projekt
	http://health.gnu.org/
Trend	https://www.google.de/trends/explore#q=Trython&cmpt=q&tz=Etc%2FGMT-2

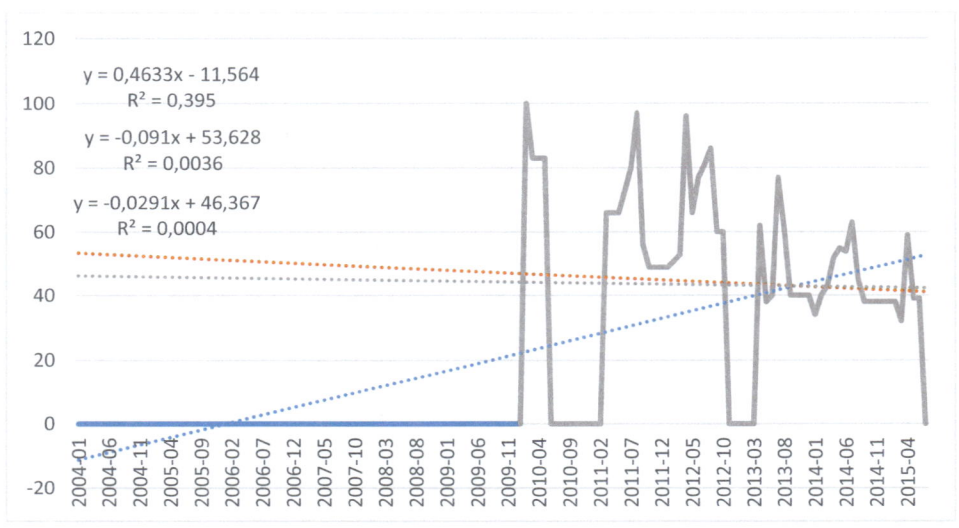

alle Werte	y = 0,4633x - 11,564	m=0,4633	Anstieg positiv
	R² = 0,395		
Ab größer 0	y = 0,0311x + 39,259	m=0,0311	Anstieg positiv
	R² = 0,0004		
2010	y = -0,0291x + 46,367	m=-0,0291	Anstieg positiv
	R² = 0,0004		

Anforderungskatalog

Funktionsübersicht	Vorhanden
CRM	X
DMS	
PMS	X
BI	X
HRM	X
WflM	
Reporting	X
Weitere	POS

Erfüllungsquote
70,00%

Auftragsbearbeitung

Funktionen	Ja	Nein	Bemerkung
Angeboten	X		
Kundenaufträge	X		
Versand	X		
Weitere			

Bestandsführung

Funktionen	Ja	Nein	Bemerkung
Bestandsverwaltung	X		
Warenbewegung	X		
Inventur	X		
Weitere	Bestandskorrektur		

Einkauf & Vertrieb

Funktionen	Ja	Nein	Bemerkung
Lieferantenbewertung		X	
Bestellungen	X		
Weitere			

Finanzwesen

Funktionen	Ja	Nein	Bemerkung
Rechnungserfassung	X		
FIBU und Contr	X		
Weitere	Kontenplan		
	Bankauszüge		
	Bilanzbogen		
	Gewinn- und Verlustrechnung		

Fertigungssteuerung & Produktion

Funktionen	Ja	Nein	Bemerkung

			Konnte in der Online Demo nicht ermittelt werden in Dokumentation finden sich aber Hinweise auf ein Steuerungs- und Produktionsmodul
Auftrags- oder Produktionsplanung		X	
Steuerung		X	
Weitere			

Disposition & Logistik

Funktionen	Ja	Nein	Bemerkung
Bedarfsermittlung & Wareneingang		X	
Weitere			

1.2.13 WEBERP

WebERP ist ein webbasiertes ERP System. Es ist unter der GPLv2 veröffentlicht und ermöglicht die lizenzkostenfreie Nutzung. 2001 wurde das modulare Softwareprojekt gegründet. Seither gab es eine Reihe von Erweiterungen und Übersetzungen. Das komplette System ist in der deutschen Sprache verfügbar. Die vorherrschende Programmiersprach ist PHP. Als DBMS wird ein MySQL Datenbanksystem verwendet. Die Software richtet sich vorwiegend an KMU. Rund um das WebERP-Projekt stehen Hilfestellungen in Form von Mailing, Web Forum und ein Online Manual zur Verfügung. Andere Dienstleistungen wie Individualprogrammierung oder Customizing können kostenpflichtig erworben werden. Auch besteht die Möglichkeit über ein bestimmtes Entgelt Add-Ons zu erwerben, so zum Beispiel einen integrierten Webshop. Zusätzlich existieren weltweit Systemhäuser die kostenpflichtigen Trainings- und Schulungsprogramme anbieten. Hierbei wird die Firma Logic Works Ltd. In Neuseeland als Administrator für webERP genannt. (Yulia S., 2012 S. 9) (WebERP, 2013)

Übersicht

Merkmal	Ausprägung
ERP-System	webERP
Anbieter bzw. Trademark-Besitze	Logic Works Ltd.
Standort	Neuseeland
Webseite	http://www.weberp.org/
Quellcode	http://sourceforge.net/projects/web-erp/
Lizenz	GPLv2
Programmiersprache	PHP
Unterstützte Datenbanken	MySQL
Plattform	webbasiert

Forum	http://www.weberp.org/forum/
	englisch, aktuell, schnelle Antwortzeiten
Forumseinträge	ca.1000
Testbetrieb	http://www.weberp.org/weberp/
	Live Demo mit Testdaten
Funktionenbereiche	Umsatz und Auftragseingang
	Steuern
	Forderungen
	Inventar
	Einkauf
	Bank
	Verbindlichkeiten
	Hauptbuch
	Herstellung
Branchen	KMU
Projektstart	2003
Letzte Version	17.05.2015
Aktuelle Version	Version 4.12.3
Geschäftsmodell	Partnernetzwerk
Support	8 Systemhäuser weltweit in Deutschland nicht, SaaS, Implementierung, Entwicklung, technisches und User Support, Datenmigration, Zusatzmodule können im eigenen Store erworben werden
Dokumentation	http://www.weberp.org/weberp/doc/Manual/ManualContents.php
	Online- Anwender Doku, Mailing Lists
Training	Über Systemhäuser beziehbar
Kunden	Keine Angaben:
Trend	https://www.google.de/trends/explore#q=webERP&cmpt=q&tz=Etc%2FGMT-2

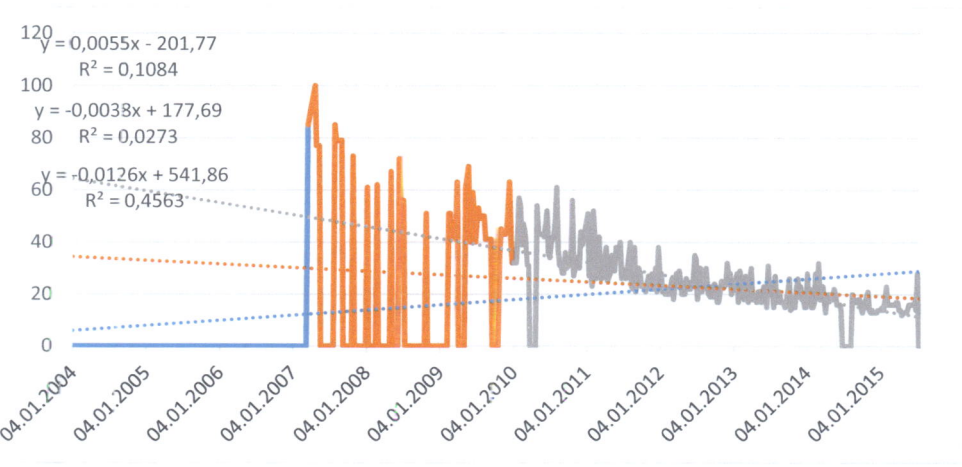

alle Werte	y = 0,0055x - 201,77	m=0,0055	Anstieg positiv
	R² = 0,1084		
Ab größer 0	y = -0,0038x + 177,69	m=-0,0049	Anstieg negativ
	R² = 0,0273		
2010	y = -0,0126x + 541,86	m=-0,0126	Anstieg negativ
	R² = 0,4563		

Anforderungskatalog

Funktionsübersicht	Vorhanden
CRM	X
DMS	
PMS	
BI	
HRM	
WflM	
Reporting	X
Weitere	QS

Erfüllungsquote
65,00%

Auftragsbearbeitung

Funktionen	Ja	Nein	Bemerkung
Angeboten	X		
Kundenaufträge	X		
Versand	X		
Weitere	Einzelbestellung		
	Dauerauftrag-Vorlage		
	Kommissionierlisten		

Bestandsführung

Funktionen	Ja	Nein	Bemerkung
Bestandsverwaltung	X		Materialanforderungen, Lieferschein, Seriennummer
Warenbewegung	X		
Inventur	X		
Weitere	Inventurliste CSV-Datei		

Einkauf & Vertrieb

Funktionen	Ja	Nein	Bemerkung
Lieferantenbewertung		X	
Bestellungen	X		
Weitere	Ausschreibungen		
	Lieferanten-Preisliste		

Finanzwesen

Funktionen	Ja		Nein	Bemerkung
Rechnungserfassung	X			
FIBU und Contr	X			
Weitere	Tägliche Bankbuchungen			
	Gewinn- und Verlustrechnung			
	Bilanz			
	Einnahme-Überschussrechnung			
	Steuerberichte			

Fertigungssteuerung & Produktion

Funktionen	Ja	Nein	Bemerkung
Auftrags- oder Produktionsplanung	X		
Steuerung		X	
Weitere			

Disposition & Logistik

Funktionen	Ja		Nein	Bemerkung
Bedarfsermittlung	&			
Wareneingang	X			
Weitere				

1.2.14 XTUPLE POSTBOOKS

Postbooks ist ein plattformunabhängiges, modulares und mehrsprachiges Open-Source ERP System für KMUs. Es ist unter einer CPAL[26] Lizenz veröffentlicht und frei auf GitHub verfügbar. Postbooks verwendet eine Client-Server Architektur. Als Anwendungsschnittstellen existiert ein lokaler GUI Client der in C++ geschrieben ist, ein Rest API Web-Service für einen mobilen Web-Client. Als Datenbankmanagementsystem wird PostgreSQL verwendet. (Yulia S., 2012 S. 9)

Betreut wird das xTuple Projekt von einer amerikanischen Firma mit gleichem Namer. Dieses Unternehmen bietet verschiedene Versionen des ERP Systems an. So gibt es zum einen das eingangs erwähnte Postbooks als OS Variante und als kommerzielles Produkt. Weitere kostenpflichte Modelle existieren als Distribution, Maufacturing und Enterprise Versionen. Die genannten Ausführungen unterschieden sich hinsichtlich Funktionsumfang und dazugehörigen Supportleistungen. Als Zahlungsmöglichkeiten biete xTuple eine monatliche oder jährliche Rate. Für alle kostenpflichtigen Modelle bietet das Unternehmen einen SaaS Service. Zusätzlich können über einen eigenen Webstore Erweiterungen und Supportleistungen gebucht werden –beispielsweise Schulungen, Trainingsprogramme oder spezielle Adc-Ons für Webshops und Auswerttools. In den USA finden sich weitere Systemhäuser mit entsprechender Zertifizierung und unterschiedlichem Leistungsangebot. Aber auch in Australien, den Philippinen und Deutschland ist jeweils ein IT-Dienstleister vertreten. (xTuple, 2015)

---

[26] Common Public Attribution License (CPAL) ist eine Open-Source-Lizenz ähnlich der Mozilla Public License (MPL).

Übersicht

Merkmal	Ausprägung
ERP-System	xTubel
Anbieter bzw. Trademark-Besitze	xTubel
Standort	USA
Webseite	https://www.xtuple.com/
Quellcode	http://sourceforge.net/projects/postbooks/?source=directory
Lizenz	CPAL Lizenz
Programmiersprache	C++
Unterstützte Datenbanken	PostgreSQL
Plattform	webbasiert, Mobile Version
Forum	https://www.xtuple.org/forum
	mehrsprachig, aktuell und schnelle Antwortzeiten
Forumseinträge	zwischen 3000 und 4000
Testbetrieb	http://marketplace.xtuple.com/free-trial
	komplette Live Demo mit allen Funktionen, ansprechende Benutzeroberflächen, einfache Menüführung
Funktionenbereiche	Bestandsverwaltung
	CRM
	Rechnungswesen
	Produktmanagement
	Vertriebsmanagement
	Produktionsplanung
Branchen	KMU
Projektstart	2001
Letzte Version	30.12.2014
Aktuelle Version	Version 4.8.0
Geschäftsmodell	Support, Entwicklung, Hosting, Zusatzmodule
Support	Gold Partner in Deutschland, SaaS, Implementierung, Entwicklung, technisches und User Support ,Migration, Individualprogrammierung
Dokumentation	https://www.xtuple.org/docs
	Umfangreiche Doku Anwender und Entwickler, FAQ, Videos
Training	Schulung Anwender und Entwickler
Kunden	Auswahl:
	Truck & Trailer Rentals
	http://www.uhaul.com/
	Disgn Möbel
	http://www.modernspace.com/
Trend	https://www.google.de/trends/explore#q=%2Fm%2F03cq_ny&cmpt=q&tz=Etc%2FGMT-2

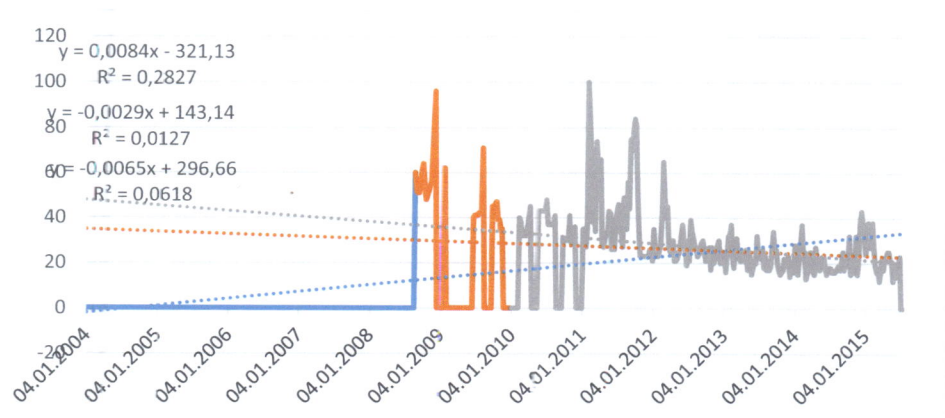

alle Werte	y = 0,0084x - 321,13 R^2 = 0,2827	m=0,0084	Anstieg positiv
Ab größer 0	y = -0,0029x + 143,14 R^2 = 0,0127	m=-0,0029	Anstieg negativ
2010	y = -0,0065x + 296,66 R^2 = 0,0618	m=-0,0065	Anstieg negativ

Anforderungskatalog

Funktionsübersicht	Vorhanden
CRM	X
DMS	
PMS	X
BI	
HRM	
WflM	X
Reporting	X
Weitere	POS

Erfüllungsquote
75,00%

Auftragsbearbeitung

Funktionen	Ja	Nein	Bemerkung
Angeboten	X		
Kundenaufträge	X		
Versand	X		
Weitere			

Bestandsführung

Funktionen	Ja	Nein	Bemerkung
Bestandsverwaltung	X		

	X		
Warenbewegung	X		
Inventur	X		
Weitere			

Einkauf & Vertrieb

Funktionen	Ja	Nein	Bemerkung
Lieferantenbewertung		X	
Bestellungen	X		
Weitere			

Finanzwesen

Funktionen	Ja	Nein	Bemerkung
Rechnungserfassung	X		
FIBU und Contr	X		
Weitere	Hauptbuch		
	Debitoren und Kreditoren		
	Kontenabstimmung		
	Finanzberichterstattung		

Fertigungssteuerung & Produktion

Funktionen	Ja	Nein	Bemerkung
Auftrags- oder Produktionsplanung	X		
Steuerung		X	
Weitere			

Disposition & Logistik

Funktionen	Ja	Nein	Bemerkung
Bedarfsermittlung & Wareneingang	X		
Weitere			

1.3 KLASSE 3 ANBIETER

Zur Klasse 3 Anbieter gehören ERP System die die geforderten Anforderungen nur wenig bis gar nicht erfüllen.

1.3.1 APACHE OFBIZ

Das Apache Open For Business abgekürzt Apache OFBiz oder einfach nur OFbiz ist ein modular aufgebautes Open Source Enterprise Resource Planning System auf Basis der dreischichtigen JavaEE-Architektur. Ursprünglich im Jahre 2001 gestartet bestand die Zielsetzung ein Framework zu erstellen, dass als Entwicklungsgrundlage für beliebige Geschäftsanwendungen verwendet werden kann. Entstanden ist ein Toplevel-Projekt der Apache Software Foundation. Im Aktuellen Release können verschiedene Unternehmensapplikationen genutzt werden. Dabei verfolgt man einen ehr untypischen Strukturaufbau. Die Software ist so gestaltet das alle Funktionen bestimmten Abteilungen in einem Unternehmen zugeordnet sind, die dann bestimmte Teilprozesse des Geschäftsalltags abwickeln. Meldet sich ein Nutzer an, muss er vorab in einem Portal auswählen welche Abteilung er zugehörig ist. Dort kann er dann nur Aufgaben erledigen die in den Funktionsumfang dieser Abteilung fallen. Die Apache Software Foundation kurz ASF ist eine US-amerikanisch ehrenamtlich arbeitende Organisation zur Förderung der Apache-Software-anwendungen. Sie entstand 1999 aus der Apache Group die ähnliche Ziele verfolgte. Aktuell widmet sich die ASF dem rechtliche Schutz aller Projekt-Mitarbeiter und dem Schutz der Marke „Apache" sowie vorrangig dem Erstellen von Open-Source-Softwareprojekten. Hierbei steht vor allem der gemeinschaftliche und diskussionsfreudige Entwicklungsprozess im Vordergrund. Finanziert werden die vom ASF entwickelten Projekte hauptsächlich durch Spenden und Sponsoren. Hervorgebrachte bekannte Anwendungen sind unteranderem der Apache Webserver und das freie Office Paket Open Office. Für alle Projekte der ASF wird die eigens entwickelte Lizenz für Open Source Software Apache-Lizenz verwendet, so auch in der Version 2.0 für das OFBiz Projekt. OFBiz richtet sich hauptsächlich an Betreiber von Webshop und E-Commerce Anbieter. Als Basis wird ein relationales Datenbankmanagementsystem verwendet. Hierfür werden MySQL, PostgreSQL, Oracle, Sybase, MS SQL Server und DB2 unterstützt. Eine lauffähige Referenzimplementierung von OFBiz als vollwertiges ERP-System in Deutschland ist nicht bekannt. Grundlegende deutsche Übersetzungen sind zwar vorhanden, aber nicht konsequent eingebaut. (Yul a S., 2012 S. 3) (Dittmann, 2009) (OFBiz, 2015)

Übersicht

Merkmal	Ausprägung
ERP-System	Apache OFBiz
Anbieter bzw. Trademark-Besitze	Apache Software Foundation
Standort	USA
Webseite	http://ofbiz.apache.org/
Quellcode	https://github.com/apache/ofbiz
Lizenz	Apache-Lizenz
Programmiersprache	Java/ JavaEE
Unterstützte Datenbanken	MySQL, PostgreSQL, Oracle, MS SQL Server
Plattform	webbasiert
Forum	https://issues.apache.org/jira/browse/OFBIZ/?selectedTab=com.atlassian.jira.jira-projects-plugin:roadmap-panel
	englisch
Forumseinträge	über 6000
Testbetrieb	nur als Download
Funktionenbereiche	Accounting
	Wartung
	Produktmanagement
	Anlage und Warehouse -Management-System (WMS)

	Herstellung
	Auftragsabwicklung
	Inventory Management
	Content Management System (CMS)
	Personalwirtschaft (HR)
	Organisation
	Projektmanagement
	Sales Force Automation
	Arbeitsaufwands
	Elektronischen Point of Sale (EPOS)
	E-Commerce
	Scrum
Branchen	Webshop
	E-Commerce
Projektstart	2001
Letzte Version	07.10.2014
Aktuelle Version	Version 13.07.01
Geschäftsmodell	Partnernetzwerk
Support	Community
Dokumentation	http://ofbiz.apache.org/documentation.html
	Anwender und Entwickler Demo
Training	nicht ermittelbar
Kunden	nicht ermittelbar
Trend	https://www.google.de/trends/explore#q=ofbiz&cmpt=q&tz=Etc%2FGMT-2

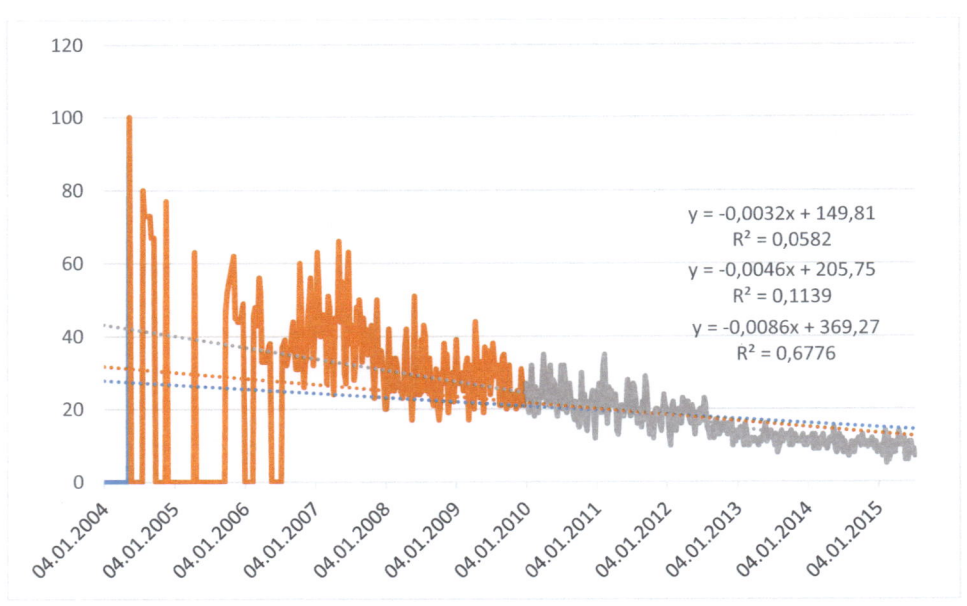

alle Werte	y = -0,0032x + 149,81 R² = 0,0582	m=0,0032	Anstieg negativ
Ab größer 0	y = -0,0046x + 205,75 R² = 0,1139	m=-0,0046	Anstieg negativ
2010	y = -0,0086x + 369,27 R² = 0,6776	m=-0,0086	Anstieg negativ

Anforderungskatalog

Kein Anforderungskatalog möglich – keine Online Demo verfügbar

1.3.2 CK-ERP

CK-ERP ist ein OS Buchhaltung-, Bildungs- und ERP-System. Es ist webbasiert, in PHP geschrieben und läuft unter einer Linux/ Unix -Umgebung. Es entstand 2004 als Nachfolger des eingestellten CK – Ledger ERP Projektes. Aktuell werden 13 Übersetzungen angeboten darunter auch eine Deutsche. Lizenziert ist unter der GPLv2. Zielkunden sind kleine bis mittelgroße Unternehmen sowie Organisationen mit 1-200 Mitarbeitern. Zielgruppe sind Buchhalter und Finanzdienstleister. Zurzeit wird die Software hauptsächlich betreut von Chiu Kay Wu einem Unternehmer aus Hong Kong. Finanziert wird das Projekt dabei über Spenden und freiwillige Arbeit. Ziel ist die Weiterentwicklung und Integration neuer Funktion im Bereich der MaWi. (Baader, 2011) (CK-ERP, 2010)

Übersicht

Merkmal	Ausprägung
ERP-System	CK-ERP
Anbieter bzw. Trademark-Besitze	Wu, Chiu Kay (Projektleiter)
Standort	Hong Kong, China
Webseite	http://ck-erp.net/drupal/
Quellcode	http://sourceforge.net/projects/ck-erp/
Lizenz	GPLv2
Programmiersprache	PHP
Unterstützte Datenbanken	PostgresSQL, MySQL, SQLite.
Plattform	Linux/Unix
Forum	https://groups.google.com/forum/?hl=en#!forum/CK-ERP-en/join
	letzter Eintrag älter als 6 Monate (Stand August 2015)
Forumseinträge	unter 600
Testbetrieb	nicht verfügbar
Funktionenbereiche	Kontakt-Management
	CRM
	Customer Self Service
	SCM
	Materialbedarfsplanung
	Lagerverwaltung

	Dienstleistung
	Finanz
	Bestellungsmanagement
	POS
	HRM
Branchen	KMU
Projektstart	2005
Letzte Version	2012
Aktuelle Version	Version 0.31.2
Geschäftsmodell	nicht ermittelbar
Support	Community
Dokumentation	http://ck-erp.net/drupal/node/11
	FAQ
Training	nicht ermittelbar
Kunden	nicht ermittelbar
Trend	nicht ermittelbar

Anforderungskatalog

Kein Anforderungskatalog möglich – keine Online Demo verfügbar

1.3.3 COMPIERE

Compire ist ein OS-ERP-System für kleine und mittlere Unternehmen in den Branchen Vertrieb, Einzelhandel, Service, Fertigung sowie Gesundheits- und Pharmaindustrie. Compire ist mehrsprachig mehrwährungs- und mandantenfähig. 1999 begann die Entwicklung des in Java geschriebenen IT-Systems. Bereits im folgenden Jahr gab es die ersten Installationen. Es galt als eines der vielversprechendsten Projekte auf sourceforge.com. Dort war es bis 2006 in der Top-Ten-Rangliste vertreten und erreichte über 100 Millionen Downloads. Im gleichen Jahr noch kam es zu einer Neuausrichtung des Geschäftsmodells von der hinter dem Projekt stehenden US-Unternehmen Compiere Inc.. Ziel war es das erfolgreiche Open-Source- ERP-Projekt in ein wachsendes und nachhaltig kommerzielles Open Source-Geschäft zu verwandeln. Das Unternehmen bot die Software nunmehr in vier Versionen an: eine kostenlose Community Edition, die funktional identische kostenpflichtige Standard Edition inklusive professionellem Support sowie eine Professional Edition, die auch per webbasierter Benutzeroberfläche bedient werden konnte und sich gegen Bezahlung um eine anspruchsvolle Fertigungsabwicklung erweitern ließ. Die vierte Version bildete eine Cloud Edition mit speziellem SaaS-Angebot. Im Zuge dieser Umstrukturierung kam es zur Auseinandersetzung mit der Compiere Community. Diese führte schließlich zur Abspaltung. Ein Großteil der Community widmete sich von da an nunmehr dem neu entstehendem ERP-System ADempiere. Compiere bestand von da an nur noch aus der Compiere Inc Gemeinde. 2010 wurde diese dann von dem Unternehmen Consona Corporation übernommen. Nach zahlreichen Weiterentwicklungen fusionierte 2012 Consona mit CDC Software, einem Softwareunternehmen mit Schwerpunkt Data Warehouse, CRM sowie manufacturing ERP. Als Ergebnis dieser Fusionierung entstand das Unternehmen Aptean welches die Betreuung der Compiere Komponenten in ihrem Portfolio mitaufgenommen hat. Zusätzlich finden sich dort auch proprietäre ERP-Systeme für spezielle

Branchen wie Einzelhandel, Fertigung und Medizintechnische Industrie im Angebot. Schwerpunktmäßig konzentriert sich das Unternehmen auf den Vertrieb von eigens erstellten Software Lösungen. Der Support der erstellten Systeme wird durch ein weltweit operierendes Partnernetzwerk durchgeführt. Speziell für Compiere findet sich in Deutschland aber kein eigener Supportdienstleister, im näheren Umfeld Österreich, Niederlande und Belgien dagegen schon. Aktuell existiert Compiere in einer freien Commuity Edition mit stark eingeschränkten Funktionsumfang und eine Enterprise Edition. Lizenziert ist die Software unter der GPLv2. Compiere ist plattformunabhängig und beisitzt eine typische Client -Server-Architektur. Die Anwendung baut auf einem modellbasierten Entwicklungsrahmen auf, unter Verwendung der J2EE -Plattform. Compiere bietet individuelle Anpassungsfähigkeit, schnelle Implementierung und niedrige Betriebskosten. Als DBM-Systeme werden Oracle und PostgreSQL unterstützt. (Dittmann, 2009) (Yulia S., 2012 S. 5) (Aptean, 2015) (Compiere, 2013)

Übersicht

Merkmal	Ausprägung
ERP-System	Compiere
Anbieter bzw. Trademark-Besitze	Aptean
Standort	USA
Webseite	http://www.compiere.com/
Quellcode	http://sourceforge.net/projects/compiere/
Lizenz	GPLv2
Programmiersprache	Java / J2EE
Unterstützte Datenbanken	Oracle, PostgreSQL
Plattform	webbasiert
Forum	http://sourceforge.net/p/compiere/discussion/108148
	englisch
Forumseinträge	zwischen 5000 und 6000
Testbetrieb	nur als Download
Funktionenbereiche	Financial Management
	Einkauf
	Materialwirtschaft
	Auftragsmanagement
	Projektabrechnung
	Vertrieb
	E-Commerce
	Performance
	Management
	Reporting
Branchen	Vertrieb
	Einzelhandel,
	Service
	Fertigung

Gesundheits- und Pharmaindustrie	
Projektstart	1999
Letzte Version	2010
Aktuelle Version	Version 3.3.0
Geschäftsmodell	Support, Entwicklung, Hosting
Support	23 Systempartner weltweit in Deutschland nicht, Eigener Support für Implementierung, Entwicklung, technisches und User Support
Dokumentation	http://www.compiere.com/services/documentation.php
Training	Anwender und Entwickler Dokumentation, Video Functional & Technical Training
Kunden	http://www.aptean.com/resources/documents#&&solution=7FE462C0-2549-4588-88A3-DB7C83CE4EE4&page=1&type=D0AFD7FC-2074-4D75-9F7F-348995B57903&=
Trend	https://www.google.de/trends/explore#q=Compiere&cmpt=q&tz=Etc%2FGMT-2

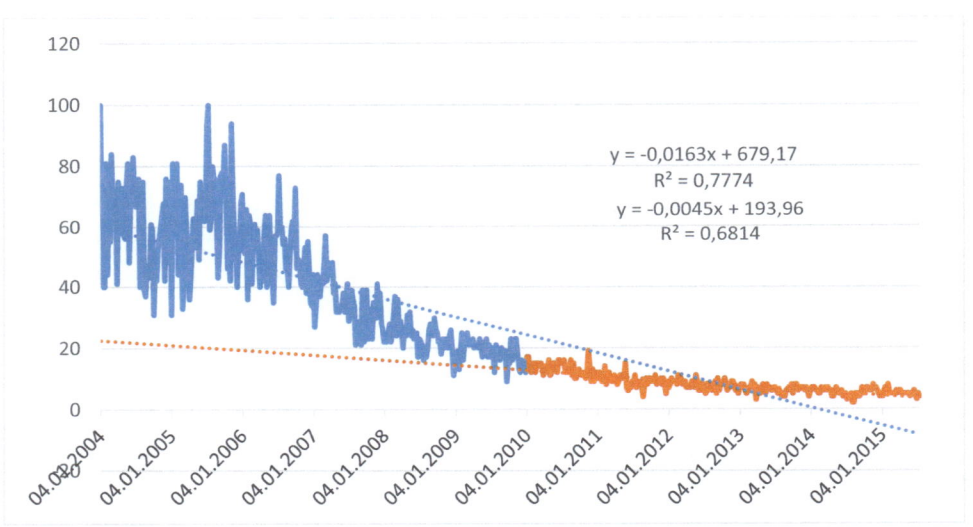

alle Werte	y = -0,0163x + 679,17	m=-0,0163	Anstieg negativ
	R² = 0,7774		
Ab größer 0	y = -0,0163x + 679,17	m=-0,0163	Anstieg negativ
	R² = 0,7774		
2010	y = -0,0045x + 193,96	m=-0,0045	Anstieg negativ
	R² = 0,6814		

Anforderungskatalog

Kein Anforderungskatalog möglich – keine Online Demo verfügbar

1.3.4 EASYERP

EasyERP ist ein in der Ukraine entwickeltes OSERP-System und beinhaltet in der getesteten Version nur CRM und HRM Funktionen. Es wurde für kleine Unternehmen entwickelt und basiert auf Node.js und einer MongoDB Datenbank. Lizensiert ist es unter LGPLv3. Angeboten wird die Software als Download Version und als SaaS-Variante. Der Download ist komplett kostenlos, für den gehosteten Service bestehen je nach Nutzerzahl monatliche Gebühren. Kostenpflichtige Anpassungs- und Individualservices existieren darüber hinaus. Informationen über den eigentlichen Anbieter finden sich nur sehr wenige. (EasyERP, 2015)

Übersicht

Merkmal	Ausprägung
ERP-System	EasyERP
Anbieter bzw. Trademark-Besitze	
Standort	Ukraine
Webseite	http://easyerp.com/
Quellcode	http://sourceforge.net/projects/easyerp/files/EasyERP/
Lizenz	LGPLv3
Programmiersprache	C++,Node.js , JavaScript
Unterstützte Datenbanken	MongoDB
Plattform	webbasiert
Forum	https://easyerp.uservoice.com/
	englisch, aktuell
Forumseinträge	unter 100
Testbetrieb	http://134.249.164.53:8088/#easyErp/Projects/thumbnails
	komplette Live Demo mit allen Funktionen und Testdaten, ansprechende Benutzeroberfläche, einfache Menüführung
Funktionenbereiche	CRM
	Project Management PM
	HRM
	Workflow-Management
Branchen	Information Technology
	Finanz- und Versicherungswesen
	Kundendienst
Projektstart	17.03.2014
Letzte Version	15.04.2014
Aktuelle Version	Version 1.0
Geschäftsmodell	Support, Entwicklung, Hosting
Support	Individual Services und SaaS, E-Mail Support
Dokumentation	
	nicht ermittelbar
Training	Kein Angaben
Kunden	Ken Angaben
Trend	nicht ermittelbar

Anforderungskatalog

Funktionsübersicht	Vorhanden
CRM	X
DMS	
PMS	
BI	
HRM	X
WflM	X
Reporting	X
Weitere	

Erfüllungsquote
25,00%

Auftragsbearbeitung

Funktionen	Ja	Nein	Bemerkung
Angeboten		X	
Kundenaufträge		X	
Versand		X	
Weitere			

Bestandsführung

Funktionen	Ja	Nein	Bemerkung
Bestandsverwaltung		X	
Warenbewegung		X	
Inventur		X	
Weitere			

Einkauf & Vertrieb

Funktionen	Ja	Nein	Bemerkung
Lieferantenbewertung		X	
Bestellungen		X	
Weitere			

Finanzwesen

Funktionen	Ja	Nein	Bemerkung
Rechnungserfassung		X	
FIBU und Contr		X	
Weitere			

Fertigungssteuerung & Produktion

Funktionen	Ja	Nein	Bemerkung
Auftrags- oder Produktionsplanung		X	
Steuerung		X	
Weitere			

Disposition & Logistik

Funktionen	Ja		Nein	Bemerkung
Bedarfsermittlung	&			
Wareneingang	X			
Weitere				

1.3.5 ERP5

ERP5 ist ein unter der GPLv2 lizenziertes OS ERP System auf Linux Basis. Client als auch der Server sind plattformunabhängig. Erp5 ist auf dem Zope Application Server[27] aufgebaut und läuft webbasiert. Entwickelt wird das Software Projekt in der Programmiersprache Python[28] von dem französischen Unternehmen Nexedi GmbH. Dieses bietet kostenpflichtige Beratungstätigkeiten, Trainings- und Implementierungsdienstleistungen an. Zusätzlich gibt ein kostenpflichte Starter Version in der erste Handgriffe Schritt für Schritt begleitet werden. Weiterhin gibt es Finanzierungs-modelle mit speziell zugeschnittenen Anforderungen für kleinere Unternehmen die ERP5 als SaaS Lösung anbieten. (ERP5, 2011)

Übersicht

Merkmal	Ausprägung
ERP-System	ERP5
Anbieter bzw. Trademark-Besitze	Nexedi GmbH
Standort	Frankreich
Webseite	http://www.erp5.org/
Quellcode	https://github.com/erp5/erp5
Lizenz	GPLv2
Programmiersprache	Python
Unterstützte Datenbanken	MySQL
Plattform	webbasiert
Forum	http://www.erp5.org/Discussion
	englisch, unübersichtlich
Forumseinträge	unter 100
Testbetrieb	http://www.erp5.com/demo/try
	Nur als Download, online Demo geht nicht (Mai bis August)
Funktionenbereiche	Accounting
	Product Data Management (PDM)
	SCM
	Material Requirement Planning (MRP)
	Customer-Relationship-Management (CRM)
	Projektplanung
	Dokumentenmanagement (DMS)

---

[27] Zope ist ein in der Programmiersprache Python geschriebener, objektorientierter freier Webanwendungs-Server mit offenem Quelltext.
[28] Python ist eine höhere Programmiersprache, die universell eingesetzt werden kann.

Branchen	Luft- und Raumfahrt
	Bekleidung,
	Bankwesen,
	Gesundheitswesen und
	Regierung.
Projektstart	14.08.2007
Letzte Version	02.12.2014
Aktuelle Version	Version 0.4.42
Geschäftsmodell	Partnernetzwerk
Support	5 Support Partner weltweit auch in Deutschland, Implementierung, Entwicklung, technisches und User Support
Dokumentation	http://www.erp5.org/Documentation
	FAQ, HowTo, technische Beschreibung
Training	Individual Training
Kunden	Auswahl
	LIP6
	http://www.lip6.fr/?LANG=de
Trend	https://www.google.de/trends/explore#q=ERP5

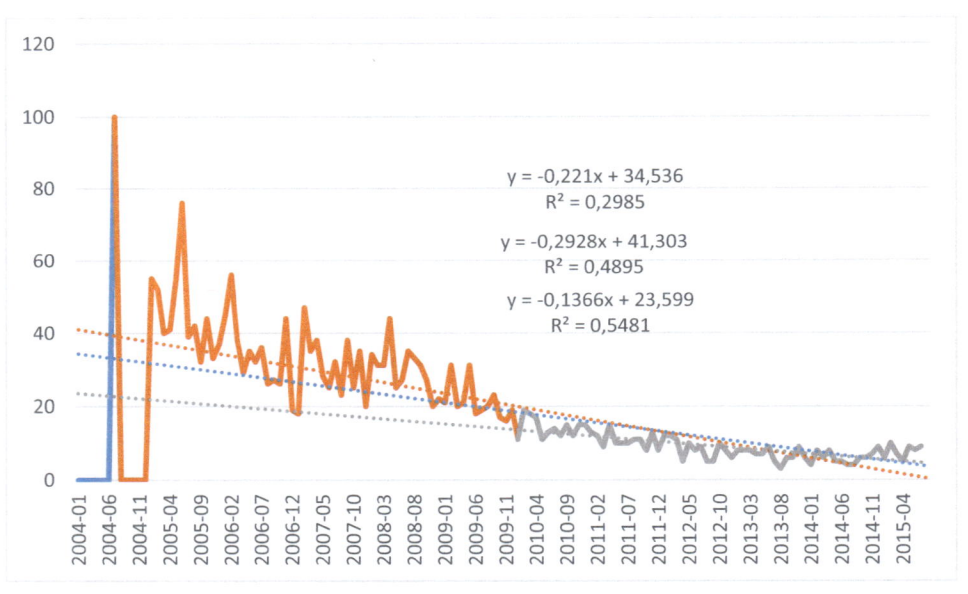

alle Werte	y = -0,221x + 34,536	m=-0,221	Anstieg negativ
	R² = 0,2985		
Ab größer 0	y = -0,2928x + 41,303	m=-0,2928	Anstieg negativ
	R² = 0,4895		
2010	y = -0,1366x + 23,599	m=-0,1366	Anstieg negativ
	R² = 0,5481		

Anforderungskatalog

Kein Anforderungskatalog möglich – keine Online Demo verfügbar

1.3.6 FEDANA

Fedena ist ein auf dem Ruby on Rails Framework entwickeltes Cloud-basiertes OS ERP-System spezialisiert auf Schul- und Bildungseinrichtungen. Es baut auf der MVC Architektur auf und nutzt moderne Web- Technologien. Entwickelt wird die Software von der indischen Firma Foradian Technologies. Für non-profit Institutionen wird eine Open Version mit allen zur Verfügung stehenden Kern Modulen für 600 Dollar im Jahr angeboten. Eine komplett kostenlose Version existiert nur als Community Variante. Support und Anpassungen werden extra berechnet. Fedena ist unter der Apache License 2.0 gelistet. (Fedana, 2015)

Übersicht

Merkmal	Ausprägung
ERP-System	Fedana
Anbieter bzw. Trademark-Besitze	Foradian Technologies
Standort	Indien
Webseite	http://www.fedena.com/
Quellcode	http://sourceforge.net/projects/fedena.mirror/?source=directory
Lizenz	Apache License 2.0
Programmiersprache	Ruby on Rails
Unterstützte Datenbanken	MySQL
Plattform	webbasiert, Mobile Version
Forum	http://support fedena.com/support/home
	englisch
Forumseinträge	unter 2000
Testbetrieb	http://www.fedena.com/demo
	komplette Live Demo mit allen Funktionen
Funktionenbereiche	School Management System
	HRM
	Finanz
Branchen	Schul- und Bildungseinrichtungen.
Projektstart	2009
Letzte Version	05.09.2014
Aktuelle Version	02. Mrz
Geschäftsmodell	Support, Entwicklung, Hosting
Support	Fedena Pro Services: Implementierung, Entwicklung, technisches und User Support ,Migration
Dokumentation	http://support.fedena.com/support/home
	FAQ
Training	Online Training
Kunden	Auswahl

	Felbry College USA
	St. Thomas School in Delhi, India
Trend	nicht ermittelbar

Anforderungskatalog

Funktionsübersicht	Vorhanden
CRM	X
DMS	
PMS	X
BI	
HRM	X
WflM	
Reporting	X
Weitere	Moodle Anbindung

Erfüllungsquote
35,00%

Auftragsbearbeitung

Funktionen	Ja	Nein	Bemerkung
Angeboten		X	
Kundenaufträge		X	
Versand		X	
Weitere			

Bestandsführung

Funktionen	Ja	Nein	Bemerkung
Bestandsverwaltung		X	
Warenbewegung		X	
Inventur		X	
Weitere			

Einkauf & Vertrieb

Funktionen	Ja	Nein	Bemerkung
Lieferantenbewertung		X	
Bestellungen	X		
Weitere			

Finanzwesen

Funktionen	Ja	Nein	Bemerkung
Rechnungserfassung	X		
FIBU und Contr	X		
Weitere			

Fertigungssteuerung & Produktion

Funktionen	Ja	Nein	Bemerkung

Auftrags- oder Produktionsplanung		X		
Steuerung		X		
Weitere				

Disposition & Logistik				
Funktionen	Ja		Nein	Bemerkung
Bedarfsermittlung & Wareneingang			X	
Weitere				

1.3.7 GNU ENTERPRISE

GNU Enterprise ist ein unter der GPLv2 lizensiertes Applikation Framework[29]. Es ist Modular aufgebaut und beinhaltet eine Sammlung von Bilanzierungs- und Produktionsanwendungen speziell für kleine und mittlere Unternehmen. Webseite und Informationsgehalt zur betreffenden Software sind sehr gering. (Enterprise, 2013)

Übersicht

Merkmal	Ausprägung
ERP-System	Gnue
Anbieter bzw. Trademark-Besitze	Free Software Foundation, Inc.
Standort	USA
Webseite	http://www.gnu.org/software/gnue/gnue.html
Quellcode	http://sourceforge.net/projects/gnue/?source=directory
Lizenz	GPLv2
Programmiersprache	C, Python
Unterstützte Datenbanken	PostgreSQL
Plattform	webbasiert
Forum	http://lists.gnu.org/archive/html/
	englisch, aktuell
Forumseinträge	Ca. 2500
Testbetrieb	nicht ermittelbar
Funktionenbereiche	CRM
	Inventory
Branchen	KMU
Projektstart	2000
Letzte Version	2010
Aktuelle Version	0.6.9
Geschäftsmodell	nicht ermittelbar

---

[29] Ein Framework ist ein Programmiergerüst in der Softwaretechnik.

Support	Community
Dokumentation	http://www.gnu.org/manual/
	FAQ, User Manuel
Training	nicht ermittelbar
Kunden	nicht ermittelbar
Trend	nicht ermittelbar

Anforderungskatalog

Kein Anforderungskatalog möglich – keine Online Demo verfügbar

1.3.8 JFIRE

JFire ist ein auf der LGPL lizensiertes OSERP- System. Es ist seit 2006 als freie Software erhältlich. Das System wurde vollständig in Java geschrieben und basiert auf den JavaEE Architektur. Es verfügt über einen eigenen Persistenz Layer. Mittels Java Data Objects werden Java Objelte unabhängig vom zugrundeliegenden Datenbanksystem persistent gespeichert. JFire sieht sich als Framework das durch flexible Module leicht erweitert und branchenspezifisch angepasst werden kann. Viele der zur Verfügung stehenden Module sind speziell mit dem Ziel entwickelt wurde, eine Ausgangsbasis für Erweiterungen darzustellen. Die Software wird durch das deutsche Unternehmen NightLabs Consulting GmbH vertrieben. Dieses Unternehmen bietet kostenpflichtige Schulungen Support und Beratungtätigkeiten an. Es ist auf kleine und mittlere Unternehmen ausgelegt. Durch die hohe Modularität verspricht es schnell und einfach an eine Vielzahl von Branchen anpassbar zu sein. Zum Zeitpunkt der Evaluation konnte auf die Community Seiten von Jfire nicht zugegriffen werden. So bleiben Punkte in Bezug auf Forumsnutzung und Hilfestellung unbeantwortet. (NightLabs, 2011)

Übersicht

Merkmal	Ausprägung
ERP-System	Jfire
Anbieter bzw. Trademark-Besitze	NightLabs Consulting GmbH
Standort	Deutschland
Webseite	http://www.jfire.net/de_DE/home
Quellcode	https://github.com/nightlabs/org.nightlabs.jfire.dev
Lizenz	LGPL
Programmiersprache	Java / JavaEE
Unterstützte Datenbanken	MySQL und Oracle
Plattform	Windows, Linux, Mac OS
Forum	nicht ermittelbar
Forumseinträge	
Testbetrieb	http://demo.jfire.org/jfirerap/jfire/index.jsp
	komplette Live Demo mit allen Funktionen und Testdaten, ansprechende Benutzeroberfläche, einfache Menüführung

Funktionenbereiche	An- & Verkauf
	Kundenverwaltung
	Rechnungsstellung & Buchhaltung
	Berichtswesen
	Aufgabenverwaltung
	Lokalisierung & Personalisierung
Branchen	KMU
Projektstart	2006
Letzte Version	12.08.2014
Aktuelle Version	Version 1.3.5
Geschäftsmodell	Support, Entwicklung, Hosting
Support	Deutscher IT Dienstleister, Beratung, Entwicklung
Dokumentation	
	Screenshots
Training	Schulung über IT-Dienstleister beziehbar
Kunden	Auswahl
	Mahle Behr Industry
	http://www.mahle-industry.com/
Trend	https://www.google.de/trends/explore#q=JFire&cmpt=q&tz=Etc%2F GMT-2

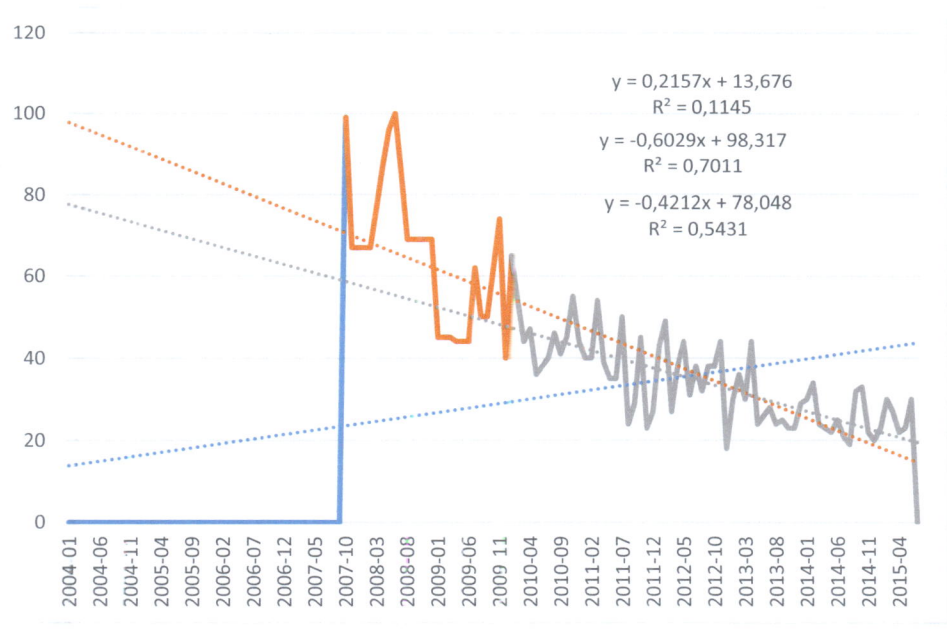

alle Werte	$y = 0{,}2157x + 13{,}676$	$m=0{,}2157$	Anstieg positiv
	$R^2 = 0{,}1145$		
Ab größer 0	$y = -0{,}6029x + 98{,}317$	$m=-0{,}6029$	Anstieg negativ
	$R^2 = 0{,}7011$		
2010	$y = -0{,}4212x + 78{,}048$	$m=-0{,}4212$	Anstieg negativ
	$R^2 = 0{,}5431$		

Anforderungskatalog

Kein Anforderungskatalog möglich – keine Online Demo verfügbar

1.3.9 KUALI

Die Kuali Foundation ist eine gemeinnützige Organisation gemäß US-amerikanischer Klassifizierung 501(c)(3)[30]. Diese Einrichtung entwickelt Open-Source-ERP-Software für Hochschulen. Gründungspartner sind verschiedene amerikanische Universitäten. Ziel ist es auf Basis einer Community gestützten Entwicklungen nachhaltige Software zu erstellen, die von Schulen und anderen Bildungseinrichtungen genutzt werden kann. Besonderer Fokus liegt dabei auf der Unterstützung in Verwaltungsaufgaben. In gemeinsamer Zusammenarbeit entstand KualiERP. Dies ist eine Software die unter der AGPLv3 veröffentlicht wurde. KualiERP ist größtenteils in Java geschrieben und modular aufgebaut. Als Datenbank wird eine MySQL verwendet. 2014 hat sich aus dieser Initative auch ein Unternehmen mit kommerziellen Absichten entwickelt – KualiCo. Diese übernimmt hauptsächlich Consulting und Planungsaufgaben sowie den Vertrieb der entstanden Hochschul- und Finanzsoftware. (O'Neil, 2014) (Kuali, 2013)

Übersicht

Merkmal	Ausprägung
ERP-System	Kuali ERP
Anbieter bzw. Trademark-Besitze	Kuali Foundation
Standort	USA
Webseite	https://www.kuali.org/
Quellcode	https://github.com/kuali/kc
Lizenz	AGPLv3
Programmiersprache	Java
Unterstützte Datenbanken	MySQL
Plattform	webbasiert
Forum	keine Angaben
Forumseinträge	
Testbetrieb	keine Angaben
Funktionenbereiche	CRM

---

[30]US-amerikanischen Klassifizierung für eine Gemeinnützige Organisationen zur Förderung der Religion, Ausbildung, sozialen Zwecken, Wissenschaft, Künste, Sport, Kinderschutz und Tierschutz.

	HR
	Workflow-Management
Branchen	Bildungseinrichtungen
	Universitäten
Projektstart	
Letzte Version	23.05.2015
Aktuelle Version	1505.61
Geschäftsmodell	Support, Entwicklung, Hosting
Support	kostenpflichtig Support über IT-Service-Provider vorrangig in de USA
Dokumentation	https://www.kuali.org/documentation
	Umfangreiche Anwender und Entwickler-Dokumentation
Training	keine Angaben
Kunden	Auswahl
	Colorado State University
	Cornell University
Trend	nicht ermittelbar

Anforderungskatalog

Kein Anforderungskatalog möglich – keine Online Demo verfügbar

1.3.10 KWAMOJA

KwaMoja ist ein in Uganda und Kenia entwickeltes ERP System. Entstanden ist es 2013 als Fork von webERP. Genau wie sein Vorgänger webERP ist KwaMoja ein freies OS System. Lizenziert ist es unter der GPLv2. Es ist komplett in PHP und JavaScript geschrieben somit webbasiert und plattform-unabhängig. Ausschlaggeben für eine Abspaltung waren zunehmende Differenzen mit der webERP Führungsebene und die sinkenden Downloads für das angebotene System. Schlussendlich entschied man sich dazu, ein neues Projekt auf in einer offeneren Gemeinschaft und mit stärkerem Fokus auf dem Gedanken der freien Software zu begründen. Mit dieser neuen Auslegung des Programmes versuchte man gleichzeitig eine territoriale Abgrenzung zum Vorgänger webERP vorzunehmen. Die Hauptzielgruppe sollte nunmehr die afrikanische Industrie werden. Es entstand die Vision, afrikanischen Unternehmen durch das neue System gegenüber westlichen Firmen wettbewerbs-fähiger zu machen und somit effizienter und profitabler zu gestalten. Das freie ERP-System soll hierzu beitragen. (Schofield, 2013)Das KwaMoja-Projekt selbst hat keine Finanzierung. Aktuell ist es noch auf freie Mitarbeiter und Spenden angewiesen. Ziel ist es ein Businesssystem zu schaffen, so dass möglichst viele Menschen davon profitieren. In naher Zukunft sollen rund um das Projekt Beratungsleistungen angeboten werden, um den Vertrieb und Support der Software zu gewährlisten. (KwaMoja, 2013) Das Forum auf der Anbieterseite scheint nicht richtig zu funktionieren. So finden sich dort über 6000 Threads mit dem Thema „Hello world" und „Just wanted to say Hi". (KwaMoja, 2015)

Übersicht

Merkmal	Ausprägung
ERP-System	KwaMoja
Anbieter bzw. Trademark-Besitze	
Standort	Afrika - Uganda/ Kenia
Webseite	http://www.kwamoja.com/
Quellcode	http://sourceforge.net/projects/kwamoja/?source=directory
Lizenz	GPLv2
Programmiersprache	PHP, JavaScript
Unterstützte Datenbanken	PostgreSQL
Plattform	webbasiert
Forum	http://forum.kwamoja.com/
	englisch
Forumseinträge	nicht ermittelbar
Testbetrieb	http://demo.kwamoja.com/
	komplette Live Demo mit allen Funktionen
Funktionenbereiche	Buchhaltungssoftware
	Bestandskontrolle
	Anlagenbuch Register
	Kundenaufträge
	Debitorenbuchhaltung
	Bestellungen
	Kreditorenbuchhaltung
	Vertrags Costing
	Frachtberechnung
	MRP
	Multi- Currency - auto aktualisierte Wechselkurse
	Seriennummern Inventar und Warenverfolgung
	Fertigung
	Mehrstufige Stücklisten
	Geister Bills
	Kitsets und Baugruppen
	Spesenabrechnungen
	Sales Analysis
Branchen	KMU
Projektstart	2013
Letzte Version	06.02.2014
Aktuelle Version	Version 13.10.0
Geschäftsmodell	nicht ermittelbar
Support	Community, FAQ
Dokumentation	http://wiki.kwamoja.com/index.php/Main_Page
	User Guide und Entwicklerdokumentation, FAQ
Training	nicht ermittelbar

Kunden	nicht ermittelbar
Trend	nicht ermittelbar

Anforderungskatalog

Funktionsübersicht	Vorhanden		Erfüllungsquote
CRM	X		75,00%
DMS			
PMS			
BI	X		
HRM	X		
WflM			
Reporting	X		
Weitere			

Auftragsbearbeitung

Funktionen	Ja	Nein	Bemerkung
Angeboten	X		
Kundenaufträge	X		
Versand	X		
Weitere	Einzelbestellung		
	Dauerauftrag-Vorlage		
	Kommissionier Listen		

Bestandsführung

Funktionen	Ja	Nein	Bemerkung
Bestandsverwaltung	X		
Warenbewegung	X		
Inventur	X		Inventurliste CSV-Datei
Weitere			

Einkauf & Vertrieb

Funktionen	Ja	Nein	Bemerkung
Lieferantenbewertung		X	
Bestellungen	X		
Weitere	Ausschreibungen		
	Lieferanten-Preisliste		

Finanzwesen

Funktionen	Ja	Nein	Bemerkung
Rechnungserfassung	X		
FIBU und Contr	X		
Weitere	X		
	Tägliche Bankbuchungen		
	Gewinn- und Verlustrechnung		

	Bilanz			
	Einnahme-Überschussrechnung			
	Steuerberichte			

Fertigungssteuerung & Produktion

Funktionen	Ja		Nein	Bemerkung
Auftrags- oder Produktionsplanung	X			
Steuerung			X	
Weitere				

Disposition & Logistik

Funktionen	Ja		Nein	Bemerkung
Bedarfsermittlung & Wareneingang	X			
Weitere				

1.3.11 OPEN-SOURCE-ERP

Open-Source-ERP ist wie der Name schon verrät ein Open Source ERP-System. Es ist webbasiert und unter der AGPLv3 lizensiert. Programmiersprache ist C++ und JavaScript. Die Clientseite benötigen keine Plug-Ins im Browser. Der Server-Software läuft unter Linux, Mac OS X und Windows. Neben Kunden, Auftrag, Rechnungsmanagement, verfügt das ERP-System über eine Lagerverwaltung und eine WebDAV-Schnittstelle für die Synchronisierung von Kontakten und Kalender. Die Web-based Distributed Authoring and Versioning kurz WebDAV Schnittstelle ist ein offener Standard zur Bereitstellung von Dateien im Internet. Betreut wird das Projekt von Dr. Manfred Nelson. Er ist Inhaber der Nelson - technische Informatik einer Organisation Erp, Beratung, Support und Webdesign. Über die 2003 in der Schweiz gegründet Organisation können Supportleistungen wie regelmäßige Updates, Backups und Recoverys erworben werden. Erweiterungen oder Änderungen können einfach programmiert werden. Der Support richtet sich ganz nach den Wünschen und Bedürfnissen des Kunden. (Nelson, 2015)

Übersicht

Merkmal	Ausprägung
ERP-System	Open-Source-ERP
Anbieter bzw. Trademark-Besitze	Nelson - technische Informatik
Standort	Schweiz
Webseite	http://www.nelson-it.org/home/
Quellcode	http://sourceforge.net/projects/opensourceerp/
Lizenz	AGPLv3
Programmiersprache	C++, JavaScript
Unterstützte Datenbanken	PostgreSQL
Plattform	webbasiert, mobile Browser Support

Forum	keine Angaben
Forumseinträge	
Testbetrieb	Nur als Download
Funktionenbereiche	Kundenmanagement (CRM)
	Auftragsverwaltung
	Liefermanagement SCM
	Lagerverwaltung
	Bestandsmanagement
	HRM
	Arbeitszeiterfassung
	Dokumenten-Repository mit Versionskontrolle (DBM)
	HOAI
	WebDAV-Schnittstelle
Branchen	KMU
Projektstart	10.06.2013
Letzte Version	30.03.2015
Aktuelle Version	Version 3.3
Geschäftsmodell	Support, Entwicklung, Hosting
Support	IT Dienstleister im deutschsprachigen Raum, Support ,Beratung, Entwicklung
Dokumentation	http://wik .nelson-it.ch/doku.php
	Video-Tutorial, Anwenderdokumentation Entwicklerdokumentation nur für registrierte Nutzer
Training	keine Angaben
Kunden	keine Angaben
Trend	nicht ermittelbar

Anforderungskatalog

Kein Anforderungskatalog möglich – keine Online Demo verfügbar

1.3.12 OPENTABS

Opentaps ist ein freies webbasiertes ERP-System lizensiert unter der AGPLv3. Es basiert auf dem Apache OFBiz – Framework und ist somit ebenfalls auf der Java EE-Architektur aufgebaut. Dadurch ist es ebenso wie Apache OFBiz plattformunabhängige und modulare einsetzbar. Als DBM-Systeme werden MySQL, PostgreSQL, Oracle und Microsoft SQL Server unterstütz und abgeboten. Weltweit gibt es circa 16 unabhängige Systemanbieter für Opentabs. Referenzimplementierungen in Deutschland sind aber nicht bekannt. Führender Anbieter und gleichzeitig Entwickler des Projektes ist die US-amerikanische Firma Open Source Strategies. Diese bietet neben kostenpflichtigen Zusatzmodulen, auch Trainings- und Schulungsprogramme an. Customizing und Individual-programmierservices stehen ebenso zur Verfügung. Zusätzlich existiert Opentabs in einer Professional Edition. Hierbei handelt es sich um ein Produkt mit kommerziellen Lizenz. Dieses bietet neben den Funktionen der OS Version noch zahlreiche weitere Module und Dokumentationen sowie integrierten Supportdienstleistungen. Diese Version richtet sich an unabhängige Service Provider die dieses Produkt als externe Dienstleister für andere Unternehmen anbieten wollen. Wie bei OFBiz liegt die Hauptzielgruppe vorrangig bei Webshop- Betreiber, Callcenter und E-Commerce Anbieter. (Opentabs, 2015) (Yulia S., 2012 S. 7)

Übersicht

Merkmal	Ausprägung
ERP-System	Opentabs
Anbieter bzw. Trademark-Besitze	Open Source Strategies Inc
Standort	USA
Webseite	http://www.opentaps.org/
Quellcode	https://github.com/unhosted/Opentabs.net
Lizenz	GPLv3
Programmiersprache	Java
Unterstützte Datenbanken	PostgreSQL, MySQL, Oracle, Microsoft SQL Server
Plattform	webbasiert
Forum	http://www.opentaps.org/forum
	englisch, relativ aktuell aber viel unbeantwortet
Forumseinträge	zwischen 3400 und 4000
Testbetrieb	http://demo1.opentaps.org/opentaps/control/main
	Live Demo mit verschiedenen Bereichen(online Store, Finanz, Admin), ansprechende Benutzeroberfläche
Funktionenbereiche	CRM
	Online Store
	Data Warehouse
	Finanzen
	Einkauf
Branchen	Industriemaschinen -Hersteller
	Online Fachhandel
	Online Content-Distributoren
	Telekommunikationsunternehmen
	Independent Software Vendors
	Hosted Service Provider
Projektstart	2006
Letzte Version	2011
Aktuelle Version	Version 1.5
Geschäftsmodell	Support, Entwicklung, Hosting, Addon Markt
Support	Eigener Support und weltweit 16 Systemhäuser in Deutschland aber nicht, SaaS, Implementierung, Entwicklung, technisches und User Support
Dokumentation	http://www.opentaps.org/documentation

	Online Doku und Buchempfehlungen
Training	Schulungsvideos
Kunden	Auswahl:
	Toyota of Great Britain
	https://www.toyota.co.uk/index.json
	Honeywell International
	http://honeywell.com/Pages/Home.aspx
Trend	https://www.google.de/trends/explore#q=opentaps&cmpt=q&tz=Etc %2FGMT-2

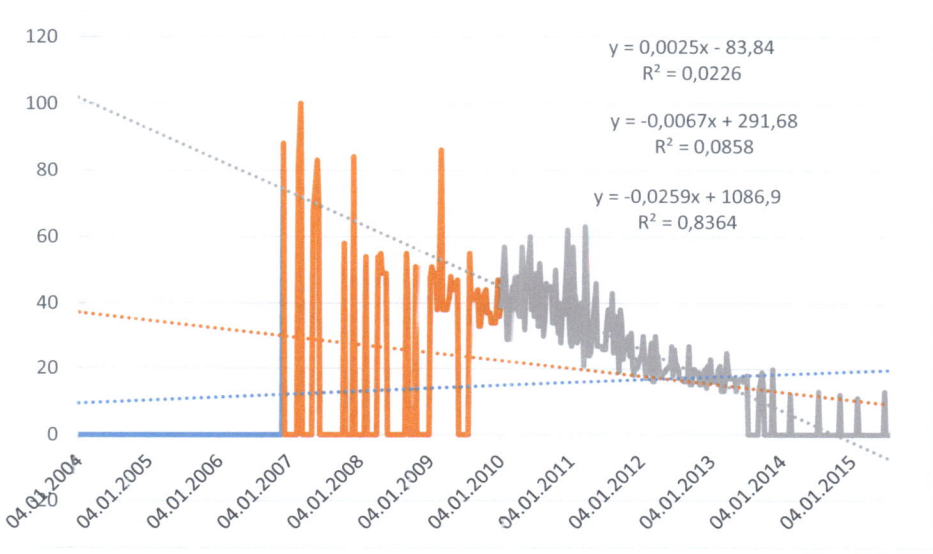

alle Werte	y = 0,0025x - 83,84	m=0,0025	Anstieg positiv
	R² = 0,0226		
Ab größer 0	y = -0,0067x + 291,68	m=-0,0067	Anstieg negativ
	R² = 0,0858		
2010	y = -0,0259x + 1086,9	m=-0,0259	Anstieg negativ
	R² = 0,8364		

Anforderungskatalog

Funktionsübersicht	Vorhanden
CRM	X
DMS	
PMS	
BI	X
HRM	
WflM	
Reporting	X
Weitere	E-Commerce

Erfüllungsquote
65,00%

Auftragsbearbeitung

Funktionen	Ja	Nein	Bemerkung
Angeboten	X		
Kundenaufträge	X		
Versand	X		
Weitere			

Bestandsführung

Funktionen	Ja	Nein	Bemerkung
Bestandsverwaltung	X		
Warenbewegung	X		
Inventur	X		
Weitere			

Einkauf & Vertrieb

Funktionen	Ja	Nein	Bemerkung
Lieferantenbewertung		X	
Bestellungen	X		
Weitere			

Finanzwesen

Funktionen	Ja	Nein	Bemerkung
Rechnungserfassung	X		
FIBU und Contr	X		
Weitere			

Fertigungssteuerung & Produktion

Funktionen	Ja	Nein	Bemerkung
Auftrags- oder Produktionsplanung		X	
Steuerung		X	
Weitere			

Disposition & Logistik

Funktionen	Ja	Nein	Bemerkung
Bedarfsermittlung & Wareneingang	x		
Weitere			

1.3.13 PHREEDOMSOFT

Phreedom ERP - Open Source Accounting

Phreedom ist ein freies und Open-Source Web basiertes ERP System. Es ist komplett in Java geschrieben und verwendet eine MySQL Datenbank. Phreedom wurde als kostenlose, pattformunabhängige, modulare Anwendung speziell für kleine und mittlere Unternehmen entworfen. Es entstand aus der Accounting Software PhreeBooks. Seit 2014 wird dieses Projekt von den Entwicklern, einem US-amerikanischen Unternehmen namens PhreeSoft,LLC nicht mehr weiterentwickelt. Zentrale Bestandteile wurden wiederrum mit dem Entwicklungszweig PhreeBooks Accounting zusammengeführt. (phreesoft, 2014)

PhreeBooks Accounting

PhreeBooks Accounting ist die Weiterentwicklung von Phreedom ERP und besitzt somit die gleichen Eigenschaften. Einziger Unterschied ist der erweiterte Funktionsumfang. Lizensiert ist diese Software unter der GPLv2. Die Firma PhreeSoft, LLC bietet für dieses Produkt kostenpflichtige Services an. Darunter fallen Supportanfragen und Migrationsplanungen. Weiterhin existiert eine kostenpflichtige Beta SaaS Version mit Namen Bizuno. In dieser können zusätzliche Add-ons[31] gebucht werden. (writtenandread, 2010) (phreebooks, 2013) (Phreesoft)

Übersicht

Merkmal	Ausprägung
ERP-System	PhreeBooks Accounting
Anbieter bzw. Trademark-Besitze	PhreeSoft, LLC
Standort	USA
Webseite	http://www.phreebooks.com/
Quellcode	http://sourceforge.net/projects/phreebooks/?source=recommended
Lizenz	GPLv2
Programmiersprache	Java
Unterstützte Datenbanken	MySql Datenbank
Plattform	webbasiert
Forum	http://www.phreebooks.com/pb-forum/
	englisch
Forumseinträge	zwischen 2500 und 3000
Testbetrieb	http://www.phreebooks.com/pb-demo/
	komplette Live Demo mit allen Funktionen und Testdaten
Funktionenbereiche	Management von Inventar
	Debitoren- / Kreditorenkonten
	Bankwesen
	Versandkosten

---

[31] Add-ons sind optionale Module die bestehende Hard- oder Software erweitern.

	POS
	E-Commerce,
Branchen	KMU
Projektstart	2007
Letzte Version	13.11.2014
Aktuelle Version	Version 3.6
Geschäftsmodell	Support, Entwicklung
Support	Über eigenen Webstore beziehbar, Implementierung, Entwicklung, technischer Support
Dokumentation	http://www.phreebooks.com/documentation/
	FAQ, HowTo, Anwender und Entwickler Dokumentation
Training	Screencast
Kunden	nicht ermittelbar
Trend	nicht ermittelbar

Anforderungskatalog

Funktionsübersicht	Vorhanden		Erfüllungsquote
CRM	X		65,00%
DMS			
PMS	X		
BI			
HRM			
WflM			
Reporting	X		
Weitere	POS		

Auftragsbearbeitung

Funktionen	Ja	Nein	Bemerkung
Angeboten	X		
Kundenaufträge	X		
Versand	X		
Weitere			

Bestandsführung

Funktionen	Ja	Nein	Bemerkung
Bestandsverwaltung	X		
Warenbewegung	X		
Inventur	X		
Weitere			

Einkauf & Vertrieb

Funktionen	Ja	Nein	Bemerkung

Lieferantenbewertung		X	
Bestellungen	X		
Weitere			

Finanzwesen

Funktionen	Ja	Nein	Bemerkung
Rechnungserfassung	X		
FIBU und Contr	X		
Weitere	Tägliche Bankbuchungen		
	Gewinn- und Verlustrechnung		
	Bilanz		
	Einnahme-Überschussrechnung		
	Steuerberichte		

Fertigungssteuerung & Produktion

Funktionen	Ja	Nein	Bemerkung
Auftrags- oder Produktionsplanung		X	
Steuerung		X	
Weitere			

Disposition & Logistik

Funktionen	Ja	Nein	Bemerkung
Bedarfsermittlung & Wareneingang	X		
Weitere			

1.3.14 PROMET ERP

Promet-ERP ist ein plattformunabhängiges Open Source ERP-System. Es kann sowohl als Einzelplatz- als auch als Mehrbenutzersystem eingesetzt werden. Auch ein Mehrmandantenbetrieb ist nutzbar. Geschrieben ist es in Object Pascal. Als DBM-Systeme werden verschiedenen freien sowie kommerziellen Lösungen unterstützt. Alle anfallenden Daten werden zentral und geschützt zur Verfügung gestellt. Eine Synchronisation DBMS und Programminterface erlaubt den Datenaustausch zwischen verschiedenen Mandanten oder Fremdsystemen. Lizensiert ist Promet ERP unter GPLv2. Bei der Entwicklung wurde ein besonderes Interesse auf Modularität und Erweiterbarkeit gelegt. Kunden haben die Möglichkeiten selbst Module anzupassen. Ziel ist eine möglichst effiziente Arbeitsweise. Das Projekt wird von Christian Ulrich in Deutschland betreut. Informationen über Support oder andere Dienstleistungen sind nicht verfügbar. (Ulrich, 2015)

Übersicht

Merkmal	Ausprägung
ERP-System	Promet-ERP
Anbieter bzw. Trademark-Besitze	Christian Ulrich
Standort	Deutschland

Webseite	http://www.free-erp.de/
Quellcode	http://sourceforge.net/projects/prometerp/?source=directory
Lizenz	GPLv2
Programmiersprache	Object Pascal
Unterstützte Datenbanken	PostgreSQL, Microsoft SQL Server, Firebird, SQLite
Plattform	Windows, Linux, MacOSX
Forum	http://forum.free-erp.de/index.php?mode=index&page=1
	deutsch
Forumseinträge	unter 200
Testbetrieb	nur als Download
Funktionenbereiche	Auftragswesen/Warenwirtschaft (ERP,PDM)
	Projektverwaltung/Aufgabenverwaltung (PMS)
	Dokumentenverwaltung (EDM,PMS)
	Dateiverwaltung (EDM,PMS)
	Nachrichtenverwaltung (E-Mails, Feeds)
Branchen	KMU
Projektstart	2011
Letzte Version	15.06.2015
Aktuelle Version	7.0.398
Geschäftsmodell	nicht ermittelbar
Support	Community
Dokumentation	http://www.free-erp.de/wiki/Promet-ERP-Help/index
	Benutzerhandbuch, Administrationshandbuch und Entwicklerhandbuch
Training	keine Angaben
Kunden	keine Angaben
Trend	nicht ermittelbar

Anforderungskatalog

Kein Anforderungskatalog möglich – keine Online Demo verfügbar

1.3.15 SQL-LEDGER

SQL-Ledger ist ein in Kanada entwickeltes quelloffenes ERP System. Als Programmiersprache wird Perl verwendet. In dem zugrundeliegenden PostgreSQL Datenbanksystem werden alle relevanten Businessdaten gespeichert. Der Zugriff erfolgt mittels Web-Browser. SQL-Ledger ist Eigentum von DWS Systems Inc. Dieses Unternehmen bietet ein kostenpflichtige SaaS Modell und Enterprise Support an. Lizenziert es die Software unter der GNU GPLv2.0. SQL-Ledger bietet die Grundlage für weitere OpenSource ERP-Systeme. So entwickelten sich beispielsweise als Abspaltungen LedgerSMB und das deutschsprachige LX-Office was wiederrum als Grundlage für Kivitendo dient. (Heise, 2015) (Maik Wagner, 2014)

Übersicht

Merkmal	Ausprägung
ERP-System	SQL-Ledger
Anbieter bzw. Trademark-Besitze	DWS Systems Inc.
Standort	USA
Webseite	http://www.sql-ledger.com/
Quellcode	http://sourceforge.net/projects/sql-ledger/?source=directory
Lizenz	GPLv2
Programmiersprache	Perl
Unterstützte Datenbanken	PostgreSQL
Plattform	webbasiert
Forum	http://abacus.sql-ledger.com/userforum/board.php
	englisch,aktuell, schnelle Anwortzeit
Forumseinträge	unter 500
Testbetrieb	nicht ermittelbar
Funktionenbereiche	Kontakt-Management
	CRM
	Customer Self Service
	SCM
	Materialbedarfsplanung
	Lagerverwaltung
	Dienstleistung
	Finanz
	Bestellung Management
	POS
	HRM
	CMS
Branchen	KMU
Projektstart	2000
Letzte Version	2014
Aktuelle Version	Version 3.0.6
Geschäftsmodell	Support, Entwicklung
Support	Eigener Support verfügbar, Updates, Implementierung, Entwicklung, technisches und User Support
Dokumentation	
	FAQ
Training	nicht ermittelbar
Kunden	nicht ermittelbar
Trend	https://www.google.de/trends/explore#q=SQL-Ledger

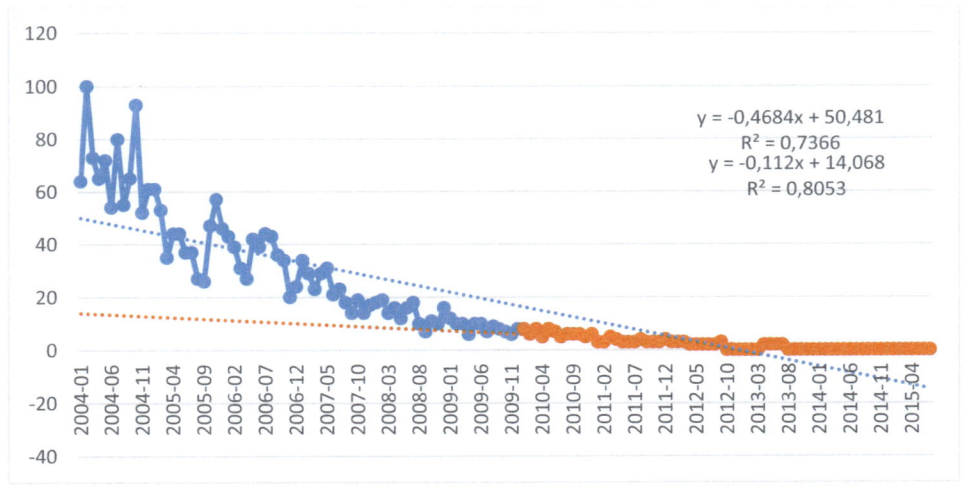

alle Werte	$y = -0,4684x + 50,481$ $R^2 = 0,7366$	$m=-0,4684$	Anstieg negativ
Ab größer 0	$y = -0,4684x + 50,481$ $R^2 = 0,7366$	$m=-0,4684$	Anstieg negativ
2010	$y = -0,112x + 14,068$ $R^2 = 0,8053$	$m=-0,112$	Anstieg negativ

Anforderungskatalog

Kein Anforderungskatalog möglich – keine Online Demo verfügbar

Literaturverzeichnis Anbieterverzeichnis

ADempiere. 2015. ADempiere. *ADempiere .* [Online] ADempiere e.V., 2015. [Zitat vom: 21. 07 2015.] http://adempiere.net.

Advantage, Vienna. 2015. Vienna Advantage. *Modern, Rich and Scalable Open Source ERP / CRM.* [Online] VIENNA Advantage, 2015. [Zitat vom: 22. 07 2015.] http://www.viennaadvantage.com/erp-crm-overview.php.

Aptean. 2015. Aptean. *Compiere ERP.* [Online] 2015. [Zitat vom: 22. 07 2015.] http://www.aptean.com/products/compiere-erp.

Baader, Hans-Joachim. 2013. Pro-Linux. *Freies ERP IntarS zum einfachen Ausprobieren.* [Online] 12. 08 2013. [Zitat vom: 22. 07 2015.] http://www.pro-linux.de/news/1/20123/freies-erp-intars-zum-einfachen-ausprobieren.html.

—. 2011. Pro-Linux. *CK-ERP.* [Online] 2011. [Zitat vom: 22. 07 2015.] http://www.pro-linux.de/cgi-bin/DBApp/check.cgi?ShowApp..5435.100.

binodnp. 2015. Codeplex. *mixnp.* [Online] 28. 05 2015. [Zitat vom: 24. 07 2015.] https://mixnp.codeplex.com/.

Blackduck. 2015. Blackduck Open HUB. *LedgerSMB.* [Online] 2015. [Zitat vom: 22. 07 2015.] https://www.openhub.net/p/ledger-smb.

CK-ERP. 2010. CK-ERP. *CK-ERP - General.* [Online] 2010. [Zitat vom: 22. 07 2015.] http://ck-erp.net/drupal/.

CMS, OpenSource. 2015. OpenSource CMS. *SaltOS 3.1-4941.* [Online] OpenSourceCMS, 27. 04 2015. [Zitat vom: 22. 07 2015.] http://www.opensourcecms.com/scripts/details.php?scriptid=450.

Compiere. 2013. Compiere. *Compiere ERP Software.* [Online] 2013. [Zitat vom: 22. 07 2015.] http://www.compiere.com/.

Destailleur, Laurent. 2014. What Dolibarr Do. *wiki.dolibarr.* [Online] 23. 9 2014. [Zitat vom: 22. 07 2015.] http://wiki.dolibarr.org/index.php/What_Dolibarr_Do.

Deutschland, Dolibarr. 2015. Dolibarr Deutschland. *News.* [Online] Dolibarr Deutschland , 2015. [Zitat vom: 22. 07 2015.] http://dolibarr-deutschland.de/news/.

Dittmann, Holger Thorsten. 2009. Heise Open Source. *Quelloffene Kür Open-Source-ERP-Systeme im Vergleich.* [Online] 15. 09 2009. [Zitat vom: 22. 07 2015.] http://www.heise.de/open/artikel/Quelloffene-Kuer-Open-Source-ERP-Systeme-im-Vergleich-763963.html?view=print.

Dolistore. 2015. Dolistore. *Dolistore.* [Online] 2015. [Zitat vom: 22. 07 2015.] https://www.dolistore.com/de/.

EasyERP. 2015. EasyERP. *EasyERP.* [Online] 2015. [Zitat vom: 22. 07 2015.] http://easyerp.com/.

Ekylibre. 2015. Ekylibre. *Ekylibre News.* [Online] 25. 06 2015. [Zitat vom: 24. 07 2015.] http://ekylibre.org/#news.

Enterprise, GNU. 2013. GNU Operating System. *GNU Enterprise.* [Online] 02. 11 2013. [Zitat vom: 22. 07 2015.] http://www.gnu.org/software/gnue/.

Epesi. 2015. Epesi. *Free open source web application for any business .* [Online] 2015. [Zitat vom: 22. 07 2015.] http://www.epe.si/.

—. 2014. Epesi. *Main Page.* [Online] 05. 12 2014. [Zitat vom: 22. 07 2015.] http://www.epesi.org/Main_Page.

ERP, ADempiere. 2015. ADempiere. *ADempiere ERP.* [Online] 12. 03 2015. [Zitat vom: 22. 07 2015.] http://www.adempiere.com/ADempiere_ERP.

ERP5. 2011. ERP5. *ERP5 ERP.* [Online] 2011. [Zitat vom: 22. 07 2015.] http://www.erp5.com/feature.

Fedana. 2015. Fedana . *Fedana Enterprise.* [Online] 2015. [Zitat vom: 24. 07 2015.] http://enterprise.fedena.com/enterprise_features.

Frappé. 2015. ERPNext. *Annual Pricing. Priority Support.* [Online] Frappé Technologies Pvt. Ltd, 2015. [Zitat vom: 22. 07 2015.] https://erpnext.com/pricing.

—. 2015. ERPNext Community. *Community FAQ.* [Online] Frappé Technologies Pvt. Ltd, 2015. [Zitat vom: 22. 07 2015.] https://community.erpnext.com/faq.

FrontAccounting. 2015. FrontAccounting . *FrontAccounting .* [Online] 2015. [Zitat vom: 24. 07 2015.] http://frontaccounting.com/.

Gronau, Norbert. 2014. ERP System des Jahres . *Preisträger & Nominierte .* [Online] 2014. [Zitat vom: 22. 07 2015.] http://www.system-des-jahres.de/preistraeger-nominierte.

Heise. 2015. Heise Download. *SQL-Ledger 3.0.8.* [Online] 2015. [Zitat vom: 22. 07 2015.] http://www.heise.de/download/sql-ledger-1140292.html.

HeliumV. 2015. HeliumV. *Open Source ERP System & PPS Software für KMU.* [Online] HELIUM V IT-Solutions GmbH, 2015. [Zitat vom: 22. 07 2015.] http://www.heliumv.com/heliumv-Open_Source-9.html.

IDempiere. 2015. IDempiere. *IDempiere.* [Online] 22. 06 2015. [Zitat vom: 22. 07 2015.] http://wiki.idempiere.org/en/AulerSipel#Top_German_Reference.

iDempiere. iDempiere = OSGi + ADempiere. [Online] [Zitat vom: 22. 07 2015.] http://www.idempiere.org/.

inoERP. 2015. inoERP . *inoERP .* [Online] 12. 04 2015. [Zitat vom: 22. 07 2015.] http://www.inoideas.org/.

IntarS. 2014. IntarS. *Success Stories / Referenzen.* [Online] 2014. [Zitat vom: 22. 07 2015.] http://www.intars.de/referenzen.

—. 2014. IntarS - Open Source ERP . *IntarS - Open Source ERP .* [Online] 2014. [Zitat vom: 22. 07 2015.] http://www.intars.de/.

—. 2014. IntarS Open Source ERP System . *IntarS Open Source ERP System .* [Online] 2014. [Zitat vom: 22. 07 2015.] http://www.intars.de/intars-erp.

Kai Hackbarth, Konstantin Kersten. 2014. Java und OSGi in Embedded-Systemen für das Internet der Dinge. *Heise Developer.* [Online] Heise, 24. 03 2014. [Zitat vom: 22. 07 2015.] http://www.heise.de/developer/artikel/Java-und-OSGi-in-Embedded-Systemen-fuer-das-Internet-der-Dinge-2152241.html.

Kivitendo. 2014. Kivitendo. *LINET Services GmbH.* [Online] 2014. [Zitat vom: 22. 07 2015.] http://www.kivitendo.de/partner/linet-services.html.

—. 2014. Kivitendo. *Unsere Dienstleistungs-Angebot, passgenau für Ihr Unternehmen.* [Online] 2014. [Zitat vom: 22. 07 2015.] http://www.kivitendo.de/services/service-pakete.html.

Kuali. 2013. Kuali. *Kuali Financial System.* [Online] Kuali Foundation, Inc, 2013. [Zitat vom: 22. 07 2015.] https://www.kuali.org/kfs.

KwaMoja. 2015. KwaMoja. *KwaMoja Forum.* [Online] 2015. [Zitat vom: 24. 07 2015.] http://forum.kwamoja.com/.

—. 2013. KwaMoja . *Out of Africa comes KwaMoja. A fresh start for webERP .* [Online] 2013. [Zitat vom: 24. 07 2105.] http://www.kwamoja.com/.

LedgerSMB. 2015. LedgerSMB. *Open Source ERP: accounting, CRM and more.* [Online] 2015. [Zitat vom: 22. 07 2015.] http://ledgersmb.org/.

Limbas. 2015. Limbas. *Hauptseite.* [Online] Limbas GmbH, 28. 01 2015. [Zitat vom: 22. 07 2015.] http://www.limbas.org/wiki/Hauptseite.

Maik Wagner, Sebastian Weitmann. 2014. SQL-Ledger. *Freies ERP präsentiert vom SQL-Ledger Network.* [Online] 2014. [Zitat vom: 22. 07 2015.] http://programm.openrheinruhr.de/2014/attachments/70_sql-ledger%20presentation%20ORR%202014.pdf.

MixERP. 2015. MixERP. *Freedom of Open Source.* [Online] 2015. [Zitat vom: 24. 07 2015.] https://mixerp.org/erp/.

modula71. 2011. Modula71. *Produkte.* [Online] modula71 GmbH, 2011. [Zitat vom: 22. 07 2015.] http://www.modula71.de/produkte.html.

Nelson, Dr. Manfred. 2015. Nelson technische Informatik. *Beratung und Entwicklung von informationstechnischen Lösungen.* [Online] 01. 04 2015. [Zitat vom: 22. 07 2015.] http://www.nelson-it.org/home/.

New@ADempiere. 2013. Sourceforge. *ADempiere ERP Business Suite.* [Online] 18. 05 2013. [Zitat vom: 22. 07 2015.] http://sourceforge.net/p/adempiere/discussion/623064/thread/7056926b/.

NightLabs. 2011. Jfire. *JFire as ready to use system.* [Online] NightLabs Consulting GmbH, 2011. http://www.jfire.net/erp.

O'Neil, Megan. 2014. The Chronicle of Higher Education. *Open-Source Software for College Administrators Reaches 'Tipping Point' After 10 Years.* [Online] 28. 04 2014. [Zitat vom: 22. 07 2015.] http://chronicle.com/article/Open-Source-Software-for/146205/.

Obenbravo. 2015. Obenbravo. *Partner Success Stories.* [Online] 2015. [Zitat vom: 22. 07 2015.] http://www.openbravo.com/partners/partner-successes/.

Odoo. 2015. Odoo. *A solid track record, a global footprint.* [Online] 2015. [Zitat vom: 22. 07 2015.] https://www.odoo.com/page/about-us.

—. 2015. Odoo. *Grow your Business.* [Online] 2015. [Zitat vom: 22. 07 2015.] https://www.odoo.com/.

OFBiz, Apache. 2015. Ofbiz. *Apache OFBiz.* [Online] The Apache Software Foundation, 2015. [Zitat vom: 22. 07 2015.] https://ofbiz.apache.org/.

Openbravo. 2015. Openbravo. *Company.* [Online] 2015. [Zitat vom: 22. 07 2015.] http://www.openbravo.com/about/company/.

Opentabs. 2015. Opentabs. *About opentaps.* [Online] 2015. [Zitat vom: 22. 07 2015.] http://www.opentaps.org/about-opentaps.

OpenZ. 2015. OpenZ. *Das Open Source ERP.* [Online] 16. 07 2015. [Zitat vom: 22. 07 2015.] http://www.openz.de/.

Osterhage W. 2014. *ERP-Kompendium.* Heidelberg : Springer Verlag, 2014.

phreebooks. 2013. phreebooks. *phreebooks.* [Online] 2013. [Zitat vom: 24. 07 2015.] http://www.phreebooks.com/.

Phreesoft. Phreesoft. *Indrudcing Bizuno.* [Online] [Zitat vom: 24. 07 2015.] https://www.phreesoft.com/bizuno/.

phreesoft. 2014. Sourceforge. *Phreedom ERP - Open Source Accounting .* [Online] 09. 11 2014. [Zitat vom: 24. 07 2015.] http://sourceforge.net/projects/phreedom/?source=recommended.

Pinckaers, Fabien. 2014. Linkedin. *How I Grew From 1 To 250 Employees In A Few Years.* [Online] 14. 08 2014. [Zitat vom: 22. 07 2015.] https://www.linkedin.com/pulse/20140818150823-57131497-how-i-grew-from-1-to-250-employees-in-5-years?trk=prof-post.

SaltOS. 2015. SaltOS. *What is SaltOS?* [Online] SaltOS, 2015. [Zitat vom: 22. 07 2015.] http://www.saltos.org/portal/en/about#what-is-saltos.

Schofield, Tim. 2013. webERPafrica . *Mimi kumshtaki.* [Online] 30. 12 2013. [Zitat vom: 24. 07 2015.] http://weberpafrica.blogspot.de/search?updated-min=2013-01-01T00:00:00Z&updated-max=2014-01-01T00:00:00Z&max-results=50.

SellMoreNow. 2015. SellMoreNow. *CRM Review – VIENNA Advantage.* [Online] 2015. [Zitat vom: 22. 07 2015.] http://sellmorenow.com/crm-review/vienna-advantage/.

SoftwareInsider. 2013. SoftwareInsider. *FrontAccounting.* [Online] 2013. [Zitat vom: 24. 07 2015.] http://accounting.softwareinsider.com/l/115/FrontAccounting.

Tryton. 2014. Tryton. *Tryton.* [Online] 2014. [Zitat vom: 22. 07 2015.] http://www.tryton.org/.

Ulrich, Christian. 2015. PrometERP. *PrometERP.* [Online] 28. 06 2015. [Zitat vom: 24. 07 2015.] http://www.free-erp.de/.

WebERP. 2013. WebERP. *Practical Web-Based ERP Software.* [Online] 2013. [Zitat vom: 22. 07 2015.] http://www.weberp.org/.

Webmasterpro. 2015. Webmasterpro. *Ruby on Rails - Eine Einführung.* [Online] 2015. [Zitat vom: 24. 07 2015.] http://www.webmasterpro.de/coding/article/framework-ruby-on-rails-eine-einfuehrung.html.

writtenandread. 2010. Written and Read. *Phreebooks – an online accounting system.* [Online] 13. 10 2010. [Zitat vom: 24. 07 2015.] http://writtenandread.net/phreebooks/.

xTuple. 2015. xTuple. *xTuple PostBooks Edition.* [Online] 2015. [Zitat vom: 22. 07 2015.] http://www.xtuple.com/products/postbooks.

Yulia S. 2012. Zusammenfassung der wichtigsten Ergebnisse der Umfrage im Rahmen der Masterarbeit zum Thema Open-Source-ERP-Systeme bei kleinen und mittleren Unternehmen in Berlin-Brandenburg. Berlin : Beuth Hochschule für Technik Berlin, 2012.